REAL

리얼 차이나

CHINA

오늘의 중국을 읽는 키워드 33
리얼 차이나

초판발행 2015년 11월 06일
초판 3쇄 2019년 1월 11일

지은이 길호동
펴낸이 채종준
기 획 조가연
편 집 백혜림
디자인 조은아
마케팅 황영주 · 한의영

펴낸곳 한국학술정보(주)
주 소 경기도 파주시 회동길 230(문발동)
전 화 031 908 3181(대표)
팩 스 031 908 3189
홈페이지 http://ebook.kstudy.com
E-mail 출판사업부 publish@kstudy.com
등 록 제일산-115호 2000. 6. 19

ISBN 978-89-268-7092-1 03330

오늘의 중국을 읽는 키워드

33

REAL
리얼 차이나
CHINA

길호동 지음

이담 Books

　　　　베이징 출생인 딸아이는 한국 호적에 "중화인
민공화국에서 출생"이라고 기재되어 있다. 수년 전까지만 하더라도 중국
에 거주하던 지인들이 귀국하여 자녀들을 한국 학교로 전학시키면 중국
에서 왔다고 놀림받는다는 걱정의 소식을 전하고는 했다. 그런데 중국 체
류 20년의 시간이 흘러가는 지금 시점에서는 중국에서 출생한 것이 자랑
이나 부러움의 대상까지는 아닐지라도 적어도 놀림받고 부끄러워할 일이
절대 아닌 것이 됐다. 중국이라는 나라는 몰라보게 발전했고 그만큼 중
국인들에 대한 한국인들의 인식도 많이 달라졌다. 나날이 깊게 체감하며
살게 되는 놀라운 변화다. 그런 분위기 때문인지 자주 말하고 또 들어 왔
지만 이제는 점점 소멸되어 가는 중국에 거주하는 한국인들의 언어 습관
이 있다. "한국은, 한국 같으면, 한국에서는"으로 시작하여 중국과 비교하
는 표현이 부쩍 사라진 것이다. 불과 몇 주 전이나 몇 달 전까지 살았던 한
국이라는 나라의 모든 관습, 문화, 교양과 학습의 결과를 척도로 하여, 이

제 막 새로 살기 시작한 중국의 이모저모를 재단해 가며 서로 다름에 스스로 괴로워하기도 했던 것이다. 국민소득이 더 많고 세계화를 지향하여 견식이 넓어지고 상식의 수준이 이미 많이 높아진 한국 사회를 통해 습득된 모든 것이 기준이 되어 상대적으로 부족했던 중국과 중국인들을 평가하는 습관이 이제는 거의 사라지고 없다. 중국과 중국인들의 변화는 이웃나라 사람들의 느낌까지 빠르게 바꿔 놓는다.

중국에서 일하며 생활해 온 20여 년간의 시간 동안 사막과 강과 섬, 고원과 초원의 곳곳에 사는 중국인들을 제법 많이 만나며 살았다. 그래도 아직 이르지 못한 곳, 만나 보지 못한 중국인들이 곳곳 어디에도 너무 많아 중국을 알아 가고자 하는 과제는 계속 진행 중이다. 그래도 격변했던 중국의 개혁과 변화는 일단락된 느낌이라 이즈음에서 그동안 경험하고 느낀 내용들을 다듬어 중국 이야기를 시작한다. 33개의 이야기들은 중국인들을 좀 더 알 수 있는 한국인들과 다름에 대한 관찰의 기록이고 현지에서 살며 만났던 경험이기도 하다. 이야기들은 중국이 어떻게 변해 왔고 한국과 많이 달랐던 부분들이 지금은 어떻게 얼마만큼 가깝게 변했고 그렇지만 아직도 어떤 점들이 확연히 다른지 보여 줄 것이다. 내용들의 주는 한국 사회와 어떻게 다른지 주의 깊게 살펴본 것들이고 어떤 것들은 급속한 발전 속에 있는 중국 사회 특유의 것들도 있다. 또한 현재의 중국은 도대체 어떤 나라인지, 중국인들은 어떻게 살아와서 지금의 모습으로 있는지를 이해하는 데 도움을 줄 것이다.

가끔씩 며칠 여행하는 정도라면 중국에 대한 깊은 이해가 그다지 필요할 것 같지는 않다. 그냥 생각했던 것보다 훨씬 크고 넓으며 이미 많이 발전한 나라이고 딱딱할 것 같은 사회주의 국가에 살지만 의외로 인민들은 자유스러워 보이고 조금은 투박해 보이고 건조해 보이면서도 편안함도 가지고 있다고 느끼면 될 것이다. 그러나 현재 중국이 한국에, 또 중국인이 한국인들의 삶에 미치는 영향은 너무나 커져 버렸다. 이제는 양국의 오래된 역사보다도 더 깊고 넓게 함께 얽혀 살아야 될 운명의 관계가 되었다. 어쩔 수 없이 중국은 우리의 과거부터 시작해서 현재와 미래까지 이어질 깊은 인연을 이어 가는 나라임에 틀림이 없기 때문에 좀 더 폭넓고 올바른 이해가 필요하다.

공자, 맹자의 시대로부터 진시황의 통일 제국과 한 · 수 · 당 · 송 · 원 · 명 · 청(漢隋唐宋元明清)으로 이어지는 대강의 중국사를 한국인들이라면 비교적 잘 이해하고 있다. 오랜 시간 동안 중국의 여러 문화는 가까이 사는 우리 민족의 생활 속에서 자연스레 공유가 됐고 정치나 경제적인 면에서도 중국은 늘 한반도와 무관하지 않았다. 그렇게 지낸 오랜 세월 동안 한국인들은 중국과 중국인들에 대해 자연스럽게 생성된 고정된 이미지를 가지게 되는데 바로 유교로부터 연상되는 여러 가지 것들이 대표적이다. 그런데 오늘날 세상은 확연하게 바뀌었고 중국과 중국인들도 과거로부터 완전히 달라져 있다. 지금 우리가 만나고 있는 것은 완전히 새로운 중국이고 중국인들이다. 과거 한국사와 깊게 궤적을 함께했던 봉건 중국의 몰락과 40여 년간의 혼란 후 이어지는 사회주의 신중국의 건국 이후를 살펴보는 출발로부터 현대 중국인들의 이해는 시작된다.

중국인들이 신중국이라 부르는 중화인민공화국은 1940년대 국민당과의 오랜 내전에서 승리하고 장제스(蔣介石)와 국민당이 대만으로 건너간 그해 1949년에 공산당이 주도하여 성립된 국가다. 70년이 가까워지고 있는 지금, 그전의 중국과 비교해서 어떻게 달라졌을까? "신(新)"이라는 글자는 과거와의 단절과 새로운 출발의 의미를 담고 있을 것이기 때문에 신중국이 어떻게 새로운지를 알아보는 것이 바로 현대의 중국인들에 대한 이해를 높일 수 있는 첩경이다. 본서는 그 대표적인 변화와 특징들을 찾아 이야기한다. 그와 더불어 한국과 완전히 단절되었던 40여 년의 시간을 포함하여 청나라 이후 100여 년간 중국이라는 나라에서 어떠한 일들이 일어났는지를 알아본다면, 신중국이라 불리는 나라에서 살아가는 중국인들을 좀 더 깊고 올바르게 이해할 수 있다. 또한 한국인 입장에서 중국 현대사회를 명확하게 이해하기 위해서는 현재 중국 정치에서 비롯된 사회와 문화적 특징이 우리와 어떻게 다른지 알필요가 있다. 본서에서 소개하는 내용들은 모두 신중국과 그 안에 사는 사람들을 이해하기 위해 필요한 여러 가지 사회현상들을 그 기본으로 한다. 새로운 중국과 사람들에 대한 내용들을 담고 있는 하나하나의 이야기들은 유기적으로 작용하여 최종적으로는 신중국에 대한 "새로운 이해"라는 성과를 줄 수 있을 것이다.

길호동

|목차|

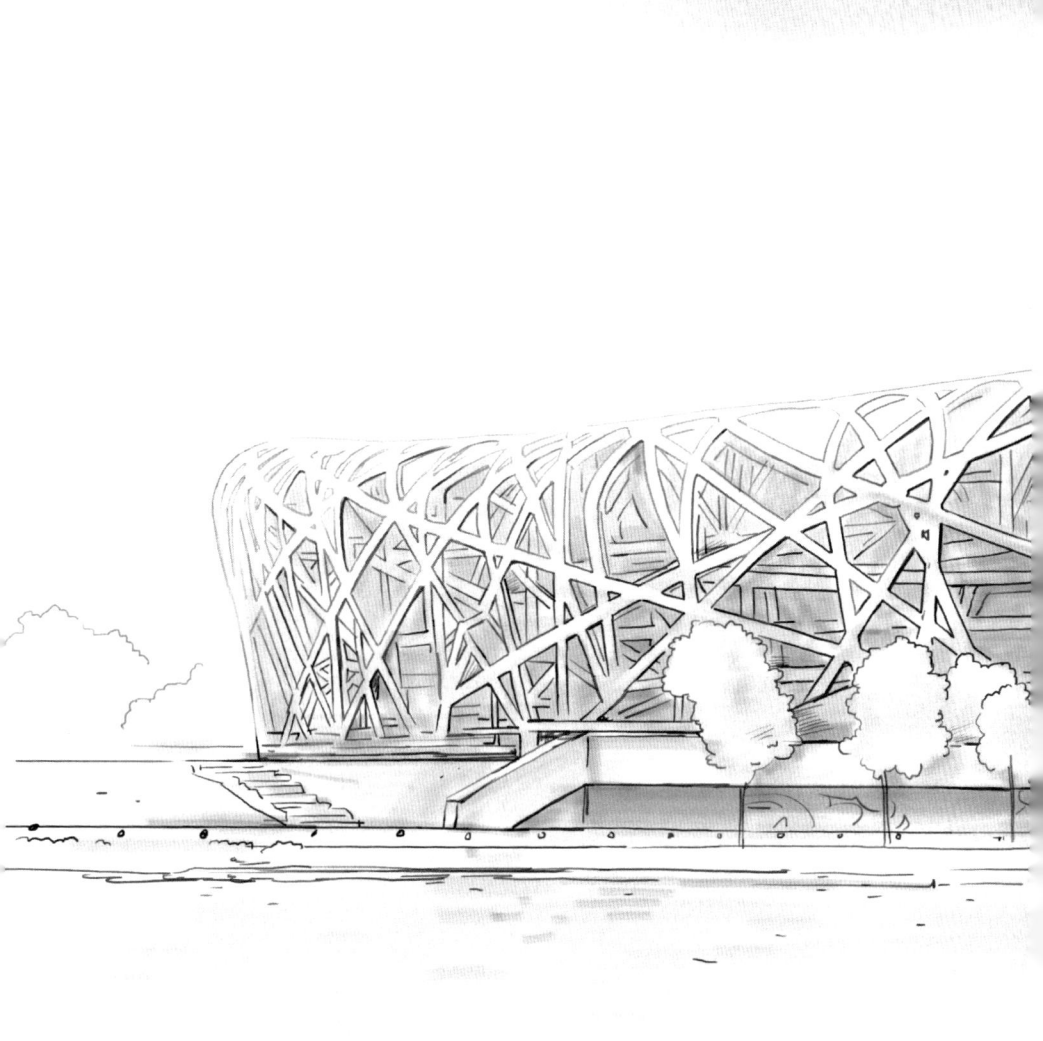

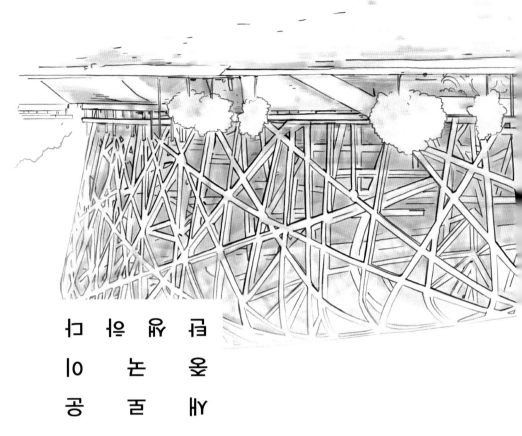

신중국 성립 후
수십 년간의 여러 큰 사건들에 대한
통찰을 통해 현대를 살아가는
중국인들에 대한 이해를 높일 수 있다.
새로운 체제 속에서의
그 시간들은 사고방식이나
생활 습관에 있어 과거와는 전혀 다른
신중국인들을 만들어 냈기 때문이다.

01

신중국의
굴기

80년대 대만에서 공부하던 시절, 중국 대륙을 향한 깊은 관심을 늘 길게 늘어뜨리며 살았다. 그리고 졸업 직전 베이징 소재의 한 대학의 학장을 수신인으로 해서 유학생으로 받아 줄 수 있겠느냐는 부탁의 사연을 편지로 담아 타이베이(臺北)의 어느 우체통에 넣은 적이 있다. 인터넷이 없던 시절 주소도 없이 달랑 학교 이름 하나 쓰고 차마 알아내지 못해 학장님 이름 석 자도 적지 못한, 뭔가 부족한 느낌의 편지인 터라 크게 회신을 기대하지는 않았었다. 그런데 자연히 잊힌 어느 날 정말 놀랍게도 한눈에 봐도 시대가 요구하는 디자인과는 거리가 멀어 보이는 누렇고 얇디얇은 봉투를 하나 받아 든다. 대만에 사는 한국인이 보낸 어찌 보면 막연한 사연에 답하는 중국 대륙으로부터의 회신을 받게 된 것이다. 놀랄 일까지야 아니었지만 당시 계엄령이 막 해제된 대만과 대륙의 분단 상황을 감안해 본다면 정말 신기한 일이기도 했다. 회신 내용은, 남조선-당시 한국을 부르는 중국인들의 정식 명칭이었고 수교 후 한참이 지나서야 이 호칭은 한국으로 바뀐다. 1949년 수교를 맺은 북한의 공식 명칭은 여전히 조선이다-학생이 대만에서 보낸 특별한 편지를 받고 성심껏 알아보았지만 수교 관계가 없는 나라의 학생을 받아 줄 수 없다는 미안한 결과를 학장을 대신하여 회신한다는 한 학생의 예의가 느껴지는 설명이었다. 중국 대륙과의 첫 번째 만남은 그렇게 대만에서 오간 한 통의 편지를 통해서였고 호기심 가득했던 중국과 중국인들과의 인연은 후에 길게 길게 이어진다.

중국과는 수교 얼마 전부터 홍콩을 통해 교역도 이루어지고 비공식적으로 유학생들도 가곤 했지만 1992년 수교 이후 우리는 수십 년 넘게 왕래가 없었던 중국인들을 다시 만날 수 있게 된다. 일본은 1972년, 미국은 1979년에 중국과 수교를 가졌으니 더 가깝게 사는 우리들이 오히려 가장 늦게 만나게 된 것이다. 그리고 대한민국은 봇물 터진 듯 대륙의 시장을 향하게 된다. 1996년 여름부터 가족과 함께 베이징에 체류하면서 시작한 중국과 중국인 공부는 아직도 진행형이지만 20년이 된 지금도 수시로 자문하는 것은 매일 변화하는 중국과 중국인과 중국 사회를 놓치지 않고 잘 이해하고 있느냐 하는 것이다. 오랜 관찰의 결과, 현대 중국을 주저 없이 이야기할 수 있는 경우는, 바로 4박 5일 패키지여행을 통해 가이드로부터 얻은 피상의 상식과 짧은 현지 경험을 가지고 중국은 이렇고 중국인들은 저렇다고 편안하게 얘기하는 여행객들이다. 중국 사회는 그 구조가 우리가 살았던 시스템과 사뭇 다르고 변화도 너무 큰지라 그 속에서 살아온 사람들의 특별한 사고와 생활상을 올바로 이해하는 것은 쉽지 않다. 그래서 중국인들을 보다 깊이 이해하기 위해서는 중국인들이 지내 왔던 얼마 전의 과거로 돌아갈 필요가 있다.

아쉬운 대로 중국의 오래지 않은 시대상을 살짝 볼 수 있는 영화와 소설이 있다. 1994년 한국에 상영되었던 영화 〈인생〉이다. 원작 이름은 〈후오저(活着)〉인데 제목만으로도 격변의 세월을 겪고 살아야 하는 피동(被動)의 모진 삶을 연상케 한다. 시대 배경은 1940년대 이후로 죽 이어진다. 주인공인 부잣집 아들이 도박으로 몰락하고 곧이어 겪게 되는 내전과 기근, 혁명 등의 연이은 중국 근대사의 질곡을 배경으로 하고 있어 지금 50대 이상의 중국인들이 겪었을 당시의 사회상을 엿볼 수 있게 한다. 위화(余華)라는 작가의 소설을 영화화한 것으로서 결코 사회 비판적인 메시지를 담은 영화라고는 할 수 없으나 문화대혁명 당시의 장면들을 나름 파격적으로 담고 있어 감독인 장이머우(張藝謀)의 작품으로서는 유일하게 중국 내에서 상영이 금지되었던 영화다. 역시 위화의 『형제』라는 소설도 한국에 번역되어 소개되었다. 이야기는 동네 공중화장실 남자 칸 바닥에 매달려 옆 칸 여자 화장실을 몰래 들여다보다 떨어져 빠져 죽은 주인공의 아버지와 관련된 정말 특이한 죽음의 과거사로부터 시작된다. 1960년대 초에 출생한 작가는 소설 속에서 60, 70년대 변혁의 시대를 사는 배다른 형제의 복잡한 삶의 이야기를 이어 나가면서 50, 60대가 된 중국인들이 지금과는 완전히 다른 그 격변의 시대에 살았던 사회를 실감 나게 느끼게 해 준다.

지금은 소설 속 형제들이 살아왔던 시절과 어떻게 달라졌을까? 중년 이상의 중국인들은 "세상 정말 좋아졌다"라는 느낌을 한국의 고속성장 시절보다 더 절절히 느끼고 있는 듯하다. 엄청난 속도와 규모로 발전하고 변모해 가는 사회에 적응하고 이를 소화해 내기에 마음이 급하고 몸이 바쁘다. 그래서 서두르다 보니 달라진 모습이 서툴기도 하고 어색하게 보일 때도 있지만 어찌어찌 시절들을 겪어 가며 이제 해외여행도 할 만큼의 생활수준까지 만들어 냈지만 돌아보면 회한이 많은 인생이기도 하다. 생사의 경계를 빈번히 오고 간 치열한 격랑의 시대를 겪어 낸 중년 이후의 중국인들이 지금 이 시대를 일구어 낸 사람들이라 그들의 경험을 이해하는 것은 지금의 중국 사회를 이해하는 데 큰 도움이 된다. 그들의 경험은 모두 신중국이 출범하고 새로운 체제를 만들어 가는 과정에서의 시행착오가 준 시련들이었다. 중국인들은 1840년 아편전쟁을 시작으로 하여 1949년 중화인민공화국이 설립되기 전까지를 구중국과 신중국으로 구분하여 부른다.

　　새로운 중국이 탄생하고 미처 깊게 자리 잡지 못한 사회주의 체제는 대규모 시련과 변화를 겪게 한다. 3년간 무려 2,000만 명이 넘는 사람들을 아사시킨 1958년부터의 대약진운동, 여전히 중년 이상 중국인들의 삶 깊숙이 박혀 있는 집단 트라우마 문화대혁명 10년, "우리도 한번 잘 살아 보세"를 외쳤던 1978년의 개혁개방과 이어지는 중국식 사회주의의 건설, 그렇게 수십 년 동안의 변혁이 바로 중국인들의 생활이었다. 아편전쟁부터 문화대혁명까지 약 130여 년간 중국 대륙에는 이민족들과 동족들로부터 비롯된 전쟁과 그로 인한 참상들이 꼬리를 물었고 사람들은 그 지난한 역사를 고스란히 몸으로 부딪혀 살아야 했다. 중국인들이 살아온 근래의 삶을 이해하는 데 도움이 될 만한, "도대체 중국에 어떤 일이 있었던 걸까?"에 대해 객관적으로 신뢰할 만하고 실상에 가까운 충분한 증언들과 평가들은 아직 쉽게 접할 수가 없다. 어려웠던 시절의 그때도 공산당이었고 먹고 살 만해진 지금도 공산당이 집정하는 이유이기도 할 것이다. 오래되고 아무래도 오랠 것 같은 통치 권력은 무서운 추진력도 가지지만 때때로 필요한 비평의 여유를 가지고 뒤돌아보게 하기가 쉽지 않은 모양이다. 중국을 이해하기 어려운 대목이고 오랫동안 살며 일해도 훤히 들여다보이지 않는 까닭이 된다. 그래도 지속적으로 중국인들이 겪었던 수십 년간의 여러 큰 사건들의 과정과 경험한 시간들이 어떠했는지를 자꾸 통찰하다 보면 현대를 살아가는 중국인들에 대한 이해가 깊이를 더해 감을 느낀다. 바로 그 충격적인 시간들이 중국인들의 사고방식 형성에도 생활 습관에도 매우 큰 영향을 끼쳤기 때문이다.

한편으로 중국인 이야기를 하다 보면 어떤 내용들은 모든 중국인에게 보편적으로 적용되지 않는다는 것을 강조할 필요가 있게 된다. 이제는 한국의 일상에서도 쉽게 보게 된 사람들, 중국을 여행하다 보면 만나게 되는 중국인들, 한국인들과 비즈니스가 이루어지는 곳에 생활하는 사람들, 이들 대부분은 도시민들이고 바로 이 부류의 사람들이 관심의 주 대상이다. 그래서 중국인들을 이야기하는 내용에 있어, 아직도 중국 인구의 절반 이상을 차지하고 있는 농촌에 살고 있는 다수의 사람들과는 차이가 있음을 이해하고 전제로 둘 필요가 있다. 실제로 많은 중국인들의 삶은 각자의 조건에 따라 그 모습의 차이가 크다. 도시와 농촌이라는 이유만으로도 생활상은 큰 차이를 가지며 서쪽과 동쪽의 삶이 다르고 해안 지역과 저 깊은 내륙도 전혀 다른 세상이다. 땅을 파고 지하에 사는 사람들부터 4,000m 이상 고지대에 사는 사람들이 있기도 하고, 한편에서는 종교적 결핍으로 영혼의 갈등을 겪는가 하면 다른 곳에서는 몇 달간을 오체투지로 순례의 길을 가는 독실한 신앙을 가진 사람들이 살아간다. 정말 다양한 곳에서 온갖 모양의 삶을 살아가는 사람들이 모여 사는 것도 중국의 특징이다.

중국을 처음으로 찾는 많은 한국인들이 공통적으로 의아해하는 것 중 대표적인 것이 자유롭고 자연스러운 거리의 분위기일 것이다. 여행 중에 만나게 되는 중국인들은 상상했던 것보다도 훨씬 더 분방하며 활기차기까지도 하다. 무엇인지 공산당이나 사회주의라는 체제가 줄 것도 같은 경직된 분위기는 전혀 느껴지지 않는 여느 나라들과 별다를 바 없는 분위기다. 중국과 수교를 맺고 이미 한참의 시간이 흘렀으며 그 시간 동안 중국과 관련된 많은 서적들의 출판이나 각종 대중매체들의 소개를 통해서 중국에 대한 이해는 높아지고 있다. 무엇보다 해마다 엄청난 사람들이 중국을 직접 여행하면서 그동안 궁금했던 중국이 어떤 나라이고 중국인들의 특징은 어떤지 이제 그 궁금증이 어느 정도 해갈된 듯도 하다. 그런데 사실 특별한 체제 속에서 살아왔고 살아가는 중국인들을 올바르고 깊게 이해하기는 쉽지 않다. 이따금씩 도무지 이해가 되지 않는 일들이 심심치 않게 일어날 때마다 아직도 우리는 중국인들의 속살을 제대로 보지 못하고 있다는 느낌이 든다. 외국인으로 살면서 알아 가면 알아 갈수록 무엇인가가 아직도 은둔해 있을 것만 같은 중국에 대한 호기심은 아직도 짙다. 아주 오래전부터 알고자 했는데도 말이다. 중국에 대한 본격적인 이해는 신중국에서부터 출발한다.

02

톈안먼에서
출발한 신중국

중국이 베이징 올림픽을 치른 2008년 가을을 시작으로 매해 10월이면 참가했던 베이징 국제마라톤 대회는 옛 황궁 앞 광장에서 출발하여 올림픽 광장에서 끝이 난다. 교통이 잘 통제된 톈안먼(天安門) 앞 큰길에서부터 중국 정부 최고 지도자들의 집무실과 숙소가 있는 중난하이(中南海) 앞으로 달리다 보면 중국의 긴 역사 속을 지나는 듯한 묘한 감상을 갖게 된다. 줄곧 베이징 시내를 달려 풀코스 도착점 직전, 톈안먼까지 일직선상에 있는 올림픽 광장의 길게 이어진 도로를 달리게 된다. 마라톤 코스는 중국의 심장부에서 출발하여 금세기 가장 화려했던 중국인들의 축제인 베이징 올림픽 현장에서 막을 내리며 나름의 의미를 이야기한다. 올림픽 못지않은 영광의 순간들을 늘 더해 가며 살아서인지 매년 달리며 만나는 거리의 많은 시민들의 표정은 밝고 응원의 박수 소리는 여유롭다. 60여 년 전 그들이 새로이 만들어 가꾸어 왔던 나라가 피어 내기 시작한 결실의 크기가 해마다 더 풍요로워지고 있음을 느끼게 한다.

중국 대륙의 묵직한 역사를 간직하고 있는 쯔진청(紫金城)과 그 황궁을 인도하는 톈안먼, 그리고 그 앞에 펼쳐진 오성홍기(중국 국기) 휘날리는 넓은 광장 풍경은 한국인들에게는 아주 익숙한 중국의 대표 이미지다. 황궁 앞마당 격인 광장은 동, 서, 남 3면에 벽을 세워 일반인들의 통행을 금지시켰던 500여 년간 황제의 지역이었다. 신해혁명 이후 벽은 허물어지고 동서로 도로가 이어졌다. 100만 명을 수용할 수 있다는 이곳 광장에 서서 톈안먼 쪽을 바라보면 마오쩌둥(毛澤東) 주석의 대형 초상화가 보이고 그 뒤로 쯔진청이다. 마지막 황제가 머물렀던 황궁 안에 위치한 고궁박물원에는 황제를 성 밖으로 내몰았던 열강들이 오랜 시간에 걸쳐 중국에 선물한 각양각색의 시계가 전시되어 있다. 근대 중국의 몰락을 떠올리다 보면 마치 서방 국가들이 선물하기 시작한 시계와 함께 국운이 기울기 시작했다는 생각이 들기도 한다. 황제들의 시계 사랑은 특별했고 유럽 각국의 사절단은 끊임없이 새로운 시계를 선물했다. 그들이 발전시켜 가는 과학의 힘으로 중국을 조금씩 조금씩 몰락의 길로 내몰아 간 것이다. 시간을 예정한 태엽이 서서히 풀리기 시작한 시계들은 청조(淸朝)를 끝으로 멈춰 서 지금 옛 황궁에 전시되어 한 때 화려하면서도 우울했던 중국 근대사를 후손들에게 증언하고 있는 듯 하다. 톈안먼을 앞두고 왼쪽으로는 인민대회당이 오른쪽으로는 역사박물관이 있다. 중국인들이 "우주의 중심"이라고 과장과 희망을 섞어 얘기하는 중국 수도 중심의 풍경이다. 마지막으로 광장의 저 끝으로는 마오쩌둥의 기념관이 있다. 세상을 떠나 미라가 되어서라도 인민들을 계속 만나고 있는 마오쩌둥은 1949년 10월 1일 톈안먼 누각에 서서 광장을 내려다보며 중화인민공화국의 시작을 알린다. 부끄럽고 치욕스러운 과거사를 뒤로하고 새로운 중국이 시작된 것이다.

그런데 중국이 유럽의 대항해보다 더 먼저 세계의 바다로 향했던 국호[明]처럼 빛나던 시기가 있었다. 바로 명조 영락제 때 쩡허(鄭和, 1371~1433)라는 인물이 34세에서 60세까지 모두 7차례에 걸쳐 인도에서부터 아프리카 동해안까지 30여 개 국가에 이르는 항해를 한 시절이다. 첫 항해 규모가 선박 240척에 승선 인원만 28,000명이었다니 정말 대단했을 그 옛날 항해가 거창하게 그려진다. 외교 강화와 문화 교류, 항로 개척 등 목적에 관한 여러 분석이 있으나 그 후 지속적으로 이어지지 못한 그의 항해는 그냥 대단한 기록으로만 남으며 빛을 잃게 되고 만다. 엄청난 국력의 과시와 대국으로서의 먼 항해 도전을 실천했다는 것 외에 정작 후에 오는 유럽의 대항해 시대가 가져올 세계의 변화는 예측도 하지 못한 채 오랜 세월 침묵하게 된다. 쩡허와 그의 기록은, 한때 사회주의 체제에서 파괴되고 철저히 부인당했던 공자와 함께 현재 중국인들이 다시 꺼내 드러내 보이고 싶어 하는 대표적 인물이고 사건이다. 중국인들 자신들이 맞게 된 대항해 시대로부터 비롯되는 근대사 연속의 비극을 비춰 봤을 때 바다를 가지지 못한 커다란 아쉬움을 남기게 하는 통한의 기록이기도 하다. 중국은 결국 바다로부터 오는 열강의 위협을 이기지 못하고 긴 세월 동안 바다를 잃게 된다.

중국의 바다를 떠올리면 만리장성 동쪽의 시작인 산하이관(山海關)이 먼저 생각난다. 바다에서 시작하여 육지를 가로질러 저 서쪽 간쑤성(甘肅省)까지 6,700km에 이르는 수호신과도 같은 만리장성을 축조해 냈지만 바다를 막아 낼 해양장성은 만들어 내질 못해서일까? 중국의 바다는 외세의 파도를 맞아 거칠고 힘든 시간들을 맞게 된다. 큰 대륙의 주인들인 어마어마하게 많은 사람들이 그렇게 무력하게 서양인들과 작고 적은 일본에 능욕당한 짧지 않은 세월의 역사가 애처롭고 그 시간 동안 희생된 무고한 많은 백성들이 또 가없다. 모두 다 바다로부터 건너온 재앙들이었다. 최근 중국이 해양대국으로의 길로 바삐 가고자 하는 이유가 되는 역사이기도 하다.

1840년 아편전쟁을 시작으로 중국에는 이어지는 전쟁과 난(亂)들로 정말 복잡한 근대사가 펼쳐지기 시작한다. 전쟁에 늘 패했고 그 결과 난징이며 베이징과 시모노세키에서 순간마다 국토를 잘라 내는 조약과 또 다른 조약을 체결해 가며 몰락의 길을 걸어야 했다. 학창 시절 시험공부를 한다고 열심히 외우곤 했던 무슨 전쟁과 난 그리고 이어지는 각종 조약들은 한국사의 전개와도 매우 관계가 깊었다. 결국 "한·수·당·송·원·명·청" 봉건의 긴 시대는 막을 내리지만 백성을 위한 새로운 시대가 쉽게 열리지는 않았다. 혁명에 이은 건국과 그 뒤로 오는 일본의 침략과 전쟁, 만주국이라는 묘한 나라의 등장과 퇴장, 최종 국민당과의 내전을 마지막으로 대륙에는 비로소 총성이 멎고 신중국의 출발과 함께 중국인들은 그들이 새롭게 만들어 내는 특별한 사회에 살기 시작하게 된다.

24명의 황제가 백성을 다스리고 인간으로 생활했던 쯔진청으로 인도하는 톈안먼 그 높은 건축물에 선 마오쩌둥은 그 직전까지 톈안먼과 쯔진청이 겪었던 불행의 시대를 닫고, 중국 민족이 견뎌 낸 치욕의 시간들을 종식시키며 새롭게 시작하는 신중국의 개국을 선포한다. 1921년부터 28년간의 시간, 대장정으로 상징되는 공산당 투쟁의 종식을 28발의 예포로 알리는 동시에 새로운 정권의 탄생을 공포한다. 1840년 아편전쟁을 시작으로 세계열강과 맞서야 했지만 시종 무력했다. 무엇보다 이웃한 나라 일본과의 수십 년에 걸쳐 이어진 전쟁도 세계대전이 종식되고서야 비로소 끝이 났다. 중국 민족이 겪은 최악의 내전인 국민당과의 투쟁을 끝으로 중국인들은 대륙에서 그들만의 새로운 국가를 시작한다. 그날 광장에서는 운집한 30만 명과 함께 장장 7시간의 개국 의식이 성대하게 진행되었다. 그런데 아쉽게도 웅장했을 당시의 역사적 장면을 제대로 회상할 수 있는 기회가 없다. 스탈린이 이 기록을 위해 특별히 소련의 전문 촬영 인원들을 파견하였고 장시간의 총천연색 기록을 남겼지만 화재로 인해 필름들이 모두 소실되었다 한다. 얼마나 후대들에게 남기고 싶은 장면들이었을까! 중국을 집정하고 있는 공산당으로서는 대대손손 그치지 않고 보여 주고 싶었을 역사적 장면들이 온전히 남아 있지 않게 된 것이다. 결국 개국의식의 일부분만을 기록한 흑백 필름만이 해마다 건국기념일이 되면 반복되어 돌아가고 있다. 성대했지만 아쉬움도 가지고 새로운 나라는 출발한다.

새로운 중국은 우리가 이해하고 있던 과거 전통 속의 중국인들이 살았던 세상과는 완전히 다른 사회 체제를 가지고 시작된다. 소련의 것을 참고로 하여 헌법을 만들고 동유럽 사회주의국가들의 경험을 학습하고 다시 자신들의 시각이 더해진 그들만의 체제 속에서 고유의 사회 문화를 만들어 가며 60여 년을 지내 왔다. 그러나 중국과 중국인들의 많은 것들이 지금의 모습처럼 변모되기 시작한 때는 그리 오래전이 아니다. 1978년에 시작하였지만 지지부진하던 개혁개방이 1992년 덩샤오핑(鄧小平)의 적극적인 독려를 계기로 하여 어느 정도 궤도에 올라서고부터였다. 최근 20여 년, 중국에는 중국인들 삶의 모습을 이전과 완전히 다르게 바꾸어 놓는 계기가 되는 많은 일들이 집중적으로 이어진다.

베이징에 거주하기 시작하고 얼마 지나지 않은 다음 해 1997년 덩샤오핑이 세상을 떠나면서 마오쩌둥으로부터 이어졌던 제2대 지도자 시대는 막을 내리게 되었지만 중국의 경제 발전을 주도했던 그의 업적은 그로부터 빛을 발하기 시작한다. WTO에 가입함으로써 경제적인 측면에서 세계무대에서의 확고한 위치를 다졌으며 베이징 올림픽과 상하이 엑스포를 유치하고 치러 내며 세계인들에게 변모하는 중국을 한껏 알렸다. 홍콩과 마카오를 차례로 반환받으면서 중국 민족의 자존을 회복하며 활짝 웃기도 했다. 무엇보다도 인민들의 삶의 질에 직접적으로 큰 영향을 미친 제도의 변화가 있었다. 바로 사유재산을 인정하고 보호하는 법률이 제정되었으며, 기원전 춘추시대를 시작으로 2,600년을 이어 왔던 농지 경작에 관한 세금인 농업세도 전면 폐지되어 중국 인민의 절대다수인 농민들의 삶의 모습에도 변화를 주었다. 한편 온 국민을 불안에 떨게 했던 "사스"라는 바이러스의 공포도 있었으며 10만 명 가까운 인명이 희생된 쓰촨성(四川省)의 대지진과 같은 불행도 겪었다. 모두 다 중국인들이 근 20년 사이 줄줄이 겪고 변화한 일들이다. 뜻밖의 재앙도 있었지만 많은 성과가 가능하게 했던 것은 1978년으로부터 시작된 개혁개방이고 그것을 통해 얻은 경제 발전이었다. 중국 경제 발전의 메카는 몇 곳 해변 마을이고 그를 살찌운 것은 외국으로부터의 자본이었다.

　중국 남쪽 광둥성(廣東省)의 선전(深圳), 산터우(汕頭), 주하이(珠海) 그리고 푸젠성(福建省)의 샤먼(厦門)은 개혁개방을 이끈 중국의 경제특구 네 곳으로서 중국이 얼마나 발전했는지를 실감 나게 보여 주는 곳이기도 하다. 30여 년을 질주하며 지금은 모두 중국의 대표적인 고소득 도시들이 되었고 공원과 산책로가 썩 잘 조성된 웰빙 도시로서 거듭나며 중국 인민들의 한결 높아진 삶을 체험할 수 있는 도시들이 되었다. 특히 샤먼의 해변 도로는 베이징의 톈안먼 광장 코스와 함께 중국을 대표하는 국제마라톤 코스로도 유명한데 달리는 사람들의 형상을 생생하게 묘사한 해변 도로의 브론즈 조각상들이 매우 인상적이다. 선전은 베이징, 상하이, 광저우(廣州)에 이어 중국의 거대도시를 대표하는 대명사인 베이상광선(北上廣深)의 네 번째 도시로 성장하였고 주하이는 다리 하나를 두고 마카오를 오고 가는 중국인들로 북새통을 이루는 곳이기도 하다. 산터우는 당나라 시절부터 해상무역이 발달했던 곳으로서 지금도 세계 화교들이 많이 왕래하여 화교의 고향으로 불리는 항구도시다. 네 도시 모두 수십 년이 지나면서 중국 발전의 상징이 되었지만 원래는 모두 작은 해변 마을로부터 출발되었다.

중국이 1978년 개혁개방 정책을 결정하고 시행하면서 경제 발전을 위해 초창기에 가장 적극적으로 추진했던 정책 중의 하나가 바로 경제특구를 만들어 외국 자본을 유치하는 것이었다. 중국은 경제특구에 집중적으로 외국 자본을 유치하여 공장을 만들어 내고 고용을 창출하며 시장을 만들어 내는 전진 기지의 역할을 맡겼다. 그리고 40년 가까운 시간이 흐른 지금 중국에는 미국 유명 경제지가 발표하는 세계 500대 기업 거의 대부분이 중국 시장에 진출해 있다. 세계 굴지의 기업들이 독자 또는 합자 형식으로 중국에 투자하여 공장을 세우고 직원을 고용하여 거대한 "세계의 시장"을 만들어 냈다. 중국의 경제 발전은 그렇게 외국 자본과 기술, 노동력이 효과적으로 결합되어 나타낸 결과이다. 궁극적으로는 세계의 자본이 투자되고 14억 인구가 화답하면서 거대한 중국 시장을 만들어 낸 것이다.

중국의 외국 자본 유치는 90년대 경제가 활성화되기 시작하면서 정점을 이뤘는데 당시에는 한국의 작은 기업인들도 중국에 가서 융숭한 대접을 받을 때였다. 주요 도시 주변에 조성된 경제개발구의 외국 자본 유치 담당자들은 공장 부지를 무상 제공하는 것을 기본으로 하여 각종 세제 혜택을 베푸는 "슈퍼을"의 태도로써 외국 기업 모시기에 많은 노력을 기울였다. 중국 출장 초창기 투자와는 전혀 관련성이 없는 업무였음에도 외국 기업에서 출장 왔다는 이유만으로도 10명씩 둘러앉는 장시간의 중국식 식사를 거절할 수 없게 만드는 상황이 심심치 않게 연출되기도 했다. 당시 인센티브를 제공하는 제도가 명문화되어 있어 유치 자금의 일정 비율을 보수로 받았다 하니 담당자들에게는 일거에 부자가 될 수도 있는 대단한 특권을 누리는 비즈니스였던 것이다.

지극한 노력 끝에 중국이 해외 자본을 대규모로 유치하게 된 시기는 2001년 11월 중국이 WTO에 가입한 직후부터다. WTO의 가입은 중국이 더 이상 계획경제로 돌아갈 수 없음을 세계에 증명한 것과 다름없는 것이라 해외 기업들이 중국 시장에 승부를 거는 계기가 되어 해외 자본뿐 아니라 기술과 맨파워 그리고 경영관리의 노하우까지 모두를 중국에 쏟아 붓기 시작한다. WTO에 가입한 후 10여 년간 중국은 매일 평균 100여 개 연간으로는 약 35만 개의 해외 기업 설립을 비준하게 된다. 90년대 이후부터 중국 시장에 본격적으로 진출하기 시작한 해외 기업들의 영향은 곧바로 경제 발전으로 이어졌고 탄성이 붙으면서 고성장이 시작되고 중국은 경제대국을 향한 질주를 시작한다. 신중국의 성립이 톈안먼에서 선포된 지 50여 년만의 일이다.

03

덩샤오핑과
덩리쥔

중국인들 삶의 모습이 오늘과 같이 바뀌는 데 절대적 영향을 미친 덩(鄧)씨 성을 가진 두 사람이 있다. 한 사람은 중국 최고 지도자였던 덩샤오핑(鄧小平)이다. 실권과 복권을 반복하며 오뚝이와도 같은 정치 역정으로 부도옹(不倒翁)이라 불렸고 서방 세상을 향해 수십 년 동안 굳게 닫혔던 쇄국의 문을 과감히 열어 제친 작은 체구의 정치적 거인이다. 다른 한 사람은 중국 대륙 출신의 아버지를 둔 대만 가수 덩리쥔(鄧麗君)이다. 고운 외모와 지극히 서정적인 가사의 사랑 노래로 한때 중화권에서 최고의 인기를 누렸었다. 40대 초반 젊은 나이로 세상을 떠난 지 20여 년이 지났지만 아직도 남겨진 많은 노래들이 중화권 사람들뿐만 아니라 한국에서도 유행하고 있다.

정치인 덩이 경제적 측면에서 현대를 살아가는 중국인들의 인생 면모를 완전히 바꾸어 놓는 절대적 계기를 만든 사람으로 평가받고 있다면 가수 덩의 노래는 온통 혁명의 세월 속에서 경직되어 있던 중국인들이 전혀 새로운 감성의 세계를 만나게 하는 촉진제와 같은 역할을 하였다. 한 사람은 대륙에서 다른 한 사람은 대만 등지에서 금세기 중국인들의 삶에 짙은 영향을 준 두 "덩씨"의 이야기다.

　중국은 특별한 나라다. 특별하다는 것은 우리와 다름이 많다는 뜻이기도 하고 여타 국가에 없는 것이 많다는 뜻이기도 하다. 그 특별한 나라임을 한마디로 표현하는 단어가 있다. 바로 "중국식 사회주의" 또는 "중국 특색의 사회주의"다. 무엇이든 새롭게 만들어지는 것들은 모두 "중국식 사회주의"라는 표현으로 포용하며 만들어 가는 중국인들의 특별한 나라, 바로 덩샤오핑이 설계하고 시작하였다. 그는 중국 개혁개방 정책을 최종 결정하였고 변화에 주저하는 인민들을 독려하며 기초를 다져 갔던 강력한 지도자로 평가받고 있다. 중요한 순간마다 인민들에게 던졌던 그의 한마디 한마디는 지금도 많은 인민들에게는 살아 있는 어록으로써 지침이 되고 있다. 개혁개방 추진의 기준이 되고 있는 그가 남긴 말들은 현대를 살아가는 중국인들이 가장 상용하기도 하고 천착(穿鑿)하고 있는 어록들이기도 하지만 수십 년이 흐르면서 그 해석을 둘러싼 논란도 가지게 된다.

　개혁개방에 대한 가시적 성과가 별로 없어 사회적인 회의감이 짙어질 무렵의 1992년 1월 덩샤오핑은 개혁개방의 문호인 남부지방 6,000여 km를 한 달 이상 시찰하면서 강력한 의지가 담긴 말들을 쏟아 낸다. 개혁개방이 천명되긴 하였지만 시장과 경제개혁은 경험과 인재와 인식의 부족, 구태의 답습, 사회 인프라 부족 등 여러 가지 이유로 기대에 미치지 못하는 상태였다. 그런 상황이다 보니 외국 기업들도 중국 시장의 개방에 확신을 가지지 못하여 제대로 된 투자가 이루어지지 않는 상태가 이어지고 있었던 바로 그때였다. 이때 그가 인민들에게 남긴 한마디 한마디가 개혁에 대한 회의를 불식시키며 이로 시작된 긍정적인 변화에 대한 갈망이 곧바로 활력으로 나타나게 되는 중대한 계기를 만들어 낸다. 이어진 가시적인 변화로써 해외 기업들의 적극적인 투자를 불러와 그해 이후로 많은 해외 기업들이 본격적으로 중국 시장에 투자하고 진출하게 되는데 실제로 한국 기업들이 중국에 본격적으로 진출한 시기도 바로 이 직후다. 1992년은 중국 경제가 봄을 맞는 원년이 되었으며 상하이의 증권시장이 개장하였고 무엇보다도 같은 해 8월 한국은 중국과 수교를 맺게 된다. 중국인들은 개혁개방이 다시 뛰기 시작한 1992년을 "춘티엔(春天)", 즉 봄날이었다고 회고한다.

덩샤오핑은 당시 개혁개방의 주저함에 대해 "돌을 만져 가며 강을 건너가듯이 추진하자"라는 말로써 격려한다. 모두가 해 보지 않은 일에 대해 주저하는 것은 어찌 보면 당연한 일이고 그에 따른 시행착오 역시 피하기 어려우니 이러한 것을 전제로 하여 조심스럽되 실수 역시 과정으로 겪으며 헤쳐 나가자는 의미를 담고 있다. 새로운 환경에 회의적이고 두려워했던 사람들이 앞으로 나아가는 데 용기를 준 말이다. 대외적으로 형편이 비슷했던 동유럽 사회주의국가들을 위주로 한 교류 속에만 있다가, 개방 후 서방 국가를 비롯한 한국, 일본과 같은 전혀 다른 환경의 나라들을 만나 그 새로움에 맞추어 가는 것도 쉽지는 않았다. 그런 상황에서 그의 한마디는 실수와 시행착오는 새로운 시도에 있어서 필연적인 것으로서 또 잘못된 정책의 방향 전환이나 수정도 마땅한 것으로 받아들이며 과감하게 새로움에 도전할 수 있는 여지를 만들어 준다.

　실제로 중국 현지 업무 진행에 있어 중국인 파트너와 같이 머리를 맞대고 "이전에 건너가 보지 않아 잘 모르지만 그래도 가 보자, 이제 개혁개방이라는 건너보지 않은 강을 건너야 하는데 빠질지도 모르니 물속의 돌을 더듬어가면서라도 길을 찾아가 보자"라며 이전에는 서로 경험해 보지 않은 생소한 업무를 진행하곤 했다. 물에 빠진 느낌이 들 때도 있었고 실제로 허우적거리기도 하고 삐걱거리기도 하며 때로는 언쟁까지도 있었지만 그래도 지치지 않고 협의를 하다 보면 어렵사리 최종 그 강 저편에 같이 닿곤 했다. 그래서 중국인들과 업무를 진행하는 과정에서는 때때로 자신도 모르게 덩샤오핑의 어록대로 일하고 있다는 느낌을 받을 때가 있었다. 검은 고양이든 하얀 고양이든 쥐만 잘 잡으면 된다는 "흑묘백묘론(黑猫白猫論)" 역시 실용주의적 사고를 강조한 한마디로서 개혁개방을 실사구시로 진행하는 데 지침이 된 중요한 어록이다. 덩샤오핑의 고향인 쓰촨(四川) 지방 속담이기도 한 이 말은 다른 한편 임의로 해석되기도 한다. 목적 달성을 위한 방법의 선택 과정에서 검은 수단을 사용하는 부정부패의 관원들도 줄곧 적지 않게 있어 왔던 것이 현실이다. 덩샤오핑은 또 이런 종류의 사람들이 있을 것도 예견했던지 "창문을 열어 놓으면 신선한 공기도 들어오지만 파리나 모기도 들어올 수 있다"는 말도 남긴다. 개혁개방의 추진에 있어 철저하게 긍정적인 것들만을 만들어 낼 수 없다는 솔직한 고백이기도 한 듯한데 어쩔 수 없이 부정과 부패도 감수하면서 가야 하는 대의임을 강조한 것으로 해석되고 있다.

현시점에 이르러 많은 사람들이 긍정하면서도 가장 큰 의문을 가지고 있는 덩샤오핑의 어록이 하나 있다. "모두가 일시에 부유해질 수는 없으니 일부가 먼저 부를 구축한 후 나머지들을 이끌어 부를 나누는 형식을 취해야 한다"는 말이다. 지금 중국 인민의 일부분들은 충분히 부유해졌다고 할 수 있다. 그의 말대로라면 지금은 누가 먼저 어떻게 부유해졌는가의 문제는 차치하고서라도 앞서 부자가 된 사람들이 언제 어떤 방법으로 그 나머지 사람들에게 공헌할 것인가에 대한 문제는 심각한 숙제로 남아 있는 셈이다. 궁핍하여 문호를 열고 개방하여 또 다른 세상에서 살아가길 30여 년, 거의 평등의 수준이었던 사회가 불과 30여 년이 지나면서 이제는 누구나 부인할 수 없는 심각한 빈부 격차를 가지게 되었다. 덩샤오핑의 이야기대로 소수의 부자들이 어떻게 나머지 다수에게 영향을 줄 것인가의 숙제가 시간이 갈수록 어려워지고 있는 것이다. 결국 덩샤오핑의 얘기 중 앞부분은 실현이 됐고 이제 뒷부분이 남은 셈이다. 중국이 빈부 차라는 커다란 사회문제를 어찌 해결할 것인지 덩샤오핑의 어록 뒷부분이 언제 어떻게 얼마만큼이나 실현될 것인지 지켜볼 일이다. 중국의 미래를 보는 관전 포인트이기도 하다.

중국인들의 역사 평가에 대해 궁금한 것 하나는, 많은 시간이 흐른 후 후대들에게 마오쩌둥(毛澤東)와 덩샤오핑 두 사람 중 누가 더 중국인들의 삶에 긍정적인 영향을 주었을까 물었을 때 누구에게 더 후한 점수를 줄 것인가이다. 한국인 입장에서의 대답은, 마오쩌둥은 그의 공과(功過)를 떠나 중국인들의 삶에 절대적 영향을 미친 것은 틀림이 없지만 덩샤오핑의 결정은 중국이 특별한 나라가 되는 방향을 제시한 것이었고 그 결과는 중국인들뿐만 아니라 세계인들의 삶에까지 많은 영향을 미치고 있다는 것이다.

수십 년 만에 중국 대륙에는 사랑 노래들이 다시 불리기 시작한다. 1940년대까지 상하이를 중심으로 유행했던 가요들은 새로운 중국의 성립과 함께 모두 자취를 감추어 버리고 혁명과 사상 찬양의 노래들로 채워진다. 그러던 중국에 개방과 함께 드디어 사랑 노래가 이웃들로부터 찾아온 것이다. 90년대 초 중국 대륙의 거리 곳곳에서 흘러나왔던 대부분 노래들은 그보다 이미 몇 년 전 대만이나 홍콩에서 인기를 누렸던 유행가들이 건너온 것으로서 중국인들은 당시 이웃들로부터 온 문화를 적극적으로 닮아 가고 배워 가는 시점에 있었다. 혁명가요나 사상 찬양의 노래 일색에 있던 사회가 개방되었지만 새로워진 사회를 반영한 자신들의 노래가 미처 충분히 만들어지기 전에 대만과 홍콩에서 건너온 가요들이 중국인들의 마음을 위로해 준 것이다. 바다를 넘어왔지만 자신들의 중국어로 듣는 얼마나 달콤하고 서정적인 노래였겠는가?

사회가 훨씬 더 개방되고 부드러워지고 세월도 흐르면서 이전에는 감히 소리 내어 얘기하지 못했던 일조차 회고하는 나이 들어가는 사람들의 옛날이야기가 부쩍 늘어났다. 문화대혁명 때 겪었던 일들도, 덩리쥔의 이야기도 그중에서 자주 회상되는 일화다. 개혁개방 시절 이전부터 몰래 대만 방송을 통해서 덩리쥔의 노래를 들었던 팬들은 많았다. 군 복무 중 분대장의 단파라디오를 통해 몰래 그녀의 노래를 들었다는 어느 통신병 출신의 회상도 있고 삼삼오오 동아리처럼 모여 노래를 들었다던 공안 출신의 추억도 있으며 화교들이 많았던 저 멀리 호주의 중국어 방송을 통해서도 덩리쥔의 노래를 들었다는 회고도 있다. 중년을 넘어간 한국인들은 무슨 상황인지 쉽게 짐작이 가겠지만 민족 분열을 겪어 보지 않은 다른 나라 사람들은 쉽게 이해하기 어려운 이야기이기도 하다.

그렇게 금지된 행위들을 통해서도, 이런저런 경로로 흘러 들어오는 노래 테이프로도 대륙의 중국인들에게 알려지게 된 덩리쥔의 노래는 개혁개방이 되면서 폭발적인 인기를 누리게 된다. 그녀의 노래는 혁명과 투쟁으로 일색(←色)되었던 중국 사회의 무미(無味)에 생동감을 불어넣었고 경직된 중국인들의 영혼을 달래 주었다. 사랑을 노래하는 서정의 가사와 부드럽고 상냥한 목소리는 이제 막 개혁의 전환점에 서 있는 중국인들을 다양한 감성의 세계로 인도하며 생동감을 불어넣어 주었다. 잠시 동안 그녀의 노래가 퇴폐적이고 음울한 자본주의의 노래라고 사회적 비평을 받게 된 적도 있었지만 1995년 사망할 때까지 그리고 세상을 떠난 지금도 그녀의 노래는 끊임없이 유행을 반복하고 있다. 덩리쥔의 노래를 필두로 해서 대만과 홍콩 가수들의 노래가 중국에 유행하게 되면서 중국 내 공연도 늘어나고 TV 프로그램 출연 붐도 일어나게 된다. 유명 가수의 공연은 연일 매진을 기록하였고 이어지는 대성황은 대만과 홍콩의 가수들에게 커다란 시장을 제공하기도 했다. 그 열기가 좀 식어졌다는 느낌이 들었을 때는 중국인들이 자신들의 새로운 정서가 반영된 이전과 다른 문화를 충분히 만들어 가기 시작했다고 할 수 있는 2000년 이후다. 중국인들이 문화적인 측면에서 변화하고 진화하는 데 있어 대만과 홍콩 등 중화권 문화 예술인들이 많은 영향을 미쳤는데 덩리쥔이 그 대표적인 인물이다. 아쉽게도 그녀를 보기 원하는 팬이 많았던 아버지의 고향 중국 대륙에는 가 보지 못하고 세상을 떠나게 된다. 한국에서 한 시대 크게 유행한 중국 가요들은 대부분이 그녀의 노래들이다. 이렇듯 최근 수십 년 간 중국인들의 현실적 생활과 정신적 세계에 깊은 영향을 준 덩(邓)씨 성을 가진 두 사람은 이후로도 아주 오랫동안 인민들에게 기억될 듯 하다.

04

2% 부족하지만
디테일해진 중국

눈부신 경제 발전을 통해 표면적
으로는 세계의 최첨단을 모두 가지게 된 중국이지만 내면적으로는
여전히 뭔가 2% 부족해 보이는 듯한 느낌을 준다. 대표적으로 생활
환경을 바꾸는 면에 있어서는 아직 인색해 보이기도 하고 여유가
없어 보이기도 한다. 생활이 한결 나아지면서 건강을 챙기려는 사
회 분위기는 짙어 가지만 삶의 질을 높여가는 생활환경을 즐기기에
는 아직 부족함이 있다. 중국 대부분의 대도시는 운동하고 활동할
수 있는 편안한 공간들을 충분히 가지고 있지 못하다. 오래 살고 있
는 베이징은 강이 없으니 서울의 양재천이나 중랑천 같은 지천도 없
고 남산이나 청계산과 같은 작은 산들도 가지지 않은 그냥 평지다.
이제는 물 흐름이 둔해진 운하나 인공호수와 나지막한 인공 산이나
공원은 있지만 편안히 걷고 뛸 수 있는 공간은 거의 없다. 국제도시
로서 성장한 것에 비하면 모자란 조건들이다. 어디를 가더라도 달리

지 않으면 견디지 못하는 취미를 가진 외국인들이 복잡한 도로를 헤쳐 가며 도시를 달리는 모습은 아슬아슬하게 보인다. 새롭게 건설되는 도시에는 곳곳에 산책로와 자전거 도로며 해변 조깅로까지 사람들을 위한 공간들이 많이 조성되면서 어느 선진국 못지않은 분위기를 만들어 내고 있는 것이 과거와는 다르다. 하지만 중국을 대표하는 오래된 대도시들은 한결같이 대기오염 문제 해결과 쾌적한 환경 조성이라는 두 가지의 아직 해결되지 않은 숙제를 가지고 있다. 중국은 놀라운 속도의 발전과 성장을 가졌지만 빠르게만 흐른 그 시간들은 모든 것을 한꺼번에 가질 수도 없게 했고 어떤 경우에는 온전하게 있는 것들을 잃게도 했다.

　베이징 사람들의 생활수준이 나날이 좋아진다지만 진정한 웰빙을 방해하는 것이 있다. 연중 맑은 하늘을 가진 날이 많지 않다는 것이다. 30대 중반부터 시작해서 50대 중반까지 거주했으니 세월과 함께 정도 많이 든 도시지만 매년 봄 피어나는 꽃을 바라보며 설레야 할 마음에 앞서 생기는 심란함을 피할 수 없다. 봄만 되면 어찌 살아야 할지 모를 정도로 하늘 상태가 심각해지는 날이 많다. 몇백 m 앞이 제대로 보이지 않을 정도의 미세 먼지가 도시를 뒤덮는 날이 많다 보니 심신이 지친다. 매년 4월이 되면 눈처럼 날리는 꽃가루며 누런 황사가 가장 심각해지니 정말로 잔인한 봄이다. 이제 경제적으로는 기초 다지기를 든든하게 해 놓고 진정한 삶의 수준을 높여 가려는 자존심 강한 수도(首都) 베이징 시민들에게는 시련이고 자존심도 상하는 일이다. 나들이하고 운동하기 좋은 계절에 오히려 숨 졸이며 살아야 하는 환경은 아쉬움이지만 그래도 벌써 수십 년 동안 중국인들은 과거와 달리 어떤 격랑도 큰 파고도 겪지 않고 잘 살아가고 있다.

90년대 중반 베이징 거주를 시작했을 당시는 중국이 지속적으로 높은 경제성장률을 기록하며 한창 신을 내서 앞으로 내달리던 때였다. 최근 몇 년 주춤해지기는 했지만 30여 년간 줄곧 연간 10%를 넘나드는 경제성장을 지속하였으니 과거 70, 80년대 한국의 비슷했던 상황까지를 이어 본다면 결과적으로 유년 시절부터 시작해서 한국과 중국을 이어 가며 줄곧 10% 정도로 바쁘게 경제가 성장한 나라에서 살아온 셈이다. 고속으로 경제가 발전하는 나라에서 살다 보니 삶의 환경이 빠르게 변해 간다는 것이 피부로 느껴진다. 중국의 변화들은 대한민국에서 경험했던 것과 너무 흡사하여 마치 데자뷔 현상 속에 있는 것 같은 느낌이 들 때가 정말 많다. 고층 빌딩과 아파트, 자동차 증가 등과 같은 외형적 발전도 그렇지만 온갖 사회현상들까지도 그렇게 닮아 간다. 주식 열풍, 부동산 광풍, 대학입시, 영어 학습, 실업 문제, 황금 투기, 명품 소비, 조기유학, 갑방을방, 대학생 취업난, 해외여행, 이민 등 사회주의국가 중국에서는 도무지 일어날 것 같지 않은 일들도 어쩌면 그렇게 한국 우리네 모습하고 비슷하게 나타나는지 늘 신기했다.

그런데 그렇게 흡사하게 닮고 비슷해 가더니 중국인들이 언제부터인가는 오롯이 자신들의 세상으로만 살아갈 준비를 끝낸 듯한 느낌을 준다. 이제는 한국과 한국인들이 바뀌어 온 과정과 모습을 중국의 변모하는 현실과 치환해서 중국인들이 살아갈 앞으로의 세상을 예측해서 중국 친구들에게 예언처럼 설명해 주기는 어렵게 됐다. 사실 중국인들이 지금까지 겪은 변화는 한국인들이 지내 온 것보다 훨씬 더 빠르게 진행되어 한국이 먼저 걸어온 길을 순식간에 거의 다 쫓아와 버렸다. 조금 먼저 발전해 간 한국인 입장에서 한발 앞서 간 경험으로 중국인들의 부족한 무엇인가를 채워 줄 수 있는 기회들이 많지 않음을 느끼게 하는 세상이 됐다. 무언가 2% 모자라고 어설프고 투박했던 중국인들이 부족한 것들을 계속 바쁘게 채워 가며 디테일해지고 있다. 중국인들 스스로도 너무 큰 변화에 당황해하는 것이 현실이다. 도시화에 따른 외향적인 발전도 그렇지만 과거와는 사뭇 다르게 중국인들의 말과 태도에서도 전반적으로 친절이 느껴지는 변화가 있다. 도시 전체의 회색 느낌은 밝게 빛나는 채색 분위기로 변해 가고 있고 퉁명스럽던 중국 비행기 승무원들의 얼굴에도 이제는 미소가 자연스럽다. 중국 사회의 진화는 계속되고 있다. 그렇지만 반면, 아쉽게도 한국인들은 그동안 가졌던 중국 시장에서의 여러 기회를 잃어 가고 있기도 하다.

그래도 한때, 부지런한 한국인들은 중국과 수교를 맺기도 전부터 중국인들이 가지지 못했던 부족한 기술과 서비스를 제공하고 공급하면서 비즈니스 기회를 만들어 수익을 창출해 가며 수십 년을 알차게 보냈다. 그런데 중국인들은 시간의 흐름과 비례하여 다방면에서 빠른 발전을 이루어 내고 있으니 한국인이 한발 앞선 경험을 밑천으로 중국인들의 부족한 무엇인가를 채워 주는 기회의 시간들도 이제 거의 다 지나가고 있는 느낌이다. 한국이 그런 역할을 한 지가 그리 오래되지도 않았는데 중국인들은 후딱 결핍의 시대를 넘어서 가고 있다. 그래도 한국이 앞서 발전해 나갈 수 있는 시간적 여유를 가진 후에 다시 만나게 된 중국이라 어찌 보면 중국의 뒤늦은 개방이 오히려 한국인들이 야무진 모습으로 중국 시장에서 역할을 할 수 있게 된 참으로 긍정적인 기회가 된 것이라고도 할 수 있다.

아직까지는 한국인들이 중국의 발전과 성장을 거들고 있다고 할 수 있지만 이후의 세대들은 과연 어떤 모습으로 중국인들과 여러 방면에서 상생의 관계를 잘 유지하고 살아갈지 의문이고 염려이기도 하다. 빠르기만 했던 중국의 성과들이 점점 디테일해지고 있는 것이다. 개발 도상의 한국이 자랑스러워 했던 것이 기능올림픽의 성과였다. 아직도 해마다 금메달을 늘 쓸어 오다시피 하고 있어 종합우승을 못한다면 오히려 이상한 일이다. 그런데 "기능 한국"의 금메달 자리가 위협받기 시작했다. 중국이 참가하기 시작한 지 5년째인 2015년 드디어 기다리던 첫 번째 금메달을 따게 된 것이다. "세계의 공장"인 중국에 있어 다소 의외의 늦은 성과로 보이기도 하지만, 중국이 2% 부족을 넘어 디테일해져 간다는 하나의 실제적인 예를 간접적으로 보여주는 것이기도 하다. 중국은 세계인들이 오랜 시간에 걸쳐 정리해 놓은 삶의 질을 높일 수 있는 많은 경험과 연구의 성과를 향유하였다. 때문에 이를 참고로 한 자신들의 것에서는 손쉽게 시행착오를 줄일 수 있는 매우 효율적인 벤치마킹의 기회를 줄곧 가질 수 있었다. 최근 30년간, 그중에서도 경제성장의 가속도가 붙기 시작한 90년대 초반부터 2000년 초반까지 실로 빠른 속도로 앞서 나가 있는 세계의 온갖 기술과 문명을 맘껏 흡수해 왔다. 90년대부터 중국 시장에서 경험한 몇 가지 사례는 세계시장에서 뒤처졌던 중국이 첩경을 걸었던 자취들이다. 전화는 가정용 보급 단계는 대충 건너뛰듯이 하고 바로 본격적인 핸드폰 시대로 접어들어 현재 이동통신 가입자 수가 이미 10억을 훌쩍 넘었다. 순식간에 핸드폰 왕국이 되어 버린 것이다. 비디오테이프 시대는 아예 생략해 버리고 빠르게 DVD 시대로 넘어가 집집마다 홈시어터를 차린 시기도 있었고 자전거는 쉴 새 없이 자가용으로 대체되고 있다. 그동안 세월을 정지시켜 놓은 듯 멈춰 있던 문명과의 늦은 만남들은 그렇게 중간을 생략해 가면서 빠르게 흘렀다.

텐안먼에서 시작된 신중국이 70년 가까이 흐르고 있다. 많은 변혁으로 인해 온갖 고난과 고통의 시간들을 보냈던 나이 지긋한 중국인들은 모처럼 긴 시간 동안 맘 놓고 편안하게 살 만한 세상을 보내고 있으며 젊은이들은 이전 사람들과는 전혀 다른 삶을 살아갈 수 있는 새로운 세상에서 출생하여 그들만의 세상을 잘 가꾸어 가고 있다. 개혁개방은 경제적으로도 풍요를 가져왔지만 인민들이 더 이상 정치적 이념 쟁론으로 고통당하지 않아도 되는 사회적 안정도 더불어 만들어 냈다. 다만 인민들의 내재적인 삶까지도 풍요로움에 닿기까지는 아직 사회적으로 결여되고 중국인들 스스로 이해가 어려운 중국의 특수한 조건들이 적지 않다. 외국과 비교하고 관찰하여 이야기하는 자신들의 나라가 가진 이상한 몇 가지들은 한국인 입장에서 볼 때 면면이 흥미롭다. 중국을 이해할 수 있는 특별한 몇 가지다.

"집의 소유자는 인민인데 집터는 국가가 소유하는 나라, 인민들의 수입은 선진국 수십 분의 일에 불과한데 부동산 가격은 오히려 선진국 수준보다 훨씬 높은 나라, 인민들이 마음대로 거주지 변경을 못하는 호적 제도의 나라, 홍콩, 마카오도 같은 중국인데 굳이 통행증을 발급받아야 하는 나라, 하나든 둘이든 출산할 수 있는 자녀 수를 법률로 특정해 주는 나라, 군대의 지휘권을 특정 당이 가지고 있는 나라" 이제는 매일 만나게 된 옆 나라 이웃들이 우리와 다른 환경을 가지고 있음은 당연한 일이겠지만 특별하긴 하다.

중 국 인,
돈 을
가 지 다

국가가 직장을 안배하고
저렴하게 일용품을
공급하던 시대는 막을 내리고
중국인들은 모든 것이
스스로에게 맡겨진
세상 속에 서게 된다.
오로지 인민폐에 의지해야만
생존이 가능한 삶이 된 것이다.

05

오로지 **인민폐**를 향하다

중국인들의 돈 "인민폐(人民幣)"의 위력이 정말 대단하다. 대한민국 번화한 곳이면 어디를 가도 중국인 쇼핑객들이 넘쳐 난다는 것을 실감하며 사는 것도 일상이 된 지 오래다. 중국인들의 왕성한 소비가 보탬이 된다는 느낌도 들지만 뭔가 묵직한 느낌도 있는 것이 갑자기 커져 버린 위세가 부담스럽기도 한 세상이 되었다. 그런데 아직 한국에 와 보지도 않은 엄청난 중국 인구를 생각해 보면 이 기세가 이제 시작에 불과하니 마음의 준비를 단단히 하고 대를 이을 오랜 장사를 준비해야 할 듯도 하다. 중국인들에게는 과연 어떤 변화 속에서 무슨 일이 있어났던 것일까? 문을 닫고 조용히 살던 사람들이 갑자기 세상 밖으로 쏟아져 나와, 보이는 것은 다 사들이려 하는 듯한 최근의 분위기는 도대체 뭔가? 불과 20여 년 전과는 달라도 너무도 달라진 중국이다.

1988년 한국이 올림픽이라는 큰 행사를 치르느라 분주했던 그해 중국인들은 유래가 없던 물건 사재기로 한동안 법석을 치렀다. 오랫동안 국가가 인민들에게 저가로 일용품을 공급하던 제도를 폐지하고 시장의 수요공급 흐름에 따라 물가가 책정되는 새로운 정책으로 전환하는 과정에서 물가가 오르기 시작한 것이다. 배급제식 구매 제도를 폐지하고 본격적으로 시작하는 새로운 경제체제의 실현 과정에서 온 진통이다. 당시 상하이 같은 대도시에서는 생필품 가격이 갑자기 20, 30%씩 급등하는 바람에 소가전 제품에서 일용품까지 무차별 구입하는 소동이 한바탕 벌어진다. 소금이며 간장에 성냥까지 족히 일 년 이상은 쓸 수 있는 양의 물건들을 마다치 않고 구입하는 상황이라 은행마다 예금을 인출하는 사람들로 넘쳐 났다고 하니 그 소란한 상황을 가히 짐작할 만하다.

1988년 당시 대만에서 접했던 한·중 두 나라에 대한 현지 소식들은 정말 대조적이었다. 우선 올림픽이라는 세계적인 스포츠 축제를 한국이 개최한다는 소식에는 예상 밖의 놀라움과 부러움이 잔뜩 섞여 있었다. 한편 중국 대륙의 사재기 혼란 소식을 전하는 뉘앙스에는, 대만에서 상대적으로 안정된 삶을 살아가는 자신들의 자부심과 안도감이 한껏 배어 있었다. 중국에서 배급제식 구매 제도가 완전히 폐지된 때가 1993년이니 지금까지의 변화를 본다면 중국인들은 이 정도의 시간이면 거대한 한 나라도 완전히 변모시킬 수 있다는 것을 잘 보여 주고 있는 셈이다. 불과 20여 년을 지나며 이루어진 변화치고는 정말 크고 주변 국가들까지 미치는 영향력도 점점 커진다. 배급제 시절의 "피아오(票)" 이후 정말 힘이 세진 중국인들의 돈 이야기다.

  70년대 이전 출생한 중국인들은, 식량을 비롯한 각종 일용품을 구매할 수도 있어 제2의 화폐로 불리기도 했던 "피아오"에 의해 생활하던 시대를 아직도 또렷하게 기억한다. 피아오 제도는 제한된 자원을 분배함으로써 모두의 생활을 보장하고자 했던 일종의 인민 생존전략으로써 정부가 생산단위로부터 저렴하게 일괄 구입한 생필품들을 인민들이 다시 저렴하게 구매할 수 있도록 한 정책이다. 표(票)가 없으면 양식을 구할 수 없었으니 어떤 의미에서는 돈보다 더 중요한 생명줄이기도 했다. 식량(糧票)이나 식용유(油票), 계란과 고기에다 옷감이며 비누, 손목시계, 재봉틀 등 공산품까지 각종 표들은 연령과 직업에 따라 100여 개 등급으로 나뉘어 지급되었다. 술도 예외일 수 없어 배급 시절에는 "술표(酒票)"에다 빈 병 하나 들고 술 받으러 가는 시절이었던 것이다. 그러니 집안에 반주(飯酒) 습관이 있는 어른이라도 있으면 온 식구들이 이리저리 술표를 구하러 다니는 것도 큰일이었다. 생필품 확보도 어려움이 있는 시절이었지만 술과 담배와 같은 기호품의 제한은 사람들을 참 딱하게도 만들었던 것이다. 그래서 오랜 시간 동안 술과 담배는 즐겨 주고받는 선물 순서 앞자리에 있었다. 표는 일상에서 과일과 채소에 가구나 신발까지 구매할 수 있는 교환 가치의 용도를 지니며 "제2의 화폐" 역할을 하기도 했다. 표의 제도는 집집마다 저울을 놓고 매끼 계량해서 밥을 지어 먹거나 멀리남의 집을 갈 때도 양표를 지참해야 했을 만큼 생활을 제한시키기도했다.

중국의 개혁개방이 성과를 내기 시작한 1980년대 중반부터 배급과 자유 구매를 병행하는 과도기를 거쳐 1993년에 이르러서는 38년간 지속되어 왔던 "표"의 제도가 완전히 폐지된다. 곤궁과 결핍의 배급 시대를 넘어 식량 자급률 100%를 달성하여 전 인구가 적어도 생존을 위한 걱정을 하지 않게 된 괄목할 만한 발전과 자신감의 결과가 가시적으로 나타났음이다. 배급표를 들고 서서 길게 늘어선 줄이 혹시 내 앞에서 끊길까 걱정하며 양식이나 일용품 구입을 기다리는 인민들의 모습은 80년대부터 서서히 줄어들다가 결국 완전히 사라져 버린 것이다. 그러나 바로 이 시간들 속에서 기회와 경쟁, 자립, 해고와 취업 등의 단어들이 중국인들의 생활 속 깊숙하게 자리 잡으며 과거와는 다른 방식으로 살아야만 살아질 수 있는 새로운 삶을 직면하게 된다.

국가가 직장을 안배하고 저렴하게 일용품을 공급하던 시대는 막을 내리고 모든 것이 자신에게 맡겨진 세상 속에 서게 된다. 이전과는 완전히 달라진 새로운 방식의 생활이 본격적으로 시작된 것이다. 자신들의 능력으로 일자리를 만들고 그 소득에 의해 살아가야 하는 자립의 시대에 서서 이제 생존은 오로지 인민폐에 의지해야만 가능한 삶으로 변했다. 반면, 구원이자 구속이기도 했던 "표"가 없어진 세상이니 돈만 있으면 얼마든지 가지고 쌓고 누릴 수 있는 세상도 된 것이다. 살다 보니 갑자기 찾아온 듯한 이 변곡점이 바로 중국인들이 돈에 대해 유난히 집착하고 어느 나라 사람보다도 몰입하는 철학을 가지게 된 배경이 되었다. 그리고 모두 오로지 인민폐를 향해서 전진하기 시작한다. 이 모든 것이 지금 왕성한 소비력을 보이고 있는 40대 이상 중국인들의 경험이며 소비 의식의 변화와 배금의 가치관 등을 생성시킨 생활사이기도 하다. 표가 없어진 세상에서 돈은 그 자체만으로도 절대 가치를 가지게 되었고 얼마 후 중국인들의 돈은 힘을 발휘하기 시작한다. 중국인들이 지금처럼 해외 여러 나라에서 신나게 돈을 쓸 수 있는 시대가 이렇게 빨리 오리라고는 짐작하기 어려웠다.

인민폐는 중화인민공화국 성립 이전인 1948년 12월 1일 공산당 정부가 인민은행을 설립하면서 발행하였으며 신중국 성립 이후인 1951년 말에는 중국 유일의 통일 화폐로 자리매김한다. 소련의 기술을 도입하여 발행한 최초 인민폐는 원래 마오쩌둥의 초상으로 디자인하려 했는데 마오쩌둥이 사양하였다 한다. 최종적으로는 노동자, 농민들과 농공업 발전을 상징하는 여러 이미지들이 마오쩌둥을 대신했다. 그런데 현재 발행되는 1위안부터 100위안까지 지폐 모두에는 인민복을 입은 마오쩌둥의 상반신이 액면가에 따라 각각 다른 색깔로 인쇄되어 있다. 마오(毛)의 뜻과 관계없이 사후(死後)에도 매일 인민들을 만나고 있는 것이다. 그런데 어찌 보면 지루하고 변화 없는 디자인 때문인지 중국 매체들이 한국 화폐 디자인에 찬사를 보내는 표현을 본 적이 있다. 다양한 인물들과 문화재들이 등장하니 이를 보는 외국인들이 화폐를 통해서도 한국의 옛 문화를 이해하는 데 도움이 될 수 있어 부럽다 한다. 양국의 화폐는 가치에서도 모델에서도 큰 차이가 있다.

1996년 베이징 생활을 시작할 무렵 한화 100원 정도면 인민폐 1위 안으로 맞바꿀 수 있었는데 지금은 그때보다 두 배 가까운 한국 돈을 주어야 1위안으로 바꿀 수 있으니 상대적으로 인민폐 가치가 매우 커진 것이다. 미국 달러에 대한 가치 역시 20년 사이 약 30% 절상이 되었다. 중국 내에서는 인민폐의 실제적인 사용 가치가 10년 전에 비해서 약 50% 정도로 하락해 있지만 한화나 달러 외 기타 외환에 대비해서는 크게 가치가 올라갔다. 인민폐가 국제용으로 제격이 된 것이다. 그런데 중국에는 개방 후 한동안 중국을 찾는 외국인이라면 반드시 사용해야 했던 특별한 화폐가 있었다. 90년대 초반까지만 하더라도 중국에 입국하게 되면 일단 달러 등의 외화를 중국에서 발행한 외국인 전용 화폐[外滙券]로 교환하여 사용해야 했는데 실질적으로는 중국인들에 비해 더 많은 가치를 지불하게 하는 이중 화폐제도였다. 중국 개혁개방과 함께 온 외국과의 빈번한 교류에 따른 과도기 외환 관리제도가 있었던 것이다. 당시 공항, 호텔, 백화점, 유명 관광지 같은 곳에서 주로 통용이 되었는데 지방이라도 가게 되면 보통 인민들은 무슨 영문인지도 모르는데다 처음 보는 사람들이 대부분이라 사용에 상당한 불편이 있었다. 당시 중국인들에게 있어 외국인 화폐는 외국인들이나 화교, 일부 특권층들만 이용할 수 있었던 현재 백화점에 해당하는 "유이샹디엔(友誼商店)"에서 귀한 물건을 구입할 수 있었던 중요한 수단이기도 했다. 외국인 화폐는 이를 확보할 수 있는 중국인들이 특권을 누릴 수 있게도 했던 것이다. 15년을 이어 왔던 외국인 전용화폐는 1995년 폐지되면서 중국은 개혁과 개방을 향한 시대로 한 걸음 더 확실히 나아갔으며 이후의 성과들은 계속해서 세계인들을 놀라게 한다.

지속되는 소득의 증대와 외화에 대한 인민폐 가치 상승에다가 국내 물가의 지속 상승이라는 요인들은 중국인들이 해외에서 거의 무차별 쇼핑을 하게 만드는 배경이 되었다. 이런 요인들은 장시간 불안하고 궁핍했던 사회 분위기 속에 억눌렸던 욕망을 자극하는 매개체가 되어 과감한 소비 행위라는 결과를 만들어 낸다. 세월이 흐르면서 저축 잘하고 돈 쓰는 데 어느 민족보다도 신중한 중국인들의 소비 의식도 돈에 대한 가치도 많이 바뀌었다. 특히 중국인들에게 있어 해외여행은 자신들의 화폐 가치가 어느 정도인지 저절로 체험이 되는 좋은 기회이고 체험은 쉽사리 구매로 이어진다. 구매를 자극하는 다른 이유 하나는 중국 내에서 소비자로서의 중국인은 억울한 상황이라는 것이다. 운동화든 핸드폰이든 중국에서 생산된 글로벌 브랜드 제품이 미국에서 판매되는 가격은 그리 높지 않은데 이것이 다시 중국으로 역수입되면서 관세에 부가세, 소비세까지 붙어 가격은 거의 두 배까지 형성된다. 세계의 공장이자 시장인 중국의 소비자들이 가진 현실이다. 그래서 중국에서 생산된 같은 글로벌 제품이라도 중국보다는 해외에서 훨씬 싸다는 유혹이 중국인들의 해외 소비를 자극하는 또 하나의 요인이 된다.

중국인들은 어느새 "생산하는 노동자에서, 소비하는 도시민 중국인으로, 또다시 세계시장의 소비 주역"으로 변모해 가면서 절제하지 않는 지존의 구매력만큼은 세계 곳곳에서 환영받게 되었다. 형편상 국내에만 머무를 수밖에 없는 사람들 입장에서는, 해외에서 인민폐 가치가 커지는 것과 관계없이 국내 물가는 계속 오르기만 하니 인민폐가 주는 양면성이 야속하고 해외로 가는 사람들을 보는 것이 배 아플 뿐이다. 세계 2위의 경제대국인 중국과 그 화폐가 세계시장에서 가지는 위상이 걸맞지 않다는 의견들도 많은 한편, 조만간 인민폐가 국제화폐로서 단단히 자리를 잡고 2030년경에는 세계인들이 투자하고 저축하는 가치를 가진 화폐로서의 위치를 가질 수 있을 것이라는 예측도 있다. 그렇다면 인민폐가 언젠가 가장 가까워진 한국에서 마치 홍콩, 마카오에서처럼 통용될지도 모를 일이다. 또한 향후 그 가치 또한 높아진다 하니 중국인들의 돈과 이렇게 불가분의 사이가 되어 가는 바에야 경제관념을 가지고 한껏 관심을 가져 볼 만하겠다. 오래지 않아 중국 인민폐와 미국 달러의 한판 승부도 벌어질 것 같은 분위기다. 지금부터라도 무엇이 이로운지 손해 보지 않도록 조심해 가며 관전할 일이다.

06

황금과 주식에 대한
욕망, **이재**

비단 장사를 무척이나 잘했다던 과거처럼 중국인들이 다시 이재(理財)에 밝아졌다. 우리가 이재라고 얘기하는 한자어는 중국인들도 똑같이 쓰는 단어로서 "재테크"라는 말로 번역하면 비슷한 뜻이 된다. 20, 30년 전에는 관심을 가질 필요도 없었고 가질 수도 없었던 "이재"라는 것에 대한 고민을 안고 살기 시작하더니 이제는 사방 천지에서 질리도록 들리는 단어가 되었다. 매일매일 시도 때도 없이 금융 관련 기업들의 온갖 재테크 상품 광고들을 들여다보라고 인민들의 눈과 귀는 강요당한다. 평등의 사회에서 자본의 사회로 진입한 현대 중국인들의 부(富)에 대한 강렬한 바람은 희망, 갈망, 소망, 열망, 염원 등 온갖 한자어를 동원해도 그 정도를 설명하기에 부족하다. 그러나 어쩔 수 없이 아쉬움과 방황과 탄식, 실망과 절망도 있는 중국인들의 재테크 이야기다.

중국인들이 돈 버는 일로 매우 소란하다. 이전에는 없던 일들이 마구 생겨나면서 덩달아 돈 벌어 부자가 되는 사람들도 많이 생기기 시작했다. 빠른 발전 속에 있는 나라, 과거와 달리 모든 것이 개방되어 새로운 것들이 매일 걷잡을 수 없이 생겨나는 나라에서 사람들은 기회를 만난다. 그러나 기회와 사회자원은 일부 권력과 금력을 가진 사람들에게 우선적으로 분배되었고 금권을 독점한 자들은 그들만의 리그를 이어간다. 변화 속의 기회가 누구한테나 공평하게 있을 수 없다는 것을 중국 사회는 잘 보여 준다. 국가 정책이나 국유 사업 등에서 출발하는 많은 기회들은 대부분 기득권자들과 사회관계망을 가진 집단들에 의해 선점되고 독점되기도 하는 것이 상식처럼 되었고 권력과 자본의 관계망이 없는 대부분 인민들은 집단적 소외감 속에서 아무런 치부(致富)의 길도 찾을 수 없어 무력하게 마음만 급하게 살던 때가 있었다. 나날이 발전하며 많은 기회들이 뿌려지고 있는 나라에서 무언가 기회를 잡아야 한다는 생각은 대부분 평범한 사람들에게 있어서는 차라리 강박이다. 그래서 특권의 사람이 아니더라도 누구나 부를 가질 수 있는 기회는 절실했다. 그런데 중국도 드디어 주식시장을 가지게 되었고 황금시장도 개방이 되어 금도 사고 팔 수 있게 되었다. 거의 유일했던 재테크 방법이었던 은행 예금 외에 모두가 갖고자 했지만 가지지 못했던 돈 벌 수 있는 기회들이 그렇게 하나씩 둘씩 인민들 앞에 등장하기 시작한다. 주식과 황금 투자는 기본이고 부동산과 골동품, 예술품, 술, 약재에 보이차(普耳茶)와 같은 중국 특색의 소장품 시장도 활성화되었고 이도저도 없는 사람은 동네에서 복권이라도 살 수 있게 된다. 그중에서도 주식과 황금에 관한 중국인들의 애정은 세계인들도 주목한다.

주식 투자는 특별한 사회적 인간관계망이 없어도 농민이거나 노인이어도 누구라도 빠른 시간 안에 자산을 불릴 수 있는 거의 유일한 기회로 인민들은 열광하였다. 모두가 돈을 벌 수 있는 균등한 기회가 생긴 것이다. 실험 단계에 있던 주식시장 개방이 본격적으로 추진된 것은 1992년 덩샤오핑(鄧小平)이 선전(深圳)을 방문해서 강조한 말에서 탄력을 받은 것이 계기가 되었다. "주식을 자본주의만의 것이라고 하는 사람들이 있는데, 상하이와 선전에서 실험을 해 봤더니 결과가 성공적이었다. 자본주의 제도의 어떤 것들은 사회주의에서도 적용할 수 있다. 만약 틀렸다 한들 무슨 대수겠는가? 문 닫았다 나중에 다시 열면 되지, 어디 100% 정확한 일이 있겠는가?" 1992년 선전의 증권거래소가 주식 5억 주를 발행하면서 추첨을 통해 한 장당 주식 1,000주를 구입할 수 있는 당첨 확률 10%의 500만 장의 표를 판매하게 된다. 발표 후 이틀 만에 약 150만 명의 외지인들이 선전으로 몰리기 시작했고 전국에서 엄청난 양의 예수자들 신분증들이 선전의 친척 친지들에게 등기로 배달되었고 표를 구하기 위해 이틀간 줄을 섰다는 사람도 적지 않았다. 중국의 주식시장은 그렇게 소란스럽게 본격적인 막을 올리게 된다.

그리고 다시 남녀노소 할 것 없이 많은 중국인들을 주식 투자의 광풍 속에 세워 놓은 때는 그로부터 20년 남짓의 시간이 흐른 뒤다. 초창기에 주식을 매입한 사람 중 수십 배에서 무려 수백 배까지 수익을 남긴 사람들의 이야기들이 본격적으로 세상에 회자되기 시작한 것이다. 초창기 주식시장의 성공담들은 뒤늦게 큰 가능성을 보여주며 전국 인민들을 집단적 도취에 빠지게 하였고 많은 사람들이 뒤떨어질 수 없는 유행에 합류하듯 주식시장에 뛰어들었다. 직장인, 군인, 촌부와 노인에 대학생들과 농민공들까지 낯선 주식시장에 한 푼두 푼 저축한 돈을 투자하게 되니 시장은 폭발하게 된다. 아마도 대륙의 중국인들이 자본주의가 어떤 것인지를 제대로 느낄 수 있었던 가장 큰 계기였을 것이다. 지도자의 한마디는 훗날 수억 인민들이 일확천금이 주는 달콤함과 깡통의 절망이 어떤 것인지를 맛보게 해주는 드라마의 서막을 알린 결과가 되었다. 주식에 대해 차츰 알아갈 무렵인 2002년도 상하이 황금거래소의 정식 영업을 시작으로 그동안 국가가 통제했던 황금 거래가 전면적으로 개인에게 개방된다. 황금시장의 완전한 개방은 누구나 황금에 투자도 하고 돈도 벌 수 있다는 것을 의미하는 것이고 투자열은 훗날 뜨겁게 나타난다.

　어느 나라 어느 시대에서도 횡재의 꿈을 꾸며 언젠가 있을 수 있는 일확천금의 순간을 상상하며 금광을 찾아 떠난 사람들은 많았다. 금맥을 찾아 나선 사람들, 한국에도 한때 노다지 찾아 떠난 사람들의 이야기는 많았고 성공한 사람들의 이야기를 듣고 주인공이 되는 상상을 해 보는 것은 흥미로운 일이기도 했다. 중국도 오래전 외국으로 금을 찾아 떠난 사람들이 있었다. 정확히는 금을 찾는 미국인들에게 노동력을 팔기 위해서 많은 사람들이 바다를 건넌 것이다. 1800년 중반 청나라가 한창 기울던 때 캘리포니아의 골드러시 잔치를 위해 먼 길을 떠났던 많은 중국인 노동자들이 있었다. 힘들게 일하는 사람들이라는 뜻의 쿠리[苦力]라고 불린 사람들이고 미국 화교의 원조로 기록된다. 그런데 지금 중국에는 과거 미국인들을 위해 금을 찾아 나섰던 쿠리들과는 다르게 중국 인민들을 위해 전문적으로 금만을 찾는 특수한 조직이 있다. 중국은 오로지 황금을 찾고 채굴하는 무장 경찰 부대를 따로 운영하고 있다. 그들은 직업군인들로서 나라를 위해 전적으로 금을 캐는 것이 임무인 사람들이다. 누구나 갈망하는 달콤한 노다지의 꿈일지라도 토지와 그 속에 묻힌 광물 자원까지 모두가 국가 소유에 해당되는 나라의 경우라 또 하나 중국의 특별함이다. 적극적으로 필요한 자원을 찾아내고 국부(國富)를 늘려가는 중국 정부의 귀염기까지도 한 독특한 정책이다. 중국인들은 어느새 반드시 금을 가져야 하는 세상을 살게 됐다.

고대로부터 황금은 인류사를 바꾸어 올 만큼의 대단한 가치를 지닌 물질이었다. 어느 대륙에 위치한 나라든, 크든 작든, 부자든 아니든 예외 없이 오랜 과거의 문명 속에서 모두 황금이 함께했다는 것은 참으로 신기하다. 아주 먼 옛날 지금의 G20과 같이 나라의 지도자들이나 통치자들이 한자리에 모여 황금으로 장식물을 만들어 치장하자고 합의를 하지도 않았을 터인데 황금은 고대로부터 어느 나라에서나 소중한 가치로 전해졌다. 중국에는 과거와는 다르게 범국민적인 황금 사랑이 일고 있다. 몇 해 전 중국에 황금 투기 열풍이 한 번 거세게 일었고 그 장면들은 세계 여러 나라로 중계되면서 중국의 또 하나 현실을 보게 해 주었다. 당시 전문매장이든 백화점이든 금이 있는 곳이면 모두가 긴 줄을 서 가며 진열대를 깡그리 비워 버렸다. 온갖 황금 장식물들로 보기 좋았던 유리 진열대가 약탈당한 듯 텅 비어 버린 후의 느낌은 오싹하기까지 하다. 충격적인 황금 구매의 광풍이 일었던 것이다. 이후로는 잠시 잠잠해졌지만 그것은 이후 중국인들의 황금 사랑으로 인한 수요가 엄청날 수 있다는 것을 예고했을 뿐인지도 모른다. 경제력을 가지게 되면서 황금 소유에 대한 욕망과 재산 증식의 욕구가 어우러져 폭발적인 구매력으로 나타난 것이다. 황금에 투자를 하게 된 것도 주목거리지만 달라진 중국인들의 정서적 측면도 살펴볼 수 있는 현상이기도 하다. 이제껏 자기 자신에 대한 사랑을 표현할 기회가 제대로 없었던 사람들이 자기애적(自己愛的) 표현으로 황금 장식을 우선적으로 선택하게 되었고 그런 외형적 치장으로 개성을 갖고자 하는 것도 중국인들의 또 달라진 면모다. 중국인들의 황금 소비는 소득의 증대와 함께 생활 속으로도 깊숙하게 들어와 살아 있는 자들의 최대 의식인 결혼 문화에도 자연스럽게 등장하게 된다. "결혼3금(반지, 목걸이, 귀걸이)"이나 "결혼5금(3금에 팔찌와 발찌가 더해진다)"과 같이 이전에는 없던 새로운 결혼 예물 문화가 생겨났고 너도나도 비슷하게 따라가고자 하는 분위기다. 만약 계속 확산되어 이런 문화가 필수가 된다면 예물을 위한 황금 수요량이 도대체 얼마나 될 것인지, 탄성인지 탄식인지가 절로 나온다. 이런저런 이유로 중국인들이 보유하게 될 황금량은 끝도 모르게 증가할 듯하고 자칫 세계에 황금 전쟁이 벌어질지도 모를 일이다.

　중국의 황금 소비량과 보유량은 전통적으로 황금을 좋아하는 이웃 인도를 일찍이 앞질렀다. 중국의 황금 생산량이나 보유량은 세계

상위 랭킹에 있는 정도지만 수요량은 세계 1위로서 연간 약 20% 이상을 차지하고 있다. 수요량은 지속적으로 증가할 것이고 때로는 폭증도 할 것 같은데 이에는 특별한 이유 한 가지가 있다. 탄탄한 정권의 국가 경영파워를 찬양하기도 하지만 마음 한편으로는 언제 있을지도 모르는 사회적 변혁에 대한 두려움을 보편적으로 가지고 있다는 것과 관계가 있는 것이다. 화폐개혁도 경험을 하고 토지개혁의 격변도 겪은 중국인들의 이민이 날로 늘어나고 황금을 보유하려고 하는 강렬한 의지 모두가 자연스럽게 보이는 이유이기도 하다. 또한 만약 화폐 가치가 폭락했을 때 벌어질 수 있는 공황과 같은 상황은 온갖 미디어에서 충분히 설명하고 있어 기초적인 경제 상식도 풍부해졌다. 구매력의 증가와 황금이 주는 매력, 그리고 화폐에 대한 불안 등이 겹쳐져 과거 한국의 복부인과 비슷한 뉘앙스를 가진 단어인 다마(人媽)라고 불리는 중국의 중년 여성들이 황금을 그토록 선호하게 된 것이다. 중국의 은행에 가 보면 크고 작은 판매용 골드바를 많이도 전시해 놓았다.

한때 황금의 결핍 시대에 있던 중국인들이 영상으로나마 반지, 목걸이, 팔찌, 비녀 등 온갖 황금 장신구들과 금송아지에 두꺼비며 금열쇠까지 황금으로 만든 모든 것을 실컷 본 적이 있다. 결코 맘 편한 기억은 아닌 한국이 구제금융을 받게 됐던 때의 이야기다. 당시 중국의 주요 매체들은 매일 저녁 황금시간대 뉴스에 한국에 관한 소식을 단골로 그것도 대대적으로 보도했다. 아시아인들이 부러움을 가졌던 한국 경제가 어떻게 붕괴되어 가나 하는 다소 정치적 의도를 담은 소식들은 길게 전해졌는데 "금 모으기" 하는 한국인들의 모습을 생생하게 전하는 현장 다큐멘터리와도 같은 뉴스는 중국인들에게 놀라운 볼거리였다. 보이는 온갖 종류의 금붙이도 신기했겠지만 그 귀한 것들을 마치 국가에 무상으로 기증이라도 하는 듯한 분위기였으니 정말 선정적이고 흥분되는 영상이 아닐 수 없었을 것이다. 당시 중국인들이 한국의 경제 상황을 동정했는지, 안타깝게 생각했는지, 금 모으는 애국심을 부러워했는지, 아니면 어리석은 사람들이라고 생각했는지, 아예 무관심했는지는 알 길이 없다. 그러나 남녀노소 한국인들의 "금 모으기" 모습은 당시만 해도 잘 몰랐던 한국과 한국인들에 대해 중국인들이 나름대로의 이미지를 확실하게 각인하게 된 큰 동기가 되었음은 여기 살며 계속 느낀다. 중국의 황금시장이 개방되기 전의 일이다.

07

자전거 왕국에서
자동차 황국으로

한때는 열강으로부터 무기력했던 모습, 지금은 세계 산업에서 어떻게든 앞서 나가려는 노력, 날마다 삶이 달라져 가는 사람들, 중국이라는 거대 시장에서 먼저 자리 잡는 것이 얼마나 대단한지를 보여 준 글로벌 자동차 기업, "중국 자동차 이야기"가 이 모든 것을 담고 있다.

누군가가 한국인으로 중국에 살며 지낸 세월 동안 어떤 변화가 가장 크게 느껴졌냐고 물어본다면 우선 자장면과 치킨, 보쌈에 떡까지 배달해 먹을 수 있을 정도로 중국 생활이 편리해졌다는 것을 얘기할 수 있을 것이다. 둘째로는 한국 도시와는 비교도 되지 않을 정도로 한적하고 쾌적했던 도시가 사라졌다는 것이다. 언제부터인지 중국 대부분 도시들은 자동차 홍수로 몹시 복잡해지고 불편한 것이 한국보다 심해졌다. 한때는 얼마를 달려도 마주 오는 차량 하나 만날 수 없는 "대통령 고속도로" 시절도 있었는데 지금 그 도로에는 휴일도 평일도 없이 상습적인 병목 현상이 있을 정도로 자동차가 늘었다. 대도시에는 하루가 멀다 하고 새로운 도로가 생겨나는 통에 길 익히기가 바쁜데도 자동차 증가 속도를 따라가지 못하는 상황이라 극심한 정체 현상은 어디에도 있다. 또 어디든 세우면 공짜 주차장이었던 공간들은 이제 다 사라졌고 한국에 비해 초염가였던 주차비는 많이도 올랐으며 주차 전쟁으로 이웃과의 분쟁도 끊이질 않는 인정머리 없는 도시가 되었다.

중국에 자동차 시대가 이렇게 빨리 올 줄을, 그 넓은 고속도로들이 시도 때도 없이 주차장처럼 될 줄을, 넓은 땅을 가진 나라에서 주차난이 이렇게 극심할 줄 누가 알았던가? 중국은 어느새 자전거 왕국에서 자동차 황국이 되었다. 한 해 2천만 대가 넘는 자동차가 생산되고 소비되는 세계 최대의 자동차 시장이고 세상의 모든 자동차 브랜드들을 어느 도시에서도 쉽게 볼 수 있는 자동차 전시장이기도 하다. 중국이 보유하고 있는 승용차 대수는 약 1억 2천만 대 정도인데 이 숫자는 묘하게도 해외여행을 하는 중국인들의 연인원수와 비슷하다. 만약 중국의 1인당 자동차 보유 대수가 두 사람당 한 대꼴인 미국 수준까지 보유량이 늘어나는 시기가 된다면 약 7억 대 정도의 자동차가 다니게 된다는 말이다. 그러니까 중국의 자동차 시장은 어찌 보면 아직 여물기도 전의 시장이다. 세계의 자동차 기업들이 모두 한결같이 중국 시장에 몰입해 있는 확실한 이유다. 그런데 중국인들은 언제부터 자동차와 어떤 인연을 맺고 살아왔을까? 중국에 처음 자동차가 출현하고 백여 년이 지나가면서 중국은 세계 최대의 자동차 시장을 만들어 냈다.

　백여 년이나 걸렸지만 원래 중국의 물건이 아니었으니 어찌 보면 백여 년밖에 안 걸렸다는 표현이 옳을지도 모른다. 처음 자가용을 소유한 중국인은 누구일까? 1902년 청조(淸朝) 말, 지고무상(至高無上)의 권력을 휘둘렀던 여인 서태후(西太后)의 환갑을 맞이하여 위안스카이(袁世凱)가 홍콩을 통해 수입한 미국 자동차를 선물로 바치게 되는데 오래지 않아 희극적인 사건이 일어나게 된다. 서태후가 어느 날 이 양차(洋車)를 타고 이허위안(頤和園)을 가려고 막 쯔진청(紫禁城)을 나서는데 운전기사 역을 맡은 태감(太監)의 앉아 있는 높이가 본인과 동일하지 않은가? 이에 서태후가 대노하니 당황한 태감 기사의 운전이 갈팡질팡해져 하마터면 중국 역사상 첫 번째 교통사고가 날 뻔하기에 이르렀는데 결국 태후는 원래 애용했던 16명의 가마꾼들이 밑에서 받드는 가마로 갈아탔고 문제의 자동차는 이허위안 어느 구석에 팽개쳤다고 하는 얘기가 실화로 전해진다. 실제로 얼마 전에 이허위안 내에 그녀가 타던 자동차가 전시되어 있음을 확인했다. 그런데 체감되는 중국인들의 운전 매너는 어떨까? 넓은 대륙의 도시들은 대부분 평지에 건설되고 발달되어진 까닭에 도심은 대개가 평평하다. 직할시의 하나인 충칭(重慶)처럼 언덕을 많이 가진 도시는 드물다. 그래서 중국인들은 일상에서 언덕을 운전할 일은 거의 없고 남쪽 지방 사람들 같은 경우에는 겨울 운전 경험을 거의 가지고 있지 않다는 것이 특징이라면 특징이다. 경험상 중국인들의 운전 습관은 상당히 자유분방한 편이다. 교통법규보다는 자신의 편의에 우선하여 운전하는 경우가 적지 않다. 중국이 온갖 것에서 세계 1등을 하는 나라가 되었지만, 부정적인 것으로 치면 흡연율과 자동차 사망률도 세계 1등 수준의 나라다. 중국인들의 보편적인 운전 문화가 결코 성숙되었다고는 말할 수 없는 가장 큰 이유는 사람보다 자동차가 우선시되기 때문이다. 그래서 자동차와 사람의 공존은 늘 위태로워 보인다. 중국에서 자동차를 세워 사람을 선행하게 하는 배려는 보기 어려운 일이다. 선진적으로 살아간다는 유럽 국가 국민들을 다시 한 번 쳐다보게 하는 문화가 있다면 어떤 경우에든 자동차보다 사람을 우선시한다는 것이다. 80년대, 당시로서는 첨단의 자동차 제조 기술과 선진의 자동차 문화를 가지고 있는 유럽 국가의 한 자동차 기업이 중국과 인연을 맺으면서 중국의 자동차 시장은 본격적인 태동을 시작한다.

막 개혁개방을 시작한 당시 중국은 그럭저럭 국산 자동차를 생산해 내는 단계였다. 그러나 장기적으로 미래에 대비할 수 있는 선진적인 해외 자동차 제조 기술이 필요함을 절실하게 느끼고 미국과 일본을 비롯한 세계의 자동차 기업들에 협조를 요청하게 된다. 그러나 당시 막 새로운 세상과 만나기 시작한 중국의 모습은 정말 황량하기 그지없는 빈국인지라 결코 물건을 팔 만한 시장으로 보이지 않았기에 외국 기업들 대부분은 냉담한 반응을 보이게 된다. 그런 상황에서 국민차를 잘 만드는 것으로 유명한 독일 기업이 과감히 투자 결정을 내리게 되는데 당시 중국 상황에 비춰 볼 때 무모하리만큼의 과단(果斷)으로 비처지기도 했다. 그러나 그 결정은 독일 기업이 중국 자동차 시장에서 거의 독과점에 가까운 시장 상황을 오랫동안 유지하며 지금까지도 독보적인 위치에 있게 한다. 적확한 시장 분석과 과감한 결정이 가져온 선물로서 글로벌 기업들이 외쳤고 지금도 외치고 있는 "중국 시장 선점"이라는 대표적 사례가 된 것이다. 미래 시장을 올바로 예측한 혜안과 과감한 결정에 대한 값진 선물을 받은 하나의 예다.

중국과 자동차 그리고 유럽인들과의 인연은 아주 오래전부터였다. 100여 년 전 베이징을 출발하여 파리에 도착하는 대륙 간 자동차 대회가 열렸다. 1907년 3월 파리의 한 신문에 이 행사를 알리는 광고가 실렸는데 이 흥미로운 광고는 곧바로 여러 국가에서 25명의 참가자들을 신청케 하였다. 당시 청(淸) 정부는 프랑스인들이 하려고 하는 이 이상한 행사에 대해 이해도 부족했고 운수와 노선, 안전, 세관 등 여러 가지 면에서 우려와 고심이 있었던 것으로 보인다. 그러나 당시는 8국 연합군에 의해 의화단의 난이 진압된 직후로써 양인(洋人)들이 중국인들을 호령하며 기세가 등등했던 시절이라 청 정부도 협조할 수밖에 없었던 가엾은 역사가 시대 배경이기도 하다. 원래 참가 예정이었던 25명 중 상당수가 이런저런 이유로 포기하고 최종적으로는 5대의 차량만이 해운을 거쳐 상하이에 도착한다. 동년 6월 드디어 베이징을 출발하여 파리를 향하는데, 5대의 차량과 선수들을 위한 인부와 가축들로 구성된 대규모 식량, 연료 보급부대가 결성되었고, 끌고 밀며 내몽고 초원을 거쳐 두 달 뒤에 파리에 도착한다. 베이징에서 파리까지의 이동 거리는 약 15,000km였고 최종적으로는 이태리 귀족이 우승한 것으로 전해진다. 그리고 백여 년 후 중국은 세계에서 가장 많은 자동차를 소비하고 생산하는 나라가 되었다.

　실제로 중국의 모든 인민이 자동차를 보유할 수 있는 수준이 된다면 어떻게 될까? 주차 문제며 도로 문제도 그렇지만 무엇보다 엄청난 양의 연료가 걱정되기도 한다. 중국이 작지 않은 규모의 산유국이라고는 하지만 과연 어느 정도의 시간을 감당해 낼 수 있을까? 중국인들의 자동차 소비 추세야말로 지구촌을 위해서 대체 연료가 필요한 또 하나 결정적 이유가 된다. 다행인지 중국의 야망은 명확하게 미래 자동차에 있다. 중국 정부의 전기자동차 개발에 대한 열정과 실제 투자는 매우 적극적이고 놀라운 규모다. 전기자동차만큼은 세계에 뒤지고 싶지 않은 강한 욕망을 가지고 실천하고 있다. 많은 것들이 뒤처졌고 그런 세계의 것들을 쫓아오느라 숨이 차지만 전기자동차 분야에서만큼은 한판 자존심을 건 듯하다. 정말 어느 날인가 중국인들이 멋진 전기자동차를 타고 유럽으로 랠리를 떠날지도 모를 일이다. 한국의 이 산업 저 산업에 직접적으로 영향을 줄 일들이 연속해서 중국발로 올 분위기다.

08

중국만의 **물가**와
소득 이야기

중국에 살며 외국인과 중국인으로
구별되어 강요된 소비생활 방식을 가져야 할 때가 있었다. 주택도
허가된 단지에서만 거주할 수 있었고 비행기, 호텔이며 관광지 입장
권까지 내국인과는 별도 체계로 책정된 가격을 지불해야 했다. 먹거
리들이나 일상용품에서야 별도의 구분이 없었지만 주택 임차료나
항공료와 같이 비교적 돈이 많이 드는 방면에서의 제약이라 외국인
들로서는 당시 저렴한 물가의 중국이 오히려 비싸게만 느껴졌던 시
절이었다. 무엇보다 외국인들만의 거주지를 제한해 놓았으니 주민
들도 모두 외국인들뿐이라 도대체 중국인들이 어떻게 사는지 실상
을 제대로 알 길이 없었던 시간들이기도 했다.

특히 궁금했던 중국인들의 소비생활이 자연스럽게 관찰되지 않
으니 그냥 막연하게 상당히 싼 물가의 혜택을 보며 살고 있을 것이
라는 생각만 했다. 당시 일상에서의 물건들은 매우 저렴해서 캔 맥

주는 한화 오천 원이면 박스째로 구입할 수 있어 한국 남성들이 횡재하는 느낌도 갖게 하는 대표적인 물건이었다. 휴일에 찾는 청과물 시장에서의 야채나 과일은 만 원어치가 힘 좋은 남정네도 버거운 무게일 만큼의 착한 물가였고 한화 가치도 지금보다 훨씬 높았으니 풍성함이 이중으로 느껴지는 시절이었다. 물론 오래전 이야기다. 지금 물가는 과연 어떤 수준이 됐을까, 중국인들의 소득은 많이 올랐을까? 한국 시장의 또 하나 주요 소비자가 되어 버린 이웃 나라 중국인들에 대한 이해가 더해질 수 있는 물가와 소득 이야기다.

중국에 살며 많이 받는 질문들은 "물가는 어떠냐? 생활비는 많이 드느냐?" 하는 것들이다. 객관적으로 이야기하기는 참으로 어렵지만 최근에 느껴지는 중국 물가는 보편적으로 한국의 70% 수준 정도로 표현하면 그래도 근접해 보인다. 물가 비교의 국제적 척도가 되는 빅맥(Big Mac) 지수도 실제로 한국의 약 70% 정도 된다. 한국인들에게는 자장면 가격도 비교하기 좋은 예다. 그런데 중국에 자장면은 과연 있는가? 이제는 진부한 고증이긴 하지만 자장면은 원래 중국 베이징의 서민들이 즐겨 먹는 오래되고 평범한 면식(麵食)으로 한 그릇이 한국 자장면의 반값 정도다. 반면, 베이징 근교의 골프장에서 파는 자장면은 두 배 정도가 되고 한국 화교가 베이징에 차린 식당의 자장면은 딱 한국 수준이다. 자장면처럼 장소와 상황에 따라 물가가 천차만별인 것은 당연한지라 중국에도 한국보다 비싸거나 비슷한 경우의 물가는 많다. 그렇더라도 중국 로컬 제품이나 지극히 서민적인 식당들까지 떠올리며 유추해 본다면 중국의 평균 물가는 한국의 70% 비슷하게 접근한다는 것이다. 그래도 농산품은 많이 싼 편이라 가난한 사람들도 그럭저럭 살아가게 하지만 공산품 가격 수준은 여느 나라 못지않다. 그럼 이런 물가 수준의 사회에 사는 사람들의 소득 수준은 또 어떨까?

중국인들의 소득도 궁금해하는 한국인들이 늘 많은지라 "중국 대학 졸업생들의 초봉이 어느 정도"인지도 여러 해 계속 받았던 질문이다. 당연히 기업과 직종에 따른 경우의 수가 너무 많아 대답하기 어렵다 해도 꼭 답을 하라 하니 여러 경험과 실제로 같이 일했던 신입사원들의 경우를 참고하여 결론 낸 평균치는 한국 대학 졸업생의 약 30% 정도였다. 실제로 중국인들의 1인당 GDP는 한국인들의 약 30% 정도가 된다. 물론 동일 직종에서 한국 기업 직장인보다 보수를 많이 받는 중국 직장인들도 적지 않고 반면, 저임금에 시달리는 대학 졸업자들이 증가한다든지 하는 일반적인 변수 또한 많지만 보편적으로 한국인 30% 수준의 소득으로 70% 물가를 감당하며 살아간다고 얘기할 수 있다.

그런 전제에서 관광지 입장료와 같은 중국의 몇 가지 물가는 아직도 이해가 잘 되지 않는데 그것도 중국 물가의 특색이라면 그렇다. 중국의 유명 관광지 중 입장료가 비싼 곳은 한화로 약 4, 5만 원 하는 곳도 적지 않은데 평범한 중국 도시 근로자 한 식구가 부모님을 모시고 입장하려면 한 달 수입 중 상당 부분을 지출해야 하는 것이다. 대부분 관광지가 조상이 만들어 물려 준 문화재 아니면 태고부터 존재했던 자연일 텐데 평범한 인민들이 쉽게 공유하질 못한다.

중국의 물가와 소득 사이에 상당한 불균형이 있음을 보여 주는 하나의 예다. 항공료나 숙박업소 비용은 한국과 대동소이하다. 단순 계산으로 하면 중국 저소득층인 경우에는 한 달 내내 일한 소득이 겨우 비행기로 2시간 남짓 걸리는 베이징과 상하이 왕복 항공권 한 장을 구입하면 남는 것이 없는 수준이다. 서너 시간씩 걸리는 저 서역 지방은 더 말할 것도 없다.

반면, 소득 수준이 높아진 중국인들의 소비 행위는 몰라지게 달라졌다. 한국 식품점을 비롯해서 식당이며 미용실 등 한국 교민들을 대상으로 한 여러 상점의 물가는 대개 한국보다도 비싼 상황이라 얼마 전까지만 하더라도 중국인들의 이용이 별로 없었다. 그런데 지금은 한국인들과 이웃해 사는 중국인들이 자연스럽게 한국 상점을 이용하고 식당을 가고 머리를 다듬고 유명 화장품을 단골로 구입하는 등 어디를 가도 중국인 손님들은 늘어난다. 웬만한 소득이 있는 중국인들에게는 한국 물건이나 서비스 물가가 그리 비싸게 느껴지지 않는다. 전부라고 할 수는 없지만 상당히 많은 중국인들이 수입과 균형이 맞지 않는 고물가 사회를 살아갈 수 있는 이유는 있다. 직업 외 다양한 수입원을 가질 수 있다는 것이다. 중국인들에게는 여전히 기회가 많은 개방 중의 사회이기도 하고 아직도 어딘가 2% 부족한 듯한 사회시스템이나 관리 체제는 정규 수입 외에도 돈 벌 수 있는 기회를 준다. 합법적인 부업도 있고 다소 위법인 것도 있을 것이고 이현령비현령(耳懸鈴鼻懸鈴)의 경우인 것들도 많다. 퇴근 후나 회사 업무 시간에까지 개인적인 별도의 아르바이트를 하는 것은 흔한 일이고 국영기업이든 사기업이든 직장의 권한과 연관된 사업을 따로 진행하는 일들도 적지 않다. 의사가 진료실에서 자신이 처방하고 직접 의료 기구를 판매하는 경우처럼 부업의 세계는 다양하다.

고속열차가 없던 시절 꼬박 하루 반나절 동안 열차를 타고 정말 광활한 중국 대륙을 제대로 체험한 적이 있었다. 별로 특색 없는 광활한 평야가 끝없이 이어지는 지루함도 참기 힘들었지만 배고픔은 더욱 힘들었다. 식사 때만 되면 질서를 무시한 엄청난 인파가 몰리는 식당차 근처에는 가 보지도 못하는 데다 간식 파는 수레도 다니질 않아 두 끼를 꼬박 굶었다. 세끼째는 식사 시간 방송이 나오기가 무섭게 달려갔지만 이미 인산인해라 또다시 한 끼를 걸렀다. 안 되면 되게 하라! 한참을 기다렸다가 장사 끝나고 정리가 한창인 식당칸으로 가서 책임자를 찾아 진행한 잠시의 밀담 결과 곧바로 특별식이 차려졌다. 기름에 볶아 낸 몇 가지 요리에다 서비스로 맥주도 한 병 곁들여진 혼자만의 식사를 즐길 수 있었다. 늦었지만 식사를 할 수 없겠느냐는 질문에 돌아온 답은 식권 구입 외의 별도 비용을 넉넉하게 지불하면 된다는 것이었다. 원래의 식사비에 얹힌 별도의 비용이 식사 시간이 지난 식당차에 불을 피우는 특권을 누리게 한 것이다. 되는 것도 없고 안 되는 것도 없다는 중국의 첫 실습이었고 중국인이 부수입을 만드는 흔한 예의 경험이었다. 그 이후로도 자신들의 직장에서 별도의 시간을 내서 일하는 중국인들은 수없이 보아 왔다. 고물가 속을 살아갈 수 있는 방법은 언제 어디에서도 있어 보인다.

중국 정부가 정상적인 소득만으로는 감당키 어려운 고물가를 감당하며 살아갈 수 있도록 돕는 경우도 있다. 몇 년 전부터 인민들의 소득을 돕기 위한다는 명목으로 은행 이자에 대한 개인소득세 징수를 전격 폐지한 것이다. 소득이 있는 곳에 세금이 없을 수도 있다는 예외의 경우다. 여기에다가 이자는 한국이나 선진국들 평균보다는 높지만 원래 부과하던 한국 수준의 이자 소득세를 한 푼도 내지 않으니 이러한 면세 혜택과 다소 높은 이자율이 그나마 고물가를 견디는 데 도움이 되고 있다. 은행 이자가 형편없이 낮아지기도 했고 소득세도 당연히 있는 우울한 한국인들로서는 부러운 일이 아닐 수 없다.

그런데 없던 세금들이 자꾸 생기기도 하는 것이 또 중국이다. 대표적으로는 그동안 전산화 작업이 완료되지 않아 미뤄졌다는 부동산 보유세가 조만간 전국에 걸쳐 전면적으로 시행될 것으로 보인다. 주택 가격의 급등이 사회문제가 되기 시작하고 세금으로써 억제 정책을 펴야 한다는 지적이 그동안 많았었다. 이제 오를 만큼 오른 다음에 세금을 부과하겠다고 하니 집 구하기 어려운 서민들로서는 답답하기도 하고 얄밉기도 한 일이다. 그런데 정말 서민들이 부자들로부터 받는 스트레스가 그나마 다소 해소될 만한 세금 징수가 조만간 시행될 예정이다. 바로 상속세다. 중국에 부자가 많다는 사실은 전 세계가 다 아는 사실이고 부를 축적하기 시작한 시간이 흐르면서 이제 2세 상속이 시작됐는데도 상속세는 아직껏 없다. 이전에는 대부분이 나라 것이었고 배급제에 살았던 사람들에게 상속의 의미가 존재하지 않았지만 부자들이 많아지면서 시작된 상속세와 관련된 연구와 토론 시간은 훌쩍 10년이 지났다. 상속할 만한 사람들은 미리 다 상속하고도 남을 만큼의 시간을 흘려보내면서 입법화 토론만 진행한 것이다. 부동산을 상속하는 경우 70년으로 제한되어 있는 토지사용권을 어떻게 승계시킬 것인가 하는 방법론적인 문제를 제기하기도 하고, 상속세를 부과할 경우, 이는 상속받은 재산을 통해 노인을 부양하는 중국의 전통적인 정서에 맞지 않는다며 과세를 반대하는 주장도 있다. 상속세와 관련한 논쟁 역시 중국의 특색을 담고 있다.

사실 세금 부과 여부 정도는 아랑곳하지 않을 정도로 지위와 권력을 가진 사람들이 만들어 내는 정규 수입 외 소득은 그 규모가 엄청나다. 주중에는 직장 동료와 이웃들의 눈을 고려해 소형 자가용을 타고 소형 주택에 살던 사람들이 금요일 오후만 되면 모처에 세워 두었던 고급 승용차를 타고 교외 별장으로 가서 주말을 보낸다. 중국인들의 수입은 합법적인 백색수입과 뇌물과 같이 명백하게 불법인 흑색수입 그리고 경계가 모호한 회색수입으로 구분 지어 표현되기도 한다. 그런데 엄격히 말해 법률적으로는 합법과 불법 두 가지만 있지 않겠는가? 중국이야말로 지하경제로부터 추징해 낼 수 있는 세원이 무궁무진한 채로 남겨져 있는 나라다. 중국 도시민들의 한 해 저축 총액이 전체 공식 임금의 총량보다 더 많게 통계되는 해도 있었다. 많은 사람들이 나름대로의 지혜를 발휘해서 살아가는 중국이다.

물가가 소득 수준에 비해 비싼 데에는 중국에 진출해 있는 엄청난 수의 외국 기업들이 주는 영향도 크게 작용한다. 중국 현지에서 세계적인 브랜드를 생산하는 데 필요한 기술이며 설비의 투자도 그렇지만 파견된 인원들과 그 가족들에게 투입되는 비용까지를 모두 감안해서 만들어지는 공산품들은 중국 제품에 비해 상당 수준 이상의 가격을 유지할 수밖에 없다. 중국 개방 30여 년이 경과하면서 일부 저가 가전제품 영역이나 식음료나 공예품과 같이 중국 특색을 가진 것들이 아닌 경우의 많은 제품들이 해외 브랜드에 시장을 잠식당하게 된다. 이러한 현상은 소득이 높은 도시들에서 더 집중적으로 나타나고 있다. 재래시장들이 도시 개발로 사라지는 대신 잘 지어진 건물에는 온갖 해외에서 온 대형마트들이 들어서며 그 편리함과 쾌적한 환경으로 고객을 모으고 있다. 중국인들은 어느새 그런 쇼핑 문화에 익숙해져 있으며 가격에도 큰 저항은 없다. 넘쳐 나는 중국 제품의 영향력을 이야기한 『중국 물건 없이 한 달 살아보기』라는 책이 세계적으로 유명해진 적이 있다. 반대로 중국인들은 중국에서 중국 물건 없이 한 달을 살 수 있을까? 정확하게는 "외국 브랜드로만 한 달 살기"일 텐데 답은 "살아 볼 수 있다"이다. 생수부터 우유, 옷, 라면, 신발, 그리고 가전제품과 자동차, 아파트에 이르기까지 세상의 온갖 외국 기업들이 중국에 공장을 가지고 내수를 하고 있기 때문이다. 그러나 그 대가는 비쌀 수밖에 없다. 개방된 중국 시장을 떡하니 차지하고 쉴 새 없이 생산해 내는 외국 기업들의 쓸만한 생필품들은 그만큼 비싸기 때문이다.

그런데 비싼 외국 브랜드를 쓰지 않을 수는 없을까? 이런 상황에서 만약 중국에 진출해 있는 해외 기업들이 일순간 철수해 버린다면 어떤 일이 일어날까? 좀 과장해서 표현해 보기로 하자. 우선 커피와 라면의 70%가 사라지고 90%의 과일 주스와 50%의 유제품도 사라진다. 특히 의류에 쓰이는 염료의 거의 대부분이 합자기업 생산이라 인민들의 옷은 과거처럼 군복과 같은 청록색만 남게 된다. 자동차도 국산 브랜드들만 남게 되고 디지털 제품의 대부분은 정상적으로 생산되지 않게 되며 비행기 운항도 어렵게 된다. 물론 과장을 담아 비유한 표현이기는 하지만 정말 어떤 중국인들은 중국이 이룬 성취가 대단하기는 하지만 과연 온전히 자신들의 것인가 하는 의문을 갖기도 한다. 반면, 어떤 중국인들은 그것이 어느 나라 기업이든 일단 중국과 합자를 했거나 중국 국경 내에 있다면 이 역시 모두 틀림없는 중국 브랜드라고 믿고 말하기도 한다.

중국의 물가는 미국과도 관계가 깊다. 중국인들은 열심히 만든 물건들을 큰 시장 미국에 팔아 달러를 대금으로 받고 이 돈은 중국 정부의 국채 매입을 통해 미국으로 다시 돌아가게 된다. 미국은 찍어 내는 달러로 값싼 중국 제품들을 국민들에게 공급할 수 있게 되고 중국은 물건을 팔기 위해 계속 미국 국채를 사야 하는 순환이 계속되고 있다. 미국인들에게는 계속해서 싼 물건들을 공급하면서 중국인들은 고물가를 견디고 있는 것이다. 중국은 현재 미국 국채를 가장 많이 가지고 있는 나라다. 무려 1조 수천억 달러가 넘는다. 달러는 넘쳐 나지만 미국이 절대로 중국인들이 그토록 좋아하게 된 황금으로 바꿔 주지는 않을 테니 중국 정부 입장에서는 자국민들의 해외 부동산 투자에 인색할 필요가 없을 것이다.

중국 물가가 예외 없이 오르는 때가 고정적으로 있다. 대개 춘지에(春節) 전 오른 물가는 다시 내려올 줄을 모른다. 춘지에 전 명절 연휴에 필요한 물건들을 대량으로 구입하는 것이 중국인들의 풍습이기도 한데 이때가 기업들이 집중적으로 연말 성과급을 지급하는 것과 맞물려 물가 상승의 적기가 되어 버린 것이다. 일반적인 물가는 그렇다 하더라도 중국 도시민들이 가장 견디기 힘든 고물가의 하이라이트는 주택 임차료다. 부동산 가격 상승과 함께 덩달아 오르는 베이징이나 상하이 같은 대도시의 일부 단지의 평균 임차료는 이미 서울 수준을 능가하고 있다. 특히 월 임차료의 1~2개월분 정도만을 보증금으로 하는 문화에다가 은행 금리가 다소 높게 책정되어 있는 시장 상황, 대도시로의 인구 집중 현상까지 감안해야 하는 월세는 시장 원리를 고스란히 담아낸 고물가 현상의 대표적인 경우다. 대도시에서 살고자 하는 타지 사람들을 정말 견디기 어렵게 한다. 중국의 지속되는 고물가는 이제 한국 물가 정도는 가볍게 볼 정도의 맷집도 만들어 냈다.

09

이웃과의 차별화,
주택

중국 사회가 발전하고 변모하면서 많은 것들이 한국과 비슷해져 가는 것도 어찌 보면 자연스러운 일인데 한국보다도 소란스러운 것이 부동산 문제다. 농촌은 농지의 재산화 문제로 골머리를 앓고 도시는 주택문제로 전 국민이 자유로워 보이지 않는다. 사람들 사이에서 가장 많이 회자되는 얘기들은 모두 주택을 둘러싼 것들이다. 중국 드라마 중 시대극은 항일(抗日)이 단골 소재고 현대극에서는 부동산 문제가 빠지지 않는다. 언제부터인지 현대 중국인들의 삶이 송두리째 달라질 만큼 큰일은 "주택"에서 출발하게 되었다. 작고 열악한 벌집 같은 집이었지만 그래도 나라가 나서서 해결해 줬던 주거 문제를 스스로 해결해야 하는 시대가 준시련이기도 하다. 중국의 경제 발전은 그 어느 나라보다도 순식간에 인민들의 옷차림과 먹거리, 주거 문화에까지 다방면에 걸쳐 엄청난 변화를 가져왔다. 사람들은 사회가 발전해 가고 있음을 피부로 느끼며 산다. 이제 기본적인 것들을 모두 성취한 상황에서 집다운 집에 살고 싶다는 욕구를 날로 키운다. 하지만 현실적으로 도시민들은 엄청난 월세나 주택 가격을 감당해야 하고 농촌은 농촌대로 낙후되고 열악한 주거 공간을 개선해야 한다는 문제를 부담으로 가지고 있다.

계획경제하에서 인민들이 만들어 내는 모든 잉여가치는 국가 소유가 원칙이었고 국가가 경영하는 생산 주체들은 이 잉여가치로 집을 짓고 직급이나 근무 연한, 연령과 가구 구성원의 수 등을 따져 주택을 배급했다. 입주자들은 상징적인 수준의 임차료를 지불하는 정도의 부담만 있거나 완전 무상으로 분배받는 경우도 있었다. 그러나 대부분이 작은 규모의 주택들이라 좁은 공간에 2대에서 3대까지 함께 사는 집들이 적지 않았다. 소속된 직장별로 지어져 분배된 주택들은 같은 면적에다 외관, 색깔, 구조까지 같으니 이웃과의 평등에서만큼은 으뜸인 시절이었다. 인민들의 최소 생존 조건을 제공했던 제도는 1998년도에 완전히 폐지되면서 인민들은 주택 마련에 대한 부담을 스스로 지게 된다. 정부가 주택 분배 정책을 포기하면서 대부분 아주 저렴한 가격으로 기존 입주자들에게 양도하여 기본적인 주거 문제를 해결해 나갔다. 하지만 자녀들이 결혼 연령이 되어 분가해 나가야 하는 경우와 같이 심각한 주택문제에 부딪히게도 된다. 집값이 감당하지 못할 정도로 오른 것이다. 주택이 중국 인민들의 삶의 수준을 좌우하는 가장 큰 문제로 등장하면서 집을 장만하기 위한 중국 젊은이들의 삶은 거의 절규 수준이 되었고 집으로부터 연관되는 많은 것들은 가족 구성원들의 인생까지 좌지우지하게 만든다.

무엇보다 재산 축적의 욕망으로써도 중국인들의 집 문제는 소란스럽다. 한국인들과 너무나 비슷해진 오히려 더 심각한 중국인들의 주택 이야기다.

중국의 주택문제가 심각한 사회문제가 된 것은 한마디로 집값이 터무니없이 폭등하면서 정상적인 소득에 의존해서는 현실적으로 주택 마련이 불가능한 상황에 이르렀기 때문이다. 중국 젊은이들에게 있어 주택문제는 아무리 애를 써도 젊은 날 해결될 것 같지 않은 가장 큰 부담이고 그 정도는 한국보다도 훨씬 크다. 현재 중국 대도시의 주택 가격은 도심에서의 위치나 면적 등 한국과 비슷한 조건에서 비교해 봤을 때 평균적으로 한국과 비슷하게 형성되어 있다. 중국인들의 소득 수준을 고려했을 때 평범한 인민들의 주택 구입이 얼마나 어려운 일인지 짐작이 간다. 도시 직장인들은 문화대혁명, 일반 노동자들은 아편전쟁, 농민들은 원나라나 명나라 때부터 저축을 시작해야 간신히 아파트 하나 마련할 수 있다는 표현도 한다. 토지가 국유화되어 있고 얼마 전까지만 해도 정부가 주택을 분배해 주는 정책이 펼쳐졌던 나라다 보니 얼핏 생각하면 저렴한 가격으로 주택 공급이 이루어질 것 같은데 정말 의외다. 정부가 주도하여 값싸게 입주할 수 있는 정책적인 주택은 수요에 비해 턱없이 부족한 실정이다.

중국의 주택 정책은 기본적으로 정부가 택지를 부동산 개발업자에게 임대하고 부동산 개발업자는 주택을 건설하여 인민들에게 판매하는 방식이 가장 일반적이다. 이 때문에 토지를 국유화하고 있는 중국 정부가 어떤 조건으로 토지를 부동산 개발업자에게 임대해 주는지를 살펴보면 왜 중국의 부동산 가격이 매우 비싼지를 알 수 있다. 중국 정부가 용도별로 30년에서 90년까지 임대해 주는 토지의 임대료 자체가 이미 높은 상태로 책정되어 있는 데다 지속적으로 상승하고 있기 때문이다. 부동산 개발업자에 대한 토지 임대료부터가 상당히 높은 수준이니 부동산 가격이 높아질 수밖에 없는 구조다. 그렇다면 왜 토지 임대료를 이렇게 높게 책정한 것일까? 높은 수준의 토지 임대료는 세수의 증가를 목적으로 한 것이다. 현실적으로 부동산 관련 세금은 중국 정부의 주요 세원으로서 정부는 이 세원을 토대로 정부 주도하의 투자를 벌여 경제 발전을 가속화한다는 것이다.

상승하는 토지 임대료는 부동산 건설에 있어서 토지 비용의 상승으로 이어지고 여기에 인건비 및 원자재 비용의 상승까지 더해져 신규아파트 분양가가 하늘 높은 줄 모르고 치솟는 상황이 되어 버린 것이다. 그 때문에 중국 정부 부동산 정책의 최대 수혜자는 인민이 아니라 부동산 기업이라는 목소리가 끊이질 않고 있다. 중국의 경제 발전과 함께 병행되는 사회 발전 속에서 체제의 변환이나 경험의 부족으로 인해 발생할 수 있는 세련되지 못한 정책 실현의 시행착오는 있기 마련이다. 중국식 사회주의의 폐단 중 하나가 바로 공공자원의 독점과 남용이라면 부동산 정책과 관련된 토지가 대표적이다. 정부가 부동산 개발업자들에게 토지 장사를 제대로 하고 있다는 비평이 끊이질 않는 것이 당연한 일처럼 보여진다.

정부가 공급하는 염가 주택은 수요에 비해 턱없이 부족한지라 순서를 기다리기도 매우 어렵지만 공급되는 주택들은 대부분 아주 작은 면적의 소형 주택들이다. 반면, 부동산 기업들이 건설하고 판매하는 주택은 면적도 다양하고 언제든지 구입할 수 있기 때문에 이런 좋은 조건에 의존할 수밖에 없는 시장 상황이 되어 버렸다. 이런저런 이유로 활성화된 주택 시장은 어느새 돈을 가진 사람들의 최고의 재테크 수단이 되었고 지방에서 생겨난 부자들의 자녀 교육용 투자도 집중되면서 대도시 주택 가격은 더욱 오르게 된다. 부동산 가격이 천정부지로 치솟을 때는 매매 계약 후 잔금을 치르기 전 다시 폭등하는 이유로 한 일방적 계약 해지로 송사가 끊이질 않았다. 국가가 개인에게 주택을 양도하기 시작한 80년대 초에는 4, 5년 정도 길어야 10년 치의 연봉이면 구입할 수 있었지만 지금은 50년에서 100년 정도의 연봉이 필요한 수준이 되었다. 이런 상황을 지내면서 부를 축적할 수 있었던 사람들은 삶의 질이 한껏 높아졌음을 실감할 수 있는 저택에도 살게 되었고 힘없고 돈 없는 인민들은 월세 쪽방에서 지내는 심각한 격차가 생긴 사회가 만들어진 것이다. 주택은 순식간에 중국인들의 삶에서 우리 집과 이웃집의 행복을 가름하는 척도가 되어 버린 사회 갈등의 주범으로 자리 잡았다.

고향을 떠나 대도시에서 직장을 갖고 뿌리를 내리고자 하는 많은 젊은이들 대부분이 가장 힘들어 하는 것은 주거 문제의 해결이다. 월세가 소득에 비해 워낙 비싼 상황이라 젊은 직장인들이 임차하여 사용하는 공간들은 매우 협소할 수밖에 없는데 이런 좁은 거주 공간을 달팽이 집이라고 부른다. 공동으로 협소한 공간에 거주하는 젊은이들을 부르는 개미족이라는 신조어가 유행하기도 했는데 이런 젊은 개미족들은 날로 늘어난다. 중국의 소득과 주택 값을 따져 본다면 중국 젊은이들이 가지는 무게감은 오히려 한국 젊은이들보다도 육중해 보인다. 어렵게 어렵게 20, 30년 장기 상환을 약속하여 마련한 주택에서는 상환의 기간 동안 집주인이 아닌 노예로서 살아야 한다는 현실도 한국과 크게 다르지 않다. 한국과 별다를 바 없는 현실이기도 하지만 나이 좀 지긋한 중국인들 입장에서 보면 불과 얼마 전 과거에는 없던 일이라 더욱 당황스럽다.

반면에 주택에 대한 투자로 부자가 된 사람들도 많다. 같이 일했던 중국 직원들 중에도 주택 투자를 통해 어느 선진국의 외국인 부럽지 않은 신흥 부자가 된 경우는 많다. 1990년대 후반에서 2000년도 초반, 중국인들은 20년, 30년의 모기지론 상환 방식으로 집들을 구입하기 시작한다. 당시 아무런 부동산 투기 규제도 없던 때라 선급금만 마련이 되면 은행 대출을 활용하고 월세로 임차를 주는 방식으로 몇 채고 살 수 있던 시절이었다. 그렇게 도시의 직장인들은 적은 목돈으로 선급금을 충당하여 집을 사기 시작했고 시간은 흘렀다. 중국에 시작된 부동산 상승 추세는 한국의 80년대 후반 못지않은 열풍을 일으켰고 그런 시절이 한바탕 중국의 대도시를 휩쓸고 지나간 후 웬만한 도시의 아파트 가격은 국제 수준이 되었다. 베이징이나 상하이의 집값이 뉴욕이나 도쿄의 집값에 비해 그리 뒤질 이유가 없다고 보거나 또 그렇기를 희망하는 중국 사람은 많다. 대부분 도시민들은 고가의 주택이 주는 부담으로 삶이 고스란히 영향을 받고 있지만 반면, 이를 이겨 낸 사람들은 해외여행도 쇼핑도 부동산 구입까지도 가능하게 된 국제적 수준의 삶을 누릴 수 있게 됐다. 현재 중국의 주택 가치가 해외 어느 나라보다도 높은 상황이라 거품이라는 얘기도 많고 중국의 경제 발전 속도도 다소 둔화되었지만 어지간해서는 후퇴하지는 않을 듯하다.

삶이 향상되면서 주택 외에 농민들도 도시민들도 모두 고심인 것이 있는데 세상을 떠난 이들의 집을 짓기 위한 토지 확보 문제다. 유체(遺體)를 새들에게 보시하는 독특한 조장(鳥葬) 풍습이 있는 티베트의 경우도 있듯 56개 민족마다 풍습이 다르긴 하지만 절대다수인 한족(漢族)의 경우 매장을 선호하는 사람은 아직도 적지 않다. 도시민들은 매장을 위한 토지를 확보하기 위해 동분서주하고 농촌의 농민들은 아직도 그들이 경작하고 삶을 잇고 자손을 키웠던 그 토지 어느 곳에 매장하는 경우가 많다. 현재 대도시 근교의 묘지 지가는 아파트 가격 수준을 넘어선 지 오래다. 전 세계 7%의 경작지를 가지고 세계 인구의 22%에 달하는 14억 인구를 먹여 살려야 하는 상황이라 정부의 토지 관리 방침은 날로 강화되고 그만큼 토지는 귀해지기 때문이다. 분묘 자리로 허가하겠다는 토지는 빠르면 10년 안에 고갈이 된다고 하니 중국인들의 매장 풍습은 정책 속에서 소멸될지도 모른다. 공산당은 일찍이 사후 묘지를 전형적인 봉건제도의 하나로 인지했다. 1956년 마오쩌둥(毛澤東)과 공산당 지도부들의 화장에 대한 서명을 시작으로 하여 공산당이 지향하는 장례 문화는 줄곧 "화장"으로 이어진다. 매장을 불필요한 폐습이라 규정하고 화장을 과학적인 장례 방법으로써 정부가 나서 장려해 온 것이다. 이런 배경에는 국토의

손실을 막고 백성들의 경제적 부담도 덜어 주려는 의도도 있고 무신론의 이유도 짙게 깔려 있을 것이다. 그런데 형편이 점점 나아지는 인민들은 전통을 찾아 매장을 위한 토지를 원하고 있다. 중국은 살아가는 자들은 물론 죽은 자들의 집 문제까지로도 소란스럽다.

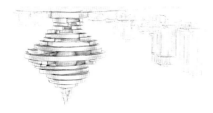

중국의
독특한
사회
국
특
의
한
회

중국을 이해하고자 할 때
생기는 오류와 착각은
기존의 이해와 상식을 바탕으로
현재의 중국을 보려고 하기 때문이다.
삶의 모습이
과거와 확연히 다름을
실감 나게 보여 주는 것이
중국 사회의 특징이다.

10

선물
권하는 사회

중국과 관련하여 편안하고 귀엽게
까지 느껴지게 하는 것이 있다면 중국에만 살고 있다는 곰 "판다"가
으뜸 이미지다. 지구온난화로 생존조차 어려워졌다는 북극곰이나
강가에서 연어를 사냥하는 북미의 곰과는 전혀 다른 느낌의 판다는
선물로도 유명하다. 살아 있는 생물이라는 다소 찜찜한 마음만 잠
시 접어 둔다면 중국인들이 선물 하나는 제대로 할 줄 아는 사람들
인 것 같이 느껴지게 하는 친근한 느낌의 동물이다. 판다는 구소련
을 시작으로 해서 중국이 70년대 새로이 외교를 맺은 일본, 프랑스,
독일, 영국, 미국 등에 이어 한중 수교에 이르기까지 여러 나라에 선
물로 보내지면서 중국과 중국인들의 홍보대사로서의 역할을 톡톡히
했다. 후에는 올림픽 마스코트로써 세계인들과 만나기도 했으며 중
국을 상징하는 대표 이미지로써 극진한 국보급 보호와 관심을 받고
있다. 판다에 대한 중국인들의 사랑과 자부심은 정말 대단하다. 몇

년 전부터는 쓰촨성(四川省)의 판다 연구 기지를 인터넷으로 중계함으로써 해외 어디에서도 판다의 생활을 지켜볼 수 있게도 했다. 판다들이 더 이상 비행기를 타고 먼 나라를 가지 않고 고향에서 세계인들을 만나고 있는 것이다.

중국이 미국과 수교를 맺으면서 닉슨과 마시고 선물했던 마오타이(茅台) 지역의 술도 세계에 유명해졌고 지금까지도 최고의 선물 위치를 지키고 있다. 그리고 30여 년이 지난 지금 중국인들의 생활 속에는 어떤 선물 문화가 생겼을까? 가난하게 출발한 신중국 초창기로부터 물질이 풍성해진 현재로 오기까지 중국인들은 어떻게 선물과 얽혀 살아왔으며 언제 어떤 것들을 주고받는 선물 문화를 만들어 냈을까? 중국인들의 선물 이야기다.

중국 큰 도시에는 중추절이나 춘지에와 같은 절기가 막 지나고 나면 떴다방들과 같은 노점상들이 거리에 생긴다. 주고받았던 선물들을 정가 이하로 구입하기도 하고 되팔기도 하는 임시 상점이다. 예물회수점(禮物回收店)이라는 명칭을 번역해 보면 "선물회수센터"인데 진짜 같은 가짜를 잘못 감정해 손해를 보는 경우도 더러 있다지만 늘 수요가 많은 중국 사회의 특성을 그대로 반영한 돈 잘 버는 새로운 직종이다. 한국에서는 배갈이라고 불리는 고급 백주(白酒)와 고가 담배를 기본으로 하여 보이차와 같은 각종 차(茶)류에 동충하초며 말린 해삼이나 전복 같은 건강식품과 명품까지 이곳에서 거래되는 물건은 정말 다양하다. 최근에는 한철 반짝하는 임시 노점에서 진화하여 도시 곳곳에 점포를 차려 영업을 하는 곳이 늘었다. 상설점을 차려도 될 만큼 중국인들은 풍요로운 선물 문화를 가지게 된 것일까? 굳이 일부러 관찰하지 않더라도 중국인들이 살아가는 세상에서 선물은 선택보다 필수에 가깝다는 분위기는 쉽게 느껴진다.

가을 중추절이 되면 선물의 계절이 시작되어 10월 1일 국경절에서 성탄절로 이어져 춘지에(春節) 때 정점을 찍는다. 이즈음은 선물을 전하는 차량들과 택배회사 직원들로 도시의 교통 체증은 더욱 심각해지고 분주한 분위기는 정말 무슨 때가 됐음을 절로 느끼게 한다. 풍성해진 생활은 과거에는 그다지 중시하지 않았던 단오나 정월 대보름날까지 선물 보따리를 든 사람들로 행렬을 이루게 한다. 별 느낌 없이 보냈던 절기들이 선물할 수 있는 의미 있는 구실이 되어 버렸고 사람들에게는 적당히 받아도 될 것 같은 이유가 되기도 한다. 명절은 어느새 중국인들이 자연스럽게 선물을 주고받는 날이 되었고 성탄절과 같은 서양의 종교 기념일까지도 그렇게 되어 가고 있다.

지구촌 시대에서 현대 중국인들이 무엇을 선물하는지는 보편적으로 세계 여느 나라 사람들과 크게 다르지 않겠지만 지금의 선물 문화로 오기까지 얼마 전 특별한 시대에서는 어떠했는지 살펴보는 일은 흥미롭다. 형편들이 모두 비슷했던 50, 60년대 시절은 배급사회 배경을 반영한 특색으로 양곡과 옷감 배급표가 아주 귀한 선물이었다. 60, 70년대 문화대혁명 때는 단연코 시대 배경을 가진 특색 있는 선물들이 대세였다. 대부분 마오쩌둥의 어록집이나 그의 얼굴이 새겨진 배지, 홍위병을 접견하는 사진 액자나 마오쩌둥 선집과 같은 것들은 결혼식과 같이 특별한 때에 주고받았던 고급스러운 선물이었다. 한 시대는 선물도 마오쩌둥에서 시작해서 마오쩌둥으로 종결되는 사회상을 그대로 반영했다. 개혁개방이 있기 직전에는 술과 담배가 보통 선물로 등장했고 계란은 병문안이나 출산, 입대 같은 일상의 큰일에서 마음을 전하는 단골 선물이었다. 1978년 개혁개방 이후 가지게 되는 다소의 물질적 여유는 사탕이나 고기, 과일 통조림과 같은 선물로 다양화된다. 80년대에 들어서면 어느 시대에서나 줄곧 가장 많은 사람들의 선물이었던 술과 담배의 브랜드를 따지기 시작한다. 중국은 3억이 넘는 흡연 인구가 있는데 매일 약 50억 개비를 소비하여 일 년에 소비하는 양이 무려 2조 개비에 달할 것으로 추정된다. 또한 전 세계 소비량의 약 40% 양을 공급하니 소비든 생산이든 담배의 왕국이다. 그래서인지 담배는 일상에서 자연스럽게 주고받는 대표적인 선물로써의 위치가 오랫동안 확고하다. 시간이 지나면서 달라진 것이 있다면 담배도 양극화 현상이 생겨 상식을 초월한 고가의 담배가 선물로써 오고 간다. 최우량의 담뱃잎만을 골라 전 과정을 수작업으로 가공한다는 고급 담배는 한 갑에 몇만 원이 훌쩍 넘는다.

90년대 사회는 더 풍성해지고 복잡해지면서 대상의 등급에 따라 선물들은 커지고 무거워지기도 하고 더욱 다채로워진다. 2000년대 이후 경제대국으로 성장하게 된 후의 선물 형태는 이웃 나라 사람들의 경우와 별다를 것이 없지만 중국인들의 명절은 특별한 선물 문화를 가진다. 중추절의 위에빙(月餅)이나 단오절의 쯩쯔(粽子)는 중국인들이 명절에 거르지 않고 먹는 음식으로 선물로도 제격인지라 때만 되면 서로 주고받아야 마땅한 고정 품목이 되었다. 그런데 세월과 함께 변종된 위에빙 이야기는 중국 선물 문화의 한 단면을 쉽사리 들여다볼 수 있게 한다. 처음에는 순수한 먹거리 선물이었지만 점차 초호화 포장과 고급 식자재를 사용하여 몇만 원에서 몇십만 원짜리 위에빙을 만들어 내더니 급기야는 주객이 전도된 위에빙도 등장하게 된다. 인삼, 전복, 동충하초, 양주, 백주, 담배, 와인 등 고가품들을 증정품으로 하는 위에빙이 등장한 것이다. 이쯤 되면 순수한 선물의 경계를 확실히 넘어선 것이라 정부가 나서서 관련한 규정도 만든다. 증정품의 한도와 과다한 포장에 관한 단속 기준을 정한 것인데 정부의 정책이 있으면 민간에서는 곧바로 대응책을 만든다는 중국인들인지라 곧바로 금과 은으로 만들어진 위에빙이 출현하게 된다. 몇백만 원 이상 혹은 천만 원을 넘는 금은 위에빙을 스스로 구입하여 소장하는 사람이 얼마나 되겠는가? 중추절이 없어지지 않는 한 기상천외한 형태의 위에빙은 계속 등장할 것 같고 정부의 간섭도 계속될 모양이다. 최근 유행하는 선물 중 하나가 선불카드다. 백화점이든 식당이든 대형상점이든 가맹되어 있는 곳에서는 언제든지 현금과 같은 용도로 사용할 수 있다. 적게는 몇만 원에서 많게는 수백만 원 이상의 가치를 담다 보니 정상적인 선물의 범위를 넘는 경우도 많은지라 논란도 많다. 새로운 규제가 생겨나지 않는 이상 한참 오래갈 것 같은 중국인들의 또 하나의 특별한 선물 방법이다.

중국인들은 선물로 즐겨 주고받는 수십만 원짜리 고급 백주에 대해 "보통 사람들은 마실 수 없는 술, 사는 사람이 마시지 않는 술, 마실 사람이 직접 사지 않는 술"이라고 이야기한다. 최소 5년 이상이 걸린다는 전통적인 양조 방법이나 제한적인 생산량 등으로 중국인들에게 있어서도 아주 귀하게 여겨지며 고급스러운 선물 품목에서 늘 앞자리를 차지하는 것이 바로 전통 백주다. 가격이 높으면 높을수록 체면도 커지기 마련인지 무슨 때만 되면 백주 기업들은 수십만 원짜리 선물용 백주를 집중적으로 마케팅한다. 이것도 모자라 명절이면 초고가 한정판 제품으로 많은 수익을 올리곤 하는데 주식시장에 상장되어 주목받는 유명 백주 기업만도 여럿이다. 상대적으로 수요가 많은 한국 시장을 겨냥해 적극적으로 마케팅을 진행해서인지 이제는 한국인들 사이에서도 유명해지고 유행하고 있으며 선물로도 제격이 됐다. 백주는 선물하기 좋은 몇 가지 되지 않는 중국 물건 중의 하나이기도 하고 세계 유명 주류들과 경쟁할 수 있는 드문 중국식 명품이라 할 수도 있다. 그런데 백주가 환영받지 못하는 곳이 한 군데 있다. 베이징을 비롯한 몇몇 대도시 지하철 입구에 설치된 엑스레이 검색대는 백주를 잘도 찾아낸다. 착화(着火)가 쉬울 정도로 알코올 함량이 높은 독주(毒酒)인지라 휴대하고 탑승하는 것이 금지되어 있다. 베이징 올림픽 때 시작하여 중국 주요 도시에서 시행하고 있는 지하철 검색 시스템을 보면 사회 치안에는 정말 신경을 많이 쓰는 중국이다.

중국의 소설이나 영화, 드라마에서는 청탁과 비리를 열어 가는 도구로써, 선물일 수도 있고 뇌물이라 할 수도 있는 장면을 설정하여 이야기를 끌어가는 것이 하나의 패턴과도 같다. 중국 사회에서 "과도한 선물"이 하나의 문화로써 존재하고 있다는 것을 쉽게 짐작할 수 있다. 이러한 문화의 생성 배경을 살펴보면 어려웠던 시절 소수가 자원을 독점하고 배분하는 과정에서 권력은 쉽게 청탁의 기회를 갖게 되었으며 이런 것들이 사회 속에서 관습화되었음을 짐작하게 한다. 그리고 시간이 지나 사회가 급속히 성장하고 변화해 가는 과정에서 여러 유리한 기회를 과독점한 권력을 가진 사람들에게 부탁의 "예"를 갖추는 표현이 묵직한 "예물"로 나타나는 사회현상이 생성되었음도 알 수 있다. 실제 생활하고 일하는 현장에서 중국인들의 독특한 선물 문화 분위기는 늘 감지되는데 정말 복잡하고 미묘한 철학을 가지고 있다. 과거와 달리 매우 복잡해졌고 경쟁이 어디까지 이어질지 모르는 사회 구조 속에서 약자의 입장에서는 강자에게 전하는 선물이 자신을 보호해 줄 수 있는 부적이 되기를 바라기도 하고 뜻밖의 행운을 가져다주는 복권이 되기를 바라는 기복의 심리를 가득 담기도 한다. 그러나 무엇보다 모두가 선물하는 분위기의 사회가 되어 버린 상황에서는 혼자만 가만있으면 불이익을 당할 수 있다는 강박감도 아주 커 보인다. 물론 선의만을 담은 의미의 선물도 분명 존재할 테니 중국은 사회의 풍요와 더불어 이런저런 사연을 담은 온갖 선물들이 자주 오가는 문화를 가지게 되었다. 정말 중국인들은 선물 권하는 사회도 만들어 낸 것일까?

중국에서 주고받는 선물이 나날이 늘어나는 대표적인 곳이 병원이라고 주목한다. 의사는 신중국이 과거에 비해 현재 자본주의 방향으로 얼마만큼 와 있는지를 잘 보여 주는 직업이기도 하다. 신중국이 설립되기 직전 대륙의 많은 의사들이 대만과 홍콩 등지로 빠져나간다. 이후로 중국 정부는 의료진 확보에 한동안 애를 먹게 된다. 결국 문화대혁명이 한창이던 때 맨발의 의사[赤脚醫生]들이 등장하게 된다. 농민 중 일부를 속성 교육을 통한 의료 인원으로 배출하여 생업에 종사하면서 기초 진료도 담당하게 한 제도로서 한때 그 수가 150만 명에 이르기도 했다. 궁핍했던 시절 10억에 달하는 어마어마한 인구의 질병을 치료하고 생명을 지켜야 했던 의사들의 실력도 병원들의 설비도 모두 최소한이었다. 모든 것은 국영이었고 모두가 가난했던 시절의 의사들은 그저 국가가 안배한 평범한 직업이었고 존중받을 수 있는 사회적 조건도 지위도 없었다. 인구는 많지만 의료진과 설비가 부족해서 그 혜택을 제대로 받기도 어려웠고 무슨 사고를 당해도 보상이 형편없던 시절을 견뎌 온 사람들이어서 그런지 얼마 전까지만 해도 중국인들이 많이 했던 자조적인 표현이 "중국 사람들 목숨은 값어치 없다"였다. 인명이 경시될 수밖에 없었던 조건들이었다. 물론 이제는 그렇게 얘기하는 사람들은 줄어들고 건강도 인명도 소중히 하는 세상으로 변해 가고 있다. 사람들이 부를 가지게 되면서 의사는 사회적 지위와 수입 자체가 확연히 달라진 대표적인 직업이 되었다. 인명을 다루고 고통을 덜어 주는 직업이었지만 그다지 존중받지 못했던 직업이 인민들이 돈을 가지게 되면서 출산에서 죽음까지 선물로써 존중받는 대표적인 직업으로 거듭난 것이다.

신중국이 실현하고자 했던 평등과 호혜의 인간관계가 아쉽게도 최초의 의도와는 달라진 점이 있을 텐데 선물 문화도 그것을 이야기하는 한 단면이라 할 수 있다. 선물 문화는 중국 사회의 인간관계가 매우 실리적이면서도 등급 관계가 분명해지고 있음을 보여 준다. 인정을 전하는 순수한 선물이 아닌 부정의 이면을 가지고 있는 "중국식 선물"에 대한 중국인들 자신들이 내리는 정의다. "선물은 상대방의 권한을 인정하고 수수(授受)에 대한 의무를 강요하는 암묵을 지니고 있다. 사회관계망 속에서 이뤄지는 특별한 교환으로써 참여하는 사람들 간에는 주어야 하고 받아야 하며 갚아야 하는 의무의 관계가 성립된다. 인적 네트워크를 구축하고 관계를 돈독히 하며 인정상 부채감을 주려고 하는 것, 이것이 중국식 선물이다."

중국식 선물에 자주 등장하는 것이 명품이다. 계속해서 진행되고 있는 부패 척결 관련 보도에서 심심치 않게 등장하는 것도 명품이다. 어느 지방 무슨 관리의 사무실이나 집에서 명품 가방과 시계를 수십 점에서 수백 점 압수했다고 하는 정도의 보도는 심심치 않게 접한다. 중국식 선물은 세계 명품 시장의 판도까지 바꾸어 놓는 듯하다. 중국인들의 명품 사랑 이야기는 이제 화젯거리도 아닐 만큼 보편적이다. 대다수 명품 구입의 동기가 선물하기 위함에 기인한 것도 잘 알려진 사실이고 중국에 진출한 명품 기업들은 마케팅의 초점을 명확하게 중국인들의 선물 문화에 맞추고 있다. 명품 브랜드들이 오랫동안 짝퉁들로 고생하다가 어쩌면 오히려 이제 그 덕을 보고 있는지도 모른다. "이제 짝퉁은 가라" 하고 진짜 명품들을 구매할 수 있는 능력의 소비자들이 마구 늘어나고 있으니 정말 인고 끝에 대박을 보고 있다고나 할까! 명품 브랜드들은 전혀 광고도 하지 않았는

데, 중국인들이 스스로 알아서 만들어 쓰고 입고 들고 다니다가 이
제는 진짜 명품을 쉽게 알아보고 선물로 주고받는 소비자가 된 것이
다. 굳이 알리지 않아도 알아서 알게 되는 명품이 가진 힘이 그대로
발휘되는 중국 시장이다.

　해외여행은 중국인들에게 명품 또는 여행 국가의 특화 제품이나
특산품을 구입할 수 있는 좋은 기회다. 주위 친지들에게 선물해야
할 부담과 의무감을 갖게 하며 자연스럽게 목적을 향한 선물을 할
수 있는 좋은 기회를 제공하기도 한다. 그래서 해외를 여행하는 중
국인들의 쇼핑은 늘 선물과 관계가 깊다. 한국은 특별한 명품은 가
지고 있지 않지만 다행히도 화장품이며 밥솥, 의류 등 중국인들에게
장사할 만한 좋은 물건들을 가지고 있다. 그러나 늘 더 유명해지지
못하고 더 많이 팔지 못하는 아쉬움이 있다. 닉슨과 마오타이처럼
스토리텔링을 하나 잘 만들어 낼 수 있는 이벤트가 있다면 정말 대
박일지 모른다.

11

짝퉁의 지존,
산자이

중국에 짝퉁 제품이 많다는 것은 온 세상이 다 알고 있는 오래된 사실이다. 상상을 초월할 정도로 종류도 많고 정교한 손재주는 놀라움이며 창의까지 더해져 만들어 내는 출중한 아이디어 제품들에는 찬사가 절로 나오기도 한다. 짝퉁은 중국을 찾는 많은 외국인들을 난감하게도 하고 잠시 행복하게도 하며 넉넉하게도 하고 아쉬운 느낌도 들게 하는 어디에도 늘 있는 물건들이다. 그런데 어떤 물건들은 짝퉁이라 불러야 할지, 단순한 가짜라고 할지, 모조품인지 복제품인지, 아니면 유사품인지 위조품인지 도대체 어느 단어로 설명해야 할지 판단하기 어려울 때가 많다. 문양이 색색이 박힌 얼룩 강아지가 예뻐서 얼른 사다가 목욕을 시키다 보니 물감이 빠져 그냥 허연 민둥한 개가 되었다는 얘기가 있다. 그 강아지는 도대체 가짜와 짝퉁, 유사품, 위조품 중 어디에 속하는 것일까? 사람이 많아서인지 중국은 비정상의 물건도 많지만 별난 동물까지도 있는 나라다. 중국에는 어떤 비정상의 물건들이 있을까?

　진짜의 효용 가치는 거의 가지고 있지 않으면서 소비자를 기만하고 해롭게만 하는 정말 아무짝에도 쓸모없고 위험하기까지도 한 해악으로써의 "가짜"는 주로 먹거리에 많다. 눈을 멀게 하는 술, 젖먹이 영아들의 목숨을 앗아간 분유, 녹말가루로 만든 샥스핀, 가짜라고 증명하기가 진짜 어려운 각종 보신품, 한약 과립기로 빚어 염색한 진흙 콩 등등 종류는 셀 수도 없다. 진품과 정말 비슷하게 재현해 낸 물건이라면 소위 짝퉁으로 표현되는 "모조품"이라는 단어가 가장 가까운 의미를 가진 단어다. 짝퉁 제품은 생명에 지장을 준다거나 아예 사용이 불가능한 경우는 거의 없기 때문에 값싼 비용을 지불했을 소비자들이 손해라고 할 것까지는 없겠지만 진품을 만들어 내는 기업들로서는 커다란 골칫거리다. 정부도 단속을 한다지만 이와는 별 상관없는 듯 대부분 중국 대도시에는 대형 짝퉁 전문시장이 활성화되어 있고 그 종류와 규모는 놀랄 정도다. 그곳은 맘만 먹으면 저렴하게 소유할 수 있는 명품이 주는 풍요로움에 잠시나마 행복에 빠지는 중국인들과 외국인 관광객들로 늘 붐빈다. 각국에서 찾아온 관광객들이 장사에는 일가견이 있는 중국 상인들과 만국공통 거래 도우미인 전자계산기를 번갈아 두들기며 벌이는 한판 진지한 흥정이 끝나면 짝퉁이었던 핸드백, 만년필, 시계 등은 새로운 주인을 찾아 그만의 명품이 되어 버린다.

　복제품은 모양도 기능도 효능도 거의 똑같은 것을 만들어 내는 것이니 지적재산권과 관련된 문제점이 크다. 그래서 중국의 복제품

남발과 남용으로 인해 가장 많은 피해를 본 사람들이 바로 한류 스타들이다. 초창기 한류의 급물살을 만들어 내며 인지도를 한껏 올리면서 중국 시장에 성공적으로 착륙하는 듯했지만 라이브 콘서트 외의 음반 사업은 불법 복제품 기승으로 제대로 장사도 하지 못했고 영화도 복제 CD들이 기승을 부렸으니 라이선스 판매도 영화관 입장 수입도 모두 지지부진했다. 한류 초창기는 소문만 무성했던 잔치처럼 돈벌이에는 아쉬움이 있었던 것이다. 모두 비정상의 물건 때문이었다.

비정상인 물건의 지존은 무엇일까? 돈이다. 무엇이든 살 수 있는 돈을 만들어 낸다면 굳이 가짜 물건을 만들지 않아도 될 일 아니겠는가? 돈을 만들어 사고 싶은 물건을 사고 거스름까지 챙길 수 있다면 더 이상의 효율적인 경제활동이 있겠는가? 중국에 어느 정도 기간을 생활했던 많은 외국인들의 중국 생활 경험담 앞 순위에 드는 것이 바로 "인민폐의 배신"인데 생활 속에서 위폐로 인해 처해지는 당혹스럽고 난감한 경험이 중국인들에게는 비일비재하다. 점점 더 돈에 집착해야 사는 세상에서 위폐는 근절되기는커녕 나날이 정교해지는 터라 감별기는 고성능으로 끊임없이 개발된다. 중국인들과의 현금 거래에 있어 왜 그들이 돈을 쳐들고 비춰 보기도 하고 비비거나 문지르고 심지어는 모퉁이를 살짝 찢어도 보는 별난 문화를 가지게 됐는지 이해가 가는 배경이다. 그래도 과거 수십 년 전 중국 대륙에 있었던 "위폐전쟁" 시절에 비하면 지금 수준은 물론 아무것도 아니다.

중국 대륙에 위폐가 만연한 때가 있었다. 1940년을 전후, 중국 국민당 정부와 일본 간에 벌어졌던 치열한 전쟁 속에는 한 바탕 "위폐전쟁"이 벌어졌던 것이다. 전쟁이 가속화되고 장기화되면서 위폐를 사용한 또 다른 방식의 전쟁을 치르겠다는 구상과 실천은 일본이 시작했다. 일본은 중국의 경제 혼란을 야기하기 위해 대량의 위폐를 유통시킬 계획을 확정 짓고 구체적인 연구를 시작하는데 의외의 곳에서 최종 성과를 얻는다. 1940년대 초 독일 전함이 엄청난 양의 중국 화폐 반제품-당시 중국 국민당 정부는 기술상의 문제로 자국 화폐를 미국에서 가공하였다-을 운반하던 미국 상선을 공격하여 이 모든 것을 전리품으로 얻게 된 것이다. 의외의 전리품은 동맹국인 일본의 요청에 따라 고스란히 유상으로 넘겨지게 되고 이를 연구한 일본은 위폐 제조법을 완성하게 되면서 이후 1945년 패전 이전 몇 년 동안 엄청난 양의 위조지폐를 발행하여 중국 대륙에 유통시킨다. 유명 대학인 도쿄 메이지 대학의 한 실험실이 바로 매우 삼엄한 경비 속에서 중국 위폐를 찍어내던 본산지로 후에 알려지기도 했다. 일본은 위폐를 사용하여 국민당 정부가 통치하고 있던 상하이 등지에서 필요한 물자를 구입하고 거스름돈까지 챙기는 전략을 구사하며 시장을 한껏 혼란시킨다. 일본인들이 발행했던 위폐의 총 액면가가 당시 중국 국민당이 사용했던 2~3년간의 군비 규모와 비슷하다고 하니 천문학적 수의 위폐가 초래했을 시장의 소란 정도가 짐작이 된다. 이후 국민당 정부 역시 일본의 만주국 지폐를 대량 위조하여 같은 방법으로 유통시키는 맞불 작전을 벌이게 된다. 일본의 전면적인 시장 혼란 작전에 대해 국민당 정부도 "가짜에는 가짜[以假對假]"로 대처한다는 전술을 펼치게 된 것이다. 충칭(重慶)에 공장을 건립하고 미국으로부터 양질의 종이와 최신 설비를 구입하고 최고 수준의 화폐 기술자들을 모집하여 밤낮으로 연구를 진행하는데, 최종적으로는 일본이 점령하고 있던 지역에 각종 일본 지폐와 군표(軍票)와 구분이 어려운 가짜들을 발행하게 된다. 일본 전문가들도 구별이 어려웠다는 가짜들을 통해 대량의 황금과 면사, 옷감 등을 구입하며 일본 점령지 지역 시장을 역시 혼란시킨다. 이런 상황에서 공산당이 지배하고 있던 해방구 자체 발행 화폐까지 유통되었던 중국 대륙은 한바탕 혼란의 시기가 이어지다가 일본 패전에 이어 1948년 공산당에 의한 최초의 인민폐 발행과 함께 안정을 찾게 된다.

중국에서 가짜, 복제, 모조, 모사, 유사, 위조 등의 단어가 모두 동원되는 곳이 골동품 시장이다. 한때 새로 열린 나라에 크게 관심을 가지고 초창기 틈을 타 횡재를 하려고 적지 않은 한국인들이 관심을 기울인 것이 바로 골동품이다. 새로 세상에 나온 중국은 무엇인가 노다지와 같은 많은 기회들이 여기저기 숨겨져 있을 듯한 강한 기대감을 갖게 해 준 미지의 시장이었다. 용감한 한국인들이 중국 전역을 돌아다니면서 한껏 기대감을 가지고 찾아 나섰던 것이 바로 중국의 골동품들이었다. 만약 중국 시골집 어느 농부로부터 제대로의 가치도 모르는 채 소장했을 수도 있을 귀한 골동품을 값싸게 살 수 있게 된다면 그 얼마나 흥분되는 일이겠는가? 당시 많은 한국인들이 가짜인지 진짜인지 모르는 채 고가구와 그림, 도자기와 같은 중국 골동품을 수없이 사서 날랐다. 그런데 궁금한 것은 과연 20, 30년 전 시절 골동품의 진위 감정은 제대로 했는지, 어떻게 믿고 구입하였나 하는 것이다. 그 오래전에 누가 어떻게 진위를 감별하였고 그 결과를 담보받는 제대로 된 거래가 이루어졌는지 모를 일이다.

1949년 이후 중국의 골동품 시장은 완전히 사라졌으니 오랜 시간 동안 문물을 감별할 전문가도 양성되지 않았다. 1980년대 초에야 비로소 문물과 관련된 법률이 제정된다. 청나라 건륭제(乾隆帝) 이전의 문물은 시장에서의 매매를 금지하고 이후의 문물 중에서도 일부 조건에 부합되는 것들만 시장 교역을 허가한다는 것이 주요 내용이다. 그러니까 건륭제 이전 것이라며 시장에 나온 문물이 가짜일 경우가 많은 것이고 진짜라 하더라도 교역을 통해 이를 소유하는 것은 위법이 되는 것이다. 그 후로도 문물감정위원회와 같은 전문 조직을 만들어 본격적인 관리를 시작하였으나 때늦은 조치로 잃어버리고 소멸된 보물과 문화재들의 수는 엄청났다. 최근 생활의 향상과 함께 문물에 관한 관심이 높아지면서 시장은 다시 생겨났다. 오래된 물건에 대한 소장과 복고의 여유를 가지면서 다른 나라들처럼 전문가들이 출연하는 골동품 감정 TV 프로그램도 여럿 생겨났다. 넓고 오래된 나라라 소재도 무궁무진할 테니 장수하기에는 딱 좋은 프로그램이다.

그런데 중국 골동품 전문가임을 칭하는 사람들이 밝히는 진상은 생각을 복잡하게 한다. 골동품을 비롯한 여러 문물의 진위나 연대를 판단하는 감정(鑑定) 시장이 중국에서 없어진 지 오래라는 것이다. 과거 전문가들이 혁명의 혼란한 시대 상황상 제자를 둘 기회도 없었고 시장의 단절이 지속된 상황에서 정확하게 감정을 해낼 수 있는 사람이 과연 얼마나 실력을 그대로 품고 남아 있을까에 대한 의문도 함께 전한다. 심지어는 공공박물관들에도 제대로 감별되지 않은 가짜들이 있을 것이라 한다. 시대의 수요에 따라 감정 시장도 다시 생겨났지만 부작용도 많다. TV 고발 프로그램은 문물 감정회사에 들어갔다 나오기만 하면 가짜 유명화가의 그림이 진품이 되기도 하고, 노점상에서 몇만 원에 구입한 도자기가 수천만 원짜리로 둔갑하기도 한다는 것을 폭로하기도 한다. 새로운 중국으로 변신해 가면서 가졌던 여러 변혁과 단절의 시간들은 중국 전통 문물의 고증에 대한 의문까지도 품게 한다.

비정상 제품은 동서양을 막론하고 역시 고가의 품종에서 많이 생기기 마련이다. 와인도 한 종류인데 짝퉁보다는 가짜라는 단어가 어울리는 품목이다. 중국의 새로워진 사회 분위기 속에서 쉽게 돈 버는 사람이 많은 분야가 가짜 와인 장사다. 진위(眞僞)의 맛을 구별하기 쉽지 않으니 가짜 백주와는 비교가 되지 않을 정도로 안정성이 높은 아이템이라 유행이고 특별한 이유가 발생하지 않는 한 앞으로는 더 호황일 듯하다. 중국 부유층에서 선호하는 프랑스의 한 와인 브랜드는 중국의 연간 수입량보다 실제 시장에서 유통되고 있는 수량이 훨씬 더 많다 하니 이를 어찌 설명할 것인가? 와인은 중국에서 가짜를 만들기도 장사하기에도 정말 좋은 아이템이다.

짝퉁 권하는 사회 분위기는 중국인들이 해외를 가게 되면 반드시

해야 하는 일처럼 너도나도 엄청난 양의 쇼핑을 해야 하는 이유 중 하나가 된다. 중국은 이미 부족한 물건이 없는 세상이 됐는데 왜 해외 쇼핑에 그리 열광할까? 외국 제품에 대한 선호도가 특별히 높아서일까, 아니면 외국 제품들이 중국 내 제품에 비해 보편적으로 싼 것일까? 두 가지 다 합당한 이유일 것이고 이 밖에 어디에서도 활개 치는 짝퉁들이 많은 것과도 관계가 깊다. 중국인들은 고급 백화점이든 공항 면세점이든 어디에서나 물건의 진위에 대한 불안감을 항상 가지고 있다 해도 과장이 아니다. 반면에 해외에서의 쇼핑은 상대적으로 저렴하기도 하고 신뢰할 수도 있어 구매량은 자꾸 늘어난다. 이미 오랜 세월 동안 짝퉁의 시대를 지내고 있는 사람들에게 자연스럽게 형성된 열광하는 해외 쇼핑 문화의 배경이다.

크기로 따져 봤을 때 최대 규모의 짝퉁은 중국 남부에 있는 한 마을 전체다. 세계문화유산으로 등재되어 있는 오스트리아의 한 마을을 그대로 모방해서 주택 단지를 건설한 것이다. 부동산 개발업자에 의해 조성된 마을은 화제도 낳았지만 논쟁도 많았다. 최종적으로는 중국의 짝퉁 마을은 물론 오스트리아의 오리지널 마을까지 찾아오는 중국인 관광객들이 늘어나면서 시시비비는 굳이 가리지 않는 것으로 결론이 났다. 중국인들이 가지지 못한 것을 스스로 만들어 내고 그것을 비즈니스로 연결한 또 하나의 예다. 정말 어느 날인가 남중국해의 한 섬이 하와이가 되고 서역 사막에 두바이와 같은 도시가 건설되고 티베트의 산야(山野)에는 페트라가, 윈난성(雲南省)의 어느 산정 높은 곳에 마추픽추가 만들어질지 모를 일이다. 실제로 중국 남부 도시에 가면 세계 각국의 상징적인 문화재를 소형으로 만들어 놓은 "세계의 창"이라는 공원이 있는데 늘 엄청난 사람들이 몰린다. 중국은 국내에서 해외여행 맛을 즐기는 시대도 만들어 낼까? 땅이 넓어서인지 대륙에서는 상상치 못하는 일이 정말 심심치 않게 일어난다.

모든 중국의 비정상 물건들이 가진 의미를 집대성하여 종결지었다고 할 수 있는 단어가 하나 있다. 값싸고 성능 좋은 모조품의 대명사가 된 산자이(山寨)가 바로 그것이다. 일단 산자이는 진품의 모든 것을 통째로 닮아 가는 것에서 출발하지만 자신의 의지와 창의를 더하고 탁마를 거치고 나면 결코 조악하지 않은, 짝퉁이라고만 하기에는 아까운 물건이 되기도 한다. "산채(山寨)"라는 단어를 우리말로 듣게 되면 대번에 저 깊은 산속에 있을 것 같은 산적 소굴의 의미로 떠오른다. 『수호전(水滸傳)』에도 등장하는 단어로서 옛날에는 한국이나 중국 모두 사회와 동떨어져 공식적인 체제의 간섭을 피해 생활하는 반사회적 의미를 함유하고 있음은 같다. 산자이가 가지는 여러 함의를 정리해 보면, "사회규범을 피해 형성된 어느 일정한 동네에서 생산되어 유통되는 진품에 버금가거나 때로는 초월하는 수준의 성능까지 가졌지만 저렴한 가격의 모조품"이라고 정의할 수 있다. 주로 중국 남부 해안과 가까운 지역에 밀집된 여러 공장에서 만들어 내고 있는데 이를 두고서 평가도 갈리고 갑론을박도 많다. 부도덕한 짝퉁 제품이라고 비난하는 사람도 있고, 좋은 제품을 참고하여 더 좋게 값싸게 만든 효율적인 문화의 산물이라는 예찬론자도 있다. 여타 나라들의 반응을 살펴보면 표면적으로는 강하게 비판하지만 한편 내심으로는 제품의 경쟁력에 대한 경계의 마음도 가지고 있다.

산자이를 찬양하는 중국인들은 앞서 개발된 물품을 모방하여 최소한 같은 성능이거나 그보다 더 알차고도 저렴한 제조품으로 만들어 내는 것을 하나의 문화로도 이해하려 한다. 모방과 유사라는 단어 대신 참고와 응용이라는 의미를 부각시켜 합리화하고 정당화하려는 의지도 보인다. 모든 새로운 물건들이 태초의 시작은 있었으나 다시 참고하고 창의를 더해 더 좋게 더 편하게 더 저렴하게 만들어진다는 것을 또 진리로 강조하기도 한다. 그런 면에서 본다면 중국인들은 이미 만들어진 모든 것을 소화하고 흡수한 다음 타고난 손재주에다 다시 창의성을 더해 가며 그들만의 물건을 만들어 가고 있다고 할 수 있다. 그리고 그렇게 만들어진 어떤 것들은 이미 세계 최고, 최대, 최다 등의 성과로 나타나기 시작했다. 세계의 성과를 순식간에 스펀지처럼 흡수할 수 있는 제반 조건을 잘 갖추고 거기에 디테일을 더해 중국식 제품과 서비스를 얼마든지 만들어 낼 수 있는 중국의 기회는 이웃 나라들이 더욱 긴장해야 할 현실이다. 외국인들에게는 이 산자이가 바로 중국의 발전 과정을 이해하는 또 하나 유의미한 단어이기도 하고 외국 기업들로서는 산자이 제품들의 본격적 진화가 은근히 걱정이 된다. 중국의 유명한 핸드폰도 결국은 산자이의 총화일 것이라는 판단도 있기 때문이다.

중국의 산자이 제품들은 무시하거나 시간이 지난다고 사라지지 않을 만큼의 생명력을 이미 지니고 있다. 기술을 앞서가는 유명 브랜드들로서는 자존심이 허락하지 않아 정말 상대하고 싶지 않겠지만 산자이로부터 생명력을 얻은 중국 기업들이 세월 따라 하나둘씩 어쩔 수 없이 경쟁하지 않을 수 없는 강자들의 모습들로 나타날 것이다. 세계 소비자의 날인 매년 3월 15일은 중국에서도 같은 기념일이지만 한 가지 의미를 더해 가짜 퇴치의 날(打假日)을 겸한다. 한편에서는 쉼 없이 만들어 내고 한편에서는 특별히 날까지 정해서 단속하고 있는 것이 또 중국의 모습이다.

12

잊혔던 **공자**의
부활

한국인 입장에서 현대 중국을 이
해하고자 할 때 쉽게 오류와 착각이 일어나는 것은 바로 전통 중국
에 대한 기존의 이해와 상식의 바탕에서 현재의 중국을 보려고 한다
는 데 큰 이유가 있다. 문화적으로 오랫동안 가깝게 살았기 때문에
여타 국가 사람들과는 다르게 한국인들은 아주 오래전 중국으로부
터 그 이해를 시작하는 경향이 짙다. 그런데 지금의 한국과 중국은
서로 다른 사상과 이데올로기에 의한 체제 그리고 이로 인해 생성된
새로운 문화가 지속되면서 양국이 공유했던 유사점은 별로 남아 있
지 않다. 그래서 별도의 노력이 없다면 현대 중국과 중국인들은 여
러 가지가 쉽게 이해되지 않는다.

중국은 1800년대 후반부터 겪은 해외 열강의 침략과 여기로부터
시작된 국가의 침몰과 전쟁, 기근, 내전, 혁명 등을 거치면서 많은 변
화를 갖는다. 최근으로는 중국식 사회주의를 실천해 가는 과정 속에

서의 새로운 사회 체제와 그에 따른 고유한 문화의 생성으로 중국인 특유의 사고가 만들어졌다. 물론 그것이 꼭 과거 전통과의 완전한 단절을 의미하는 것은 아니지만 근대 바깥세상의 급격한 변화와 함께 지속된 중국 내의 묵직한 사회 변혁들은 과거 전통으로부터 상당히 동떨어진 삶을 살게 된 전혀 새로운 모습의 중국인들을 만들어낸 것이다. 그래서 한국인들이 비즈니스를 진행함에 있어 잘못 이해하고 있는 중국인에 대한 관념이 전제가 되어 종종 섣불리 예단하고 최종 결정하여 일이 원만치 않게 되는 경우가 종종 있게 된다. 예를 들면 "유교 국가의 후손들이며 대륙 기질을 가지고 있으며 호방한 문화를 가진 사람들"이라고 판단하는 것과 같은 일들이다. 꼭 그렇지 않다고 단정 지어 얘기하는 것에는 무리가 있겠지만 과거 사람들에 비해 문화도 사고도 매우 많이 달라져 있는 것은 분명하다. 한국과 중국의 과거에서 많이 유사했던 문화가 완전히 달라진 배경에는 바로 유교라는 오랜 문화에 대한 서로의 상반된 대접에서부터 시작된 이유가 크다.

중국인들의 사상을 지탱해 오던 유교는 열강의 침입으로 시작하여 서구 문명을 받아들이는 과정에서 시름시름 앓기 시작한다. 중화민국이 성립되고 왕권 상징 중 하나인 과거제도가 폐지되는 과정을 지나 신중국 성립 이후에는 유교의 존재감이 완전히 사라지게 된다. 폭력이 동반되며 수십 년간 혼란했던 시대는 중국의 전통문화도 뿌리째 흔들어 놓았으며 아직까지도 과거의 유교를 대체할 만한 새로운 도덕 체계는 만들어지지 않고 있다. 최근의 중국 사회는 역사상 가장 극심하게 도덕이 붕괴되었고 염치를 잃어버린 사회라고 평해진다. 경제는 발전해 가고 있지만 그럴수록 사회는 삭막해지고 개인의 이익만을 추구하게 만드는 풍토는 사람들의 정신세계마저 붕괴시키고 있는데 이를 올바로 치유할 수 있는 신앙을 아직 찾지 못하고 있는 듯하다. 특히 10년간 대륙을 신음케 했던 "문화대혁명"은 확실하게 유교의 종말을 선언하게 되는데 이러한 과정들은 중국인들 사고 원형의 변화에도 많은 영향을 주었다. 중국인들로부터 떼어 내진 유교로 인해 한국인들이 과거의 중국과 현재 중국을 자연스럽게 이어 볼 수 있는 커다란 연결 고리를 잃어버린 듯한 느낌을 갖게 한다. 신중국에 들어 공자와 유교에 도대체 무슨 일이 있었던 것일까?

공자의 흔적을 찾아 산둥성(山東省) 취푸(曲阜)를 거쳐 타이산(泰山) 정상까지 올랐다가 돌아온 여행이 있었다. 베이징에서 상하이행 고속철을 타고 두 시간 남짓 달리다 보면 산둥성 지역에 들어서고 사방 모두 평원인 곳에 불현듯 산이 하나 우뚝 나타나는 데 바로 타이산이다. 평원에서 갑자기 솟아오르는 타이산을 보게 되면 높이가 1,500m 남짓임에도 불구하고 왜 옛사람들이 영산(靈山)으로 여겨 복을 빌었는지 실감이 된다. 한국인들에게 있어 타이산은 어릴 때부터 들어 왔던 아마도 가장 익숙한 중국의 산인지라 기억은 특별했다. 과거 천제(天祭)를 지냈던 황제의 산은 이제 케이블카로 중턱까지 가볍게 오를 수 있는 인민들의 놀이동산 정도가 되었다. 지금도 인민들은 오래전 황제가 기원했던 것과는 다른 세속의 소망을 이루고자 자기 키만 한 향을 짊어지고 계단을 올라 산정을 향하고 있다. 정상으로 향하는 계단 주변으로는 불교 사찰이 있고 도교 사원이나 유불도가 혼합된 듯한데 뭔가 기묘한 느낌을 주기도 하는 장소들이 즐비하다. 구복하는 사람들로 북적이다 보니 겉으로만 보면 유교에 불교, 도교까지 모두 타이산에서 새롭게 부활하여 흥성하는 느낌이다. 모두 타이산 관리소로부터 장소를 임대받아 차린 곳들이라는데 조금만 자세히 들여다보면 정통 종교와는 거리가 있어 보이는 의식이며 상징물로써 복(福)을 장사하는 소란스러운 상점들이다. 그런데 오히려 대부분 평소 종교적 신앙을 가지고 있지 않은 관광객들이 즉흥적으로 기복하고 위안을 받기에는 썩 잘 어울리는 분위기다. 관광지를 겸한 중국의 유명한 산들은 모두 타이산과 흡사한 현대 중국인들의 신앙을 잘 볼 수 있는 곳이다. 최근에는 유명 사찰이 있는 산등성이나 호반, 해안가 등 전망 좋은 곳이면 유행처럼 우뚝우뚝 세워지는 것이 불상이다. 높이가 100m가 넘는 초대형 불상들을 각 지역 사찰이나 관광 관련 기관들이 주관하여 속속 세우는 것인데 중국 전역에 이미 많다. 108m 정도로 높은 거대한 지역 상징물들을 인위적으로 만들어 인민들에게 입장료를 거두는 목적이 우선인 것이다. 종교가 깊이 뿌리 내리지 않은 사회 분위기가 만들어 내는 또 하나 중국 특색의 비즈니스다.

타이산과 인접한 동네 취푸는 공자의 고향으로서 위패를 모셔 놓은 공묘(孔廟)가 있고 매년 공자 탄신일을 맞아 제례가 지내지는 곳이며 역대 제왕들이 공자에 대한 존중을 담아 새겨 세운 각종 비석이 있는 곳이기도 하다. 공자는 기원전 551년도 사람이니 벌써 2,600년이 다 되어 가는 정말 고인(古人)이다. 지구 상에서 보통 사람으로서 그렇게 오랜 세월 동안 범국가적으로 후대들에게 기억되는 특정한 인물도 없을 것이다. 그런데 공묘에서 확인한 파괴는 충격적이었다. 비석의 숲(碑林)이라고 불릴 정도로 많은 비석들은 거의 다가 동강 난 것을 접합한, 뚜렷한 상흔을 안고 있었다. 문화대혁명 당시 마오쩌둥의 공자 비판 발언과 함께 집중적인 파괴가 진행된 것이다. 2,500여 년간 중국 최고의 지성과 인격으로 존중받던 공자가 후손들로부터 변혁과 진보에 반대하는 반혁명사상가로 비판받은 것이다. 공묘는 비판이 진행되는 구체적 장소가 되었고 몇 날 며칠 동안 홍위병들의 파괴로부터 만신창이가 된다. 역대 제왕들이 헌비한 거의 모든 비석은 어린 홍위병들에 의해 파괴되어 잘리고 동강 났다. 역대 제왕의 비문들이 존중 대신 최소한의 가치도 가지지 못하고 철저히 파괴될 만큼 어린 홍위병들은 무지하고 거칠었다. 중국 전역의 문물과 유적, 개인이 소장한 골동품에다 조상을 기리는 소장품까지 과거의 모든 것은 부정되고 소멸되었다. 공산당의 명에 의해 특별히 보호되지 않은 것들은 홍위병들에 의해 모조리 부서지고 불타 버렸다. 티베트의 오래된 사원은 돼지사육장으로 변했고, 영프 연합군에 의해 파괴되고 소실된 아픈 역사를 지닌 원명원(圓明園)은, 보호를 받아야 마땅할 후손들로부터 또다시 파괴되었다. 아직까지 중국인들 자신들도 설명하기 어렵고 꺼려지는 1966년부터 1976년까지 무려 10년간 혁명의 시간들이 어떠했을까 부분적으로나마 짐작이 가는 상황들이다.

공산당에 의해 부정된 유교와 공자는 잠시만 잊었어도 좋았을 텐데 너무 오랫동안 철저히 파괴된 아쉬운 시간을 지내게 된다. 아픈 역사는 사실 그리 오래전 일도 아니다. 그 시간을 겪어 온 사람들이 바로 지금 우리가 만나고 있는 중국 사회의 중장년들이다.

현재 중년 이상 연령층을 포함한 대부분의 중국인이 오랜 시간 동안 이웃도 친구도 가족들까지도 불신할 수밖에 없었던 혁명의 분위기 속에서 극도로 말을 아끼며 조심조심 살아야 했던 시절이었다. 중국인들과 같이 일을 하다 보면 가끔씩 정말 사고의 차이가 크다고 느껴질 때가 있다. 많은 중국인들은 어지간한 상황이 아니라면 "모른다"거나 "잘못했다"라는 부정의 사실을 좀처럼 인정하지 않는다는 공통점을 문화처럼 가지고 있다는 것이다. 그런 불편한 경험들이 자꾸 누적되면서 이런 것은 도대체 왜일까, 어디서 온 문화일까라는 의문을 갖게 한다. 오랜 관찰의 결과, 그것은 혁명의 시절 생존을 위한 자구 본능으로써 만들어진 습관들이 아직도 사회 속에 깊숙하게 배어 있는 결과일 것이라는 결론을 가지게 된다. 업무를 진행하다 보면 얼마든지 발생될 수 있는 실수에 있어 "모른다, 잘못됐다, 잘못했다"라고 표현할 수 있는 감정이 인색한 것이 아니라 필요 이상의 부담을 가지고 심지어는 두려움까지 가지는 문화가 존재하고 있다는 것에 대한 이해가 필요했던 것이다. 사제 간에 비판이 일고 이웃이 적이고 심지어는 가족을 의심하고 고발까지 했던 인간성 상실의 시기에 그 참혹한 시간 동안 어떠한 인성이고 이성이며 도덕이든 온전했을까? 이제 그 시대를 겪은 사람들은 늙어 가고 세대도 바뀌면서 그런 상흔들은 점점 사라지고 있다. 반면에 시간이 흐르면서 돈 이외에는 어느 것도 인정 않는 배금(拜金)의 시대가 확실하게 중국에 펼쳐지고 있다.

혁명이 지난 후의 30여 년 변화는 실로 급진적이어서 피상의 발전 정도만을 가지고 본다면 서방 선진국들이 100년, 200년 이상의 시간을 가지고 이룬 성과에 버금간다 하는 평가도 있다. 놀라운 성장을 거치면서 이제 민생의 어려움은 기본적으로 모두 극복하고 새로운 현대 중국으로서 물질적 풍요를 갖췄다. 그런데 공허하다고 말하는 중국인들은 점점 더 늘어 가니 무엇 때문일까? 많은 사람들이 부유해졌고 혁명과 같은 요동치는 세월도 다시 올 것 같진 않지만 아직도 사회 분위기는 미래를 불안해하지 않을 만큼 아늑하고 편안하게 느껴지지 않는 한구석이 있는 모양이다. 현대를 살아가는 중국인들이 스스로 느끼는 사회 분위기는 어떤 것일까? 누구나 누릴 수 있을 것 같은 풍요가 흘러넘치는 세상이 된 것도 같은데 무언가 마음은 더욱더 공허해지고 채울 방법은 없어 허공에 매달린 것과 같은 느낌이랄까? 자신들의 나라에 대해서 갖는 느낌은 또 어떤 것일까? 세계 경제대국이 되었고 이제 아무도 과거처럼 함부로 하지 못할 강한 국가가 된 것 같은데 크기와 규모와 숫자가 주는 중량감 말고는 지구촌 사람들로부터 특별히 존중받을 만한 것을 지니고 있지 않은 문화의 열패감이랄까, 물질에 비해 많이 결핍된 문화에 신음하고 있다고나 할까, 무엇으로 치유하고 채울 것인가?

중국은 불교나 기독교처럼 특별한 종교가 발생되었거나 여타 국가들처럼 국가적인 종교도 가지고 있지 않은 나라다. 티베트나 서역과 같은 특정한 곳 소수민족들의 종교 활동만이 두드러질 뿐이다. 지구촌 사람들 중 종교를 갖지 않은 사람들의 대부분이 중국인이라는 말도 있다. 어쩌면 조만간 중국을 추월해서 세계 최다 인구를 가지게 될지도 모를 이웃한 "신의 나라" 인도와는 매우 대조적이다. 사회주의를 걸어온 중국의 특별한 근대사를 볼 때 사실상 종교에 대해서 매우 민감할 수밖에 없을 것이다. 그런 배경에서 세계 180여 개국과 수교를 맺고 있는 바티칸국이 가장 많은 인구를 가진 나라와는 아직 수교되어 있지 않은 아이러니를 가진다. 그래서 결코 많지 않은 수의 중국 성당은 외국인과 내국인들의 미사 시간을 엄격히 구분하는 등의 별난 특색을 가진다. 법적으로 종교를 허용하고는 있지만 결코 제창하지는 않는지라 종교를 갖고 싶어 하는 사회 분위기로 확변할 것 같아 보이진 않는다. 구복하고 기복하는 일이 많아진 세상이라 새롭게 부흥하고자 하는 불교와 도교로 향하는 사람들이 늘어나고 있지만 스님도 법사님도 신도들도 종교에 인색했던 시간들을 오래 보내서 그런지 무언가 아직 좀 엉성해 보이기도 한다. 그래서 종교인들로서는 저 멀리 티베트의 라마승들이 유독 돋보인다.

국교(國敎)가 없는 중국에서 인민들이 공통적으로 화합하고 의지할 만한 것이 무엇인지는 뚜렷하게 보이지 않는다. 당(黨)과 혁명의 시대는 계속되고 있지만 사람들은 당을 더 이상 신앙으로 하지는 않는다. 편안하게 기댈 수 있는 무엇인가가 점점 더 필요한 세상이지만 14억 인구가 모두 가치라고 판단하고 공유할 수 있는 그들만의 문화가 제대로 찾아지지도 않고 만들어지지도 않고 있다. 결국 중국 정부도 지식인들도, 인민들의 문화적 갈증을 해소하고 공허를 채워 주며 대외적으로는 중국의 오랜 전통문화를 새로운 중국으로 복고시킬 수 있는 무엇인가를 반드시 찾아내야 하는 더 이상 미룰 수 없는 숙제를 풀어 가기 시작한다. 과거 찬란했던 5천 년 자신들의 문화에 대한 신뢰를 회복하고 새로워진 중국인들이 자부심을 가지고 단결할 수 있는 문화 국가로의 건설이 필요함이다. 이를 위해 우선적으로 그토록 밀쳐 내고 부정했던 옛사람 공자를 부활시키기로 한다.

1949년 신중국이 출범하면서 중국의 역사와 함께 지속해 왔던 공자 제례는 유명무실화되었고 문화대혁명 때는 완전히 폐지가 된다. 1984년이 되어서야 민간행사로 다시 시작되었고 지금에 이르러서는 국가 차원의 행사로 격상되어 중앙TV가 매년 생중계하고 있다. 잊혔던 공자를 부활시키고 존엄을 주고자 하는 노력은 곳곳에 많은데 교사절(敎師節)을 공자 탄신일로 바꾸자는 의견도 늘 진행형이다. 몇 해 전에는 공자의 동상을 톈안먼 광장 중국역사박물관 정문 앞에 세웠다가 갑작스러운 공자 부활의 요란스러움에 논란이 일자 그 민망함에 슬그머니 자리를 옮기는 일도 있었다. 본격적인 공자 사랑이 시작된 것이다. 공자는 또 세계 곳곳에 세워진 공자학원이라는 이름을 통해 외국인들에게도 다가선다. 공자학원을 통해 중국어를 가르치고 전통문화를 알리는 데 이미 많은 예산을 쓰고 있다. 국가에서 지원하는 중국어 학원에 "공자"라는 위대한 문화 아이콘을 붙인 것인데 최초의 공자학원은 2004년 서울에 설립되었고 전 세계 100여

개 국가에 만여 명의 교사들이 본국에서 파견되어 외국인들에게 중국어를 가르치고 있다.

　오래전인 80년대 말 대만 타이베이(臺北) 공묘에서의 공자 제례에 참석할 기회가 있었는데 이른 아침부터 제악과 함께 오랜 시간 진행된 성대한 의식이었다. 그 성대함은 중국인들의 정신세계에 가장 깊은 영향을 준 공자의 제례를 통해 중화민국 정통의 적자임을 알리고자 하는 대만의 의도를 충분히 짐작하고도 남게 했다. 실제로 공자의 77대 적손은 1949년 장제스(蔣介石)와 함께 대륙을 떠나 대만으로 가서 관직을 가졌었다. 1939년 중국 대륙에서 공자 탄신일(9월 28일)을 기념해 제정된 교사절은 지금까지도 대만으로 이어지고 있다. 중국 대륙의 공자가 공산당과 인민들에게 잊혀 가는 시간 동안 공자는 적손과 함께 대만에서나 한국과 베트남에서까지도 건재한 것이다. 아주 유명했던 홍콩 영화 〈영웅본색〉의 주인공이 30여 년이 지나 주연한 〈공자〉라는 영화가 몇 년 전 중국에서 상영된 적이 있다. 대륙에서의 공자 부활 붐을 타고자 많은 비용을 투입하고 노력했지만 흥행은 그리 잘되지 않았다. 여러 노력을 통해 중국을 세련되고 품위 있는 국가로 만들기 바라는 중국인들의 마음속에 공자는 온전하게 부활해 올 것인가?

13

식문화로 살펴보는
빈부 차

한때 중국인들이 완전 무료로 식사를 한 적이 있었다. 1950년대 말 마을마다 조직된 인민공사에서 식당을 만들어 식사를 제공했는데 공짜라기보다는 보상으로써 온 식구들이 하루 세끼 공동 식당에서 식사를 할 수 있었다. 1950년대 말의 대약진운동은 획기적인 농공업 발전을 위한 효율적 관리 방안의 하나로써 집안의 밥솥에서 숟가락까지 철붙이라면 모두 공출되었으니 공동 식사는 아궁이에 불을 지피지 못하게 된 것에 대한 당연한 보상이기도 했다. 당시 전국 농촌에 300여만 개의 식당이 만들어졌다. 그러나 물자가 부족했던 사회라 오히려 왕성한 식욕을 감당해 낼 관리 방법도 없었고 다른 여러 부작용까지 나타나면서 공산주의의 실험과도 같았던 무료 집단 급식은 실험 단계에서 중지된다. 신중국 초반기 농촌을 이끌었던 인민공사는 실질적으로 공산당이 임명한 책임자들에 의해 관리되는 사회였다. 어떤 농작물을 심고 어떻게 재배하고 수확물을 어떻게 분배하는지도, 공동 식당을 운영하는 일도 모두 인민공사의 일이었다. 그렇다 보니 일반 구성원들의 책임 의식이 결여되기도 하고 여러 가지 면에서 적극성이 떨어질 수밖에 없었던 것이다. 그래도 한때 마을마다 만들어진 공동 식당에서 매일 세 차례씩 이웃들이 대거 모여 왁자지껄한 분위기에서 똑같은 먹거리를 공평하게 먹었다는 점이 흥미롭긴 하다. 풍족하진 않았지만 최소한 이웃과 먹는 것에 대한 차별이 없었던 시절이 중국인들에게 있었다. 지금은 그 시절의 그리움인지 "인민공사 식당(人民公社飯廳)"이라는 간판을 내건 복고풍 식당들도 곳곳에 생겨났다. 사회가 여유로워졌다.

그런데 결핍의 시대를 지나 여유로움 속에서 오히려 뚜렷하게 차별되어 나타나는 사회현상이 바로 부자와 가난한 자들의 먹거리에 있는 양극화다. 삶의 가장 기본적인 요소인 먹거리의 차이는 바로 한 사회의 분위기를 가늠할 수 있는 또 하나의 척도인데 점점 더 그 간극이 벌어지고 있다. 빈한한 사람과 부자인 사람이 마주하는 음식 수준의 차이가 짧은 세월 동안 너무나도 크게 벌어져 놀라움을 느끼게 한다. 이런 현상은 중국이 부유해질수록 심화되어 가고 있는데 이를 가장 절감(切感)할 수 있는 곳은 물론 각양각색의 식당이다. 이미 심각한 사회문제가 된 중국의 빈부 격차를 음식 문화에서 이야기한다.

깃발을 따라다니지 않고 홀로 걷는 것을 좋아하는 여행객들은 중국을 여행하는 외국인들이 잘 가지 않게 되는 중국인들의 일상 속

식당을 찾아보곤 한다. 실제로 주변에는 가장 평범한 중국인들이 평소에 가는 식당의 음식을 맛보겠다며 도시의 좁은 뒷골목 작은 음식점들을 굳이 찾아가기 좋아하는 지인도 있다. 전자인 경우도 후자의 경우에도 외국인 관광객으로서 찾았던 식당과의 가격 차이에서 일단 놀란다. 일반적인 중국 식당들의 음식 가격은 소득이나 다른 물가에 비해 그래도 저렴한 수준이다. 많은 중국인들이 아침식사부터 매식을 하는 이유에는 거의가 맞벌이를 하기 때문이기도 하지만 음식 가격이 기본적으로 소비해 낼 수 있는 수준이기 때문에 가능한 것이기도 하다. 반면, 여유 있는 사람들이 찾는 식당은 같은 음식이라도 몇 배에서 십여 배까지 차이가 나곤 하는데 이 가격의 차이가 여타 국가와는 비교가 안 되게 크다. 나날이 특이한 식당이 생겨나면서 음식값이 터무니없이 마구 비싸지는 것도 중국 사회의 또 하나 특색이다.

비즈니스를 하다 보면 가끔씩 중국인들의 초대를 받아 좋은 식당에도 가게 되는데 그 호화로움과 비싼 가격에 놀란다. 중국의 부자들이 만들어 가고 있는 고급 음식 문화는 상상하기 어려울 정도로 고가이며 지나치게 체면적이고 과시적이며 권위적이기까지 하다. 그럼에도 갈수록 음식은 다양해지고 비싸지며 서민들과는 점점 더 양극화되어 가지만 부유한 사람들은 오히려 그 차이를 확인하고 싶어 더욱더 고급스러운 것을 찾곤 한다. 중국 음식은 쉽게 접하지 못하는 다양하고 요상한 고급 식자재를 가지고 엄청난 가격을 쉽게 만들어 내는 특성도 가진다. 대표적인 식재료가 바로 샥스핀, 해삼, 전복이며 진귀한 생선, 제비집, 바닷가재, 고급 버섯 등이다. 모두가 식탁 위에서 그 존재 유무에 따라 고급스러운 식사인지 아니면 그냥 서민들의 식사인지를 명쾌하게 구별 지어 주는 대표적인 식재료들이다. 특히 샥스핀은 규모 있는 비즈니스나 중요한 식사 자리에 빠뜨리지 않는 것이기도 하다. 이런 것들로 만들어진 음식은 비싼 경우 일인분이 노동자들 한 달 임금분에 가까운 것들도 있고 아니더라도 일주일 일당은 가뿐히 넘는 것들이다. 그러니 가난한 자들의 음식은 중국인들이 음식에서 강조하는 색(色)과 향(香), 맛(味), 뜻(意)과 모양(形)의 다섯 가지 요소가 갖추어진 음식과는 거리가 멀 수밖에 없다.

중국의 음식점에서 고급을 상징하고 제대로 된 접대를 하고 있음을 상대방에게 인지시키고 또 대접받고 있음을 확인해 주는 인증 메뉴가 바로 샥스핀인지는 이미 오래됐다. 가장 대표적인 체면의 음식이다. 중국인이 샥스핀을 먹기 시작한 때가 명나라부터였고 청나라 건륭제 때 이르러서는 보신 음식으로 유행하기 시작하여 고급 연회에 빠지지 않는 특식으로 진화했다는 기록이 있다. 그런 전통이 이어져서인지 소득이 늘면서 중국 사회에서의 소비량은 급증하게 되는데 급기야는 대부분 샥스핀은 전분으로 만들어졌다 할 정도로 짝퉁이 기승을 부린다. 몇 해 전 극점의 소비량을 보인 후에는 점차 소비량이 주춤해지는 추세다. 상어를 보호하고자 하는 세계적인 운동에 발맞추어 중국 일부 호텔에서는 자발적으로 판매를 중지하는 등 중국인들 스스로도 성찰을 가지면서 상어들의 수난도 줄어들고 있는 듯하다.

밥 말아 먹는 샥스핀처럼 중국은 소득 증대와 함께 새로운 종류의 요리가 늘 만들어지고 있다. 그 뿌리를 물어보면 대개 새로운 음식이라 하지 않고 전통의 계승이며 복고로 이야기하지만 분명 다 그렇지는 않을 것이다. 근대 오랜 혼란의 시간들 속에서의 여러 가지 결핍은 음식의 진화나 전래에도 영향을 주었을 것이고 따라서 지금 만나는 중국 음식들 중에는 후에 새롭게 창의된 음식이 적지 않다. 그런 데다 태국과 말레이시아, 호주, 멀리 남아공에서까지 각종 식자재를 공수해 와 새로운 형태의 고급 음식들을 잘도 만들어 낸다. 마치 과거 황궁에나 진상되었을 것처럼 호화롭고 요란한 음식들을 만들어서는 뻔하게 아닌데도 실제 궁중 음식이었다고 자랑하는 경우는 많다. 중국도 궁중 음식들이 대거 거리로 나선 것은 아닐까? 프랑스 대혁명 이후 궁중의 많은 요리사들이 직업을 잃고 거리로 나와 식당을 차리면서 프랑스 요리가 많이 발전하고 그 식사 문화가 세계문화유산으로까지 등재가 되었다는데, 중국의 웬만큼 고급 음식들의 식자재만을 보면 충분히 궁중 음식 수준이고도 남는다.

고급 음식을 즐기며 서민들과의 양극화를 이끄는 계층이 있다면 공권을 가지고 있으며 공금도 사용할 기회가 있는 공무원과 국영기업들 사람이 대표적이라 할 수 있다. 유명 산지의 술과 함께하는 이들의 식사는 고급스럽고 호화로운 것으로 유명하다. 그런데 그들의 화려한 식사가 제약을 받기 시작했다. 정부가 나서서 구체적인 규정과 금지 사항을 정하여 강력하게 규제함으로써 공금을 사용한 고급 식사와 술은 자취를 감추거나 모양을 바꾸게 된다. 적어도 표면적으로는 지위 있는 사람들의 식사 자리에 늘 등장하던 고급 백주가 모습을 감추게 된다. 고급 백주의 대표 선수인 "마오타이주(茅台酒)"는 줄곧 외국 사절을 접대하는 일종의 "관주(官酒)" 역할을 하며 함유된 정치색과 권력에서 오는 특수한 소비 심리로 중국인들을 늘 자극한다. 그런 특수함을 가진 고가의 술은 쉽게 접하기 어려운 인민들과의 위화감을 조성하는 대표적인 것이고, 누릴 수 있는 권력의 공무원들은 은근히 그런 우월함을 즐겼는데 공식적으로 그 지위를 박탈당한 것이다. 역설적으로 일정 이상 지위에 있는 사람들이 얼마나 서민과 동떨어진 양극화 음식 문화를 만들어 향유해 왔는지를 얘기하는 것이기도 하다. 호화로운 식사를 하는 계층들의 문화가 일반 인민들과의 괴리가 너무 커서 그 사회적 비난의 수위는 매우 높다. 그래도 먹거리를 가지고 과시하고 부러워하는 사회 분위기가 쉽게 변할 것 같지 않다. 그러고 보면 중국인들이 신기해하는 한국의 밑반찬 문화는 어쩌면 본능 앞에 있는 사람들에게 평등을 주는 문화인지도 모른다.

중국인들은 먹는 것이 곧 하늘(民以食爲天)이라 여기며 "먹는다는 것"을 어느 나라, 민족 못지않게 중시하는 문화를 가진 사람들이다. 다른 것들이야 차이를 인정하고 쉽게 감내할 수 있지만 먹는 일에서의 불평등한 것은 마음으로 쉽게 받아들이기가 어렵다. 평범한 중국인들 입장에서는 이렇게 먹거리마저 양극화가 심해진 상황에서 그래도 공산당이 일부 부(富)의 특권을 가진 자들의 권한을 제약도 하고 때로는 엄벌하고자 하는 강력한 의지를 보이니 쓰린 마음이 조금은 달래질 것 같긴 하다. 그런데 경제력이 생기면서 음식에 대한 과소비도 문제가 되고 있다. 일 년에 과소비로 소비되는 음식량이 자그마치 2억 인구가 일 년을 먹을 만큼이라며 절약하자는 공익광고가 계속된다. 2020년이 되면 중국에서 필요한 식량의 약 5% 정도가 부족하다는 전망도 있는데 지금처럼 베트남이나 파키스탄, 태국처럼 인접한 국가들로부터 값싼 식량을 지속적으로 구입할 수 있는 환경이 된다면 다행이겠지만 식량 수급에 무슨 큰 문제가 생긴다면 세계인들에게까지 영향을 미칠지도 모를 일이다.

해마다 수가 증가하고 있는 도시민들은 육류에서부터 채소, 식용유, 계란 등과 같은 평범한 먹거리까지 농민들과 비교했을 때 월등한 소비량을 보이고 있어 이미 많은 양의 여러 가지 먹거리들이 해외로부터 수입되고 있다. 굶주림을 처절하게 경험한 중국으로서 먹는 것은 정말 민감한 문제가 아닐 수 없는지라 생산량 증대나 종자 개량 등과 같은 정책을 공 들여 펼쳐 오고 있기는 하나 몇 년 전부터 식량 수입국이 되어 버린 것이다. 도시화에 따른 농지 면적의 감소도 원인이고 농민들에게 지급된 소규모 토지의 비효율적인 기술 경작도 이유이며 매년 2천만 명씩 도시로 유입되는 농민들로 인한 노동력 감소의 원인도 있다. 도시민들의 음식 과소비도 도농 간의 빈부 격차를 잘 보여 주고 있는 예다.

빈부 격차를 나타내는 지니 계수가 중국은 얼마일까? 극심한 빈부차를 나타내기 시작하는 정도의 수치인 0.5에 가깝다. 중국의 통계에 의문을 제기하며 더 높을 것이라는 사람들도 적지는 않은데 그대로 믿는다 하더라도, 공평의 나라에서 출발하여 개인차가 생긴 변화가 진행된 세월은 불과 30여 년인데 그 차이의 정도가 놀랍다. 양극화 문제로 시끄러운 것은 한국도 만만치 않은데, 수치만을 놓고 보면 중국이 두 배에 가까우니 그 큰 격차를 짐작할 만하다. 중국은 정말로 먼저 된 부자가 나머지 사람들을 부유케 해야 한다는 덩샤오핑(鄧小平)의 어록이 실천되어야 할 시기가 됐지만 점점 더 심각해지는 배금사상은 오히려 양극화를 더욱더 심화시키고 있는 것처럼 보인다. 중국인들은 작금의 빈부 현상에 대해 다음과 같이 표현한다. "돈이 많은 사람은 가난한 사람을 무시하는 한편 자신들의 상실된 인성을 두려워한다. 가난한 이들은 돈 많은 사람들의 노예와도 같이 됨을 두려워하는 한편 부자들과 관료들을 심히 원망하는 세상이다."

개혁개방의 병폐는 바로 사람들 간에 계층이 형성되고 신분의 차별화가 점점 뚜렷해지고 있다는 것에도 있다. 돈과 권력의 유무에 따라, 직업이나 호적지에 따라 또는 자동차와 집의 소유 여부에 따라 중국인들 사이에는 가지고 있음을 과시하고 또 그것이 없음을 인정하는 풍토가 이미 짙어졌다. 그런데 그 격차의 정도가 일반적인 국가들에서의 정상적인 범위를 매우 많이 벗어났다고 염려하는 사람들은 많다. 빈부 격차 문제는, 사회적으로 점점 더 쟁론화되어 가고 있고 그럴 필요가 있음을 중국인들 스스로도 확실히 느끼고 있는 사회 분위기다. 정상적인 사회가 허용하는 상식 범위 내에서의 축적된 부가 아님을 비판하며 이들 부자에 대해 가지는 악감정은 적지 않다. 시간이 갈수록 격차가 더욱더 벌어질수록 오래전 송나라 시절 농민들이 외쳤던 귀천도 없고 빈부의 차이도 없는 "등귀천균빈부(等貴賤

賤均貧富)"라는 목소리도 다시 세상으로 나와 소리가 커진다. 중국이 부강해질수록 점점 커지는 빈부 차를 어떻게 지혜롭게 완화해 갈 수 있는지도 세계의 관심사다.

14

두 세대 간 깊어진
다이거우

한곳에 오래 머무르다 보면 무엇이든 익숙해지면서 깊은 이해를 가지게도 되지만 중국인들의 삶은 그 변화가 너무나 크고 달라 오랜 시간을 머무르며 관찰해도 깊은 이해를 갖는 것이 결코 쉽지 않다. 특히 파란의 근대사를 보낸 중국 중장년층 이상의 삶을 이해하기란 정말 어렵다. 외침(外侵), 전쟁, 해방, 내전, 혁명, 개혁으로 점철된 혼돈 속에서 숨조차 제대로 쉬기 어려웠을 불안과 두려움의 세월을 견뎌냈을 고통을 상상해 보면 저절로 깊은 연민이 생겨나기도 하지만 한국인으로서 그들이 지낸 시간들이 어떠했는지 충분히 이해한다는 것은 어렵다. 1940년대 이전에 출생한 이들로부터 시작하여 1960년대 출생한 사람들이 겪은 세월은 노도와 같이 거칠고 힘겨웠다. 가까스로 어려운 시간들을 뒤로하고 지금은 전혀 새로운 세계에서 살아갈 수 있음에 비로소 안도한다. 그리고 그들과는 달리 출생 때부터 새로운 세계에서 살아와 이제 사회의 주역이 되어 가는 세대들에게 차츰 자리를 내어 주고 있다.

90년대 중반 어느 겨울철 눈 내린 도로 사정으로 본의 아니게 신호위반을 하게 됐는데 교통경찰이 오른쪽 검지를 까닥까닥하며 오라 한다. 차를 세우고 한참을 처다보며 기다리는데 눈길조차 주지 않는다. 결국 다가가서 일을 처리했는데 말투며 표정이며 곳곳에 묻어나는 권위가 사람을 몹시 불편하게 했다. 90년대 중국 교통경찰의 전형적인 모습이었다. 지금쯤 세월 변화와 함께 친절한 공안국장님이 되었을까? 세상은 바뀌어 지금의 교통경찰은 억지로라도 친절한 표정을 담아 위반 차량을 단속하고 먼저 다가와 경례로써 예를 표한다. 이제는 그 무섭다던 공안도 불친절의 대명사였던 공무원들도 모두 몰라보게 달라지고 있다. 아직 친절에까지는 못 미치는 정도지만 적어도 과거의 권위주의적 태도는 정말 많이 사라져 가는 분위기다. 그런데 이런 변화는 사람들이 변해서라기보다 젊은 사람들로 세대가 바뀌어 가며 진행되는 변화라고 설명하는 것이 더 합리적일 것이다. 벌써 80년대 이후에 출생한 젊은이들이 중국 사회의 구심이 되어 가고 있다. 중국 정부의 지도자들도 많이 젊어졌다. 중국에 머무는 시간이 길어지다 보니 10년 주기로 새롭게 시작하는 중국 정부의 최고 지도자도 두 번이나 바뀌어 이제는 한국 베이비부머의 맏형 나이인 1953년생으로까지 젊어졌다. 늘 고령의 이미지로 비쳐졌던 중국 정치 지도자들도 세대가 바뀐 것이다. 중국 사회의 주역들도 젊어지면서 삶의 모습과 생활 방식도 과거와는 확연히 다름을 실감 나게 보여 주고 있는 것도 중국 사회의 또 하나 특징이다.

중국은 세대를 크게 나누는 뚜렷한 사건을 하나 가지고 있는데 바로 개혁개방이다. 이를 경계로 하여 전과 후의 전혀 다른 세계에 살게 된 사람들은 사고도 문화도 다르기 쉽다. 지금 중국 사회는 과거 사람들이 살아왔던 것과는 전혀 달라진 세상에서 성장한 세대들이 주역이 되어 가고 있는데 이들이 앞으로 만들어 가는 세상은 또 어떨 것인가? 오늘의 중국은 완전히 다른 세상에서 살아온 사람들이 공존하며 더러는 갈등도 겪으면서 계속 변화 중이다. 사회 곳곳의 마지막 책임자들 격인 50, 60년대에 출생한 과거의 사람들과 80, 90년대 출생한 자녀들은 서로 살아온 세상 배경들이 너무도 다른지라 세대 간 여러 문화적 갈등을 겪고 있다. 부모 세대와 비교적 차이가 큰 문화를 겪은 한국인 베이비부머의 관점에서 봤을 때도 중국의 세대 간 갈등은 더 커 보이는데 한 자녀만 있는 경우라면 더 안타깝게도 보인다. 새로운 중국을 그들의 방법대로 이끌어 온 혁명 2세대들과 이제 사회의 주역으로 성장해 가는 젊은 세대 간의 간극을 살펴보는 것도 중국인들을 이해하는 한 방법이다. 중국어로는 세대 차이를 "다이거우(代溝)"라고 한다. 세대와 세대 가운데에 도랑(溝)이 흐르고 있는 느낌이 연상되는 단어인데 삶의 배경이 너무나 달랐던지라 세대 간에 흐르는 도랑의 골이 많이 깊다.

아직도 중국 오지에는 도시다운 도시를 구경하는 일이 쉽지 않은 사람들이 많다. 농촌의 젊은이들이 처음으로 도시를 경험하게 되면서 부모와의 갈등이 생겨날 수 있는 배경인 것이다. 해마다 입시 철이 지나면 적지 않은 농촌 자녀들이 도시의 대학에 진학하게 된다.

휘둥그레지며 도시 생활을 시작하고 대학을 졸업하고 취직한 뒤 명절에 찾아간 고향집에서 자신과 완전히 다른 세상에 살고 있고 전혀 다른 사유 속에 있는 부모들을 발견하면서 진한 갈등을 가지게 된다. 가난한 농촌 자녀가 느끼는 도시에서 경험한 생활과 고향 부모 생활 모습의 차이가 100년에서 300년이 넘을 것이라 표현하며 미국의 현재를 사는 청년과 남북전쟁 시대의 부모 사이일 것이라는 비유도 한다. 급변해 가는 도시와 멈춰 서 있는 듯한 농촌 사이에 사는 부모 자식 간 갈등은 깊어 간다.

특별히 골 깊은 세대 차를 안고 사는 사람들은 누구일까? 50, 60년대 출생한 부모와 80, 90년대 태어난 자녀들의 관계가 특히 그렇다. 부모 세대들은 공산당과 함께 신중국 건설과 개혁개방으로 일생을 보낸 세대들이고 자녀들은 대부분 독생으로 소황제 대접을 받으며 부모 세대가 일군 새로운 세상에서 성장한다. 이 두 세대의 30년은 바로 개혁개방의 격변이 진행된 시기로서 변화무쌍하고 천지가 개벽하는 세월을 두 세대가 서로 다른 입장과 연령대에서 보내게 된 것이다. 30년 세월에 있어 힘들고 가난했던 시간을 간신히 지나 상상도 못했던 풍요가 넘치고 미래를 가질 수 있는 세상으로 변해 가는 경험이 부모들의 시간이었다. 반면, 자녀 세대는 출생 때부터 이미 충족해진 세상에서 부모와는 전혀 다른 조건의 인생을 시작하게 된다. 부모가 혁명가를 부르다가 대만이나 홍콩의 유행가를 몰래 들으며 어렵게 개방이 된 세대라면 자녀는 그들만의 서정을 담은 노래들을 부르며 자랐고 이제는 뜻도 잘 알지 못하는 한국 노래까지 흥얼거리니 그 정서적인 배경 또한 매우 다르다.

중국인들은 1963년생들을 특별히 기억한다. 지속된 대기근으로 인해 3년 동안 많은 사람들이 아사한 직후인 1963년에 신중국 성립 이후 가장 많은 약 3,000만 명의 토끼띠들이 태어나는데 당시 한반도만큼의 인구가 한꺼번에 출생한 것이다. 한국으로 치면 베이비붐머 끝 연령들인 이들은 이후로 오는 변혁의 중국 사회를 온몸으로 걸머져 왔던 상징들이다. 그들은 지금까지 젊은 세대들로서는 이해하기 어려운 지난한 세월을 겪어 온 사람들이기도 하지만 자녀들과의 세대 차이가 가장 심한 연령대이기도 하다. 60년대를 전후로 출생한 중국인들이 겪어 온 삶의 시대 배경을 잘 표현한 말이 있다. "태어나자마자 3년 자연재해로 몹시도 곤궁한 시기를 지냈고, 자라서 공부가 필요할 때에는 문화대혁명이 10년이나 지속되었으며 취업할 나이가 되었을 때에는 누구나 누렸던 철밥통들이 없어져 버렸다. 어렵사리 결혼하고 자녀에 희망을 걸고자 가족계획을 세우려 하니 나라에서는 하나만 낳으라 했고 아이 하나 낳아 지극 정성으로 교육시키지만 아이는 점점 더 화성인이 되어 갔다. 늙어 가며 자녀 도움이 필요할 때 아이는 반대로 도움을 받으려고만 한다."

반면, 80년대 이후 출생한 바링허우(80后)들의 넋두리다. "초등학교를 입학할 때는 대학 등록금이 면제되던 세상이었는데 막상 대학에 진학할 때가 되니 초등학교는 의무교육이 되고 대학교에는 등록금이 생겼다. 일할 나이가 되기 전에는 나라가 직장을 만들어 주는 세상이더니 스스로 어렵게 찾은 직장에서 받는 월급은 겨우 굶지 않을 정도다. 돈을 벌지 않아도 될 때에는 나라가 집까지 배급해 주었는데 막상 돈을 벌어야 할 때가 되어 보니 주택 가격은 구입할 엄두도 내지 못하게 올라 버렸다. 주식시장을 알기 전까지는 바보들도 다 돈을 벌었는데, 죽자고 주식을 샀더니 바보가 되었다. 전에는 자전거만 있어도 장가들을 잘 가더니 정작 결혼할 때가 되어 보니 집 없고 차 없으면 장가도 못 가는 세상이 되어 버렸다." 50, 60년대 출생한 사람들도 80, 90년대 출생한 젊은 사람들도 지낸 세월에 변화가 참으로 많았다. 50, 60년대 세대들은 급변하는 세상을 따라가며 적응해 간다는 것이 부모 입장으로서도 결코 쉬운 일이 아니었다. 옛날 방식대로는 도대체 대처가 되지 않는 세상이라 자녀들에게 당황함을 보이기도 하는데 자녀들은 그런 모습들이 잘 이해되지 않는다. 운이 좋아 갑자기 부자가 된 사람들은 급작스러운 변화가 영 어설프고 낯설고 어색해서 80, 90년대 자녀들에게 어떤 교훈을 주고 가르쳐야 할지 당혹스럽고 이를 바라보는 자녀들은 혼란스럽다. 중국의 준비되지 않은 벼락부자들이 겪는 갈등이다.

근간에 같이 일했던 많은 젊은 중국 직원들은 대부분이 바로 80년대 이후 출생한 세대들이다. 수년 전만 하더라도 중국의 신세대인 이들, 톡톡 튀어 보이는 바링허우에 대한 사회적 관심이 매우 높았는데 이들은 여러 가지 면에서 중국 사회 변화를 증언해 주는 관찰의 대상이었다. 개혁개방의 온전한 혜택과 풍요로움을 모두 안고 성장하여 신중국의 신주인공으로 살아가는 이들은 독특한 창의성을 가지고 있으며 기성세대와는 다른 가치관을 가지고 살아가는 세대들이다. 실제로 이들은 20여 년 전 중국에 막 정착하며 같이 협력하며 일했던 그들 부모 세대와는 많은 차별점을 가지고 있다. 무엇보다 중국 사회 이외의 세상을 보는 안목을 어느 정도 갖추고 있고 진취성이라든지 세계시장에 대한 관심이나 미래에 대한 가치관 등도 뚜렷하다. 업무에 있어 이들로부터 출발하는 합리적인 사고와 결정까지의 과정, 처리 진행 속도와 내용은 90년대 중반 같이 일했던 그들 부모 세대와는 확연히 다르다. 중국에 글로벌 기업들이 무수히 많이 자리 잡고 난 후의 두드러진 현상이기도 하다. 이러한 배경인지 중국에는 많은 젊은 부자들이 있다. 세계 부자들의 평균 나이인 50대 중반보다 15살 정도가 젊은 40대 전후가 중국 부호들의 평균 연령이다. 신생 비즈니스가 많은 중국에서 젊은 세대들이 부모 세대들과는 전혀 다른 새로운 안목을 가지고 기회를 잘 찾아 성공을 거둔 경우는 적지 않다. 중국의 젊은 세대들을 부모 세대들과 완전히 다른 관점에서 관찰해야 하는 이유는 참으로 많다.

중국의 부모들은 평생을 가꾸어 낸 자녀들이 결코 그들이 겪었던 험난한 삶을 되풀이하지 않을 것이라는 확신을 점점 더 가진다. 부모와는 완전히 다른 세상에서 경쟁력을 구비한 자녀 세대들은 한국의 동일 세대들과 한바탕 경쟁을 벌일 것이며 양국의 부모 세대들이 협력하고 경쟁했던 때와는 다른 입장에서 그들의 방식으로 살아갈 것이다. 중국의 변화는 더 이상 지금의 50, 60대가 겪었던 변화처럼 빠르게 진행되지는 않을 것이다. 천천히 변화해 가는 중국의 젊은이들을 늘 주목해 보는 것이 중국을 읽는 또 하나 방법이다.

중 국 의
새 로 운
문 화 코 드

보온병을 들고 다니며
차를 마시는 모습은 중국인들의
일상을 대표하는 이미지였지만,
이제 거리 곳곳이 커피숍이다.
젊은 세대를 중심으로 한
생활상의 변화는 먹고 마시는
기호의 문화에서도
예외가 아니다.

15

붉은색을
탐하다

수십 년간 왕래가 끊겨 궁금했던
중국인들을 만나기 시작한 것은 먼저 영화를 통해서였다. 첫 영화
는 1989년 중국 최초로 국제영화제에서 수상한 〈붉은 수수밭〉이다.
2012년 중국인 최초로 노벨 문학상을 수상한 모옌(莫言)의 소설『홍가
오량(紅高粱)』을 영화화한 것이다. 당시 대륙에 호기심 많았던 한국인
들에게는 감춰졌던 중국인들을 영상으로 만날 수 있는 귀한 기회이
기도 했다. 한중 수교 무렵에는 〈홍등(紅燈)〉이라는 제목으로 번역되어
상영된 영화 역시 저편 대륙의 중국인들이 살아왔던 근대의 모습을
보여 주었다. 각각 1930년대 항일 전쟁 시대와 1920년대 봉건 마지
막 시대를 배경으로 했다. 두 영화 속에서, 드넓게 펼쳐진 붉은 수수
밭과 길게 내걸린 홍등이 이어 내는 현란한 붉은색의 영상미가 매우
인상적이었다. 강렬한 붉은색으로 말하고자 했던 중국인의 삶은 어
떤 것이었을까? 얼마 후 베이징 현지 생활 속에서 붉은색이 중국인

들의 또 하나의 상징이자 삶인 것을 체감하며 살게 된다. 외국인 입장에서는 어떤 때는 아름다움이지만 또 어떨 때는 스트레스가 되기도 하는 붉은색(紅)이야기다.

　붉은색은 중국인들에게 절대적인 긍정의 색으로서 거의 흠결을 갖지 않는다. 생명이고 열정이며 희열이고 희망으로서의 의미와 함께 기쁨과 상서로움의 상징도 갖는 색이다. 생활 속에서 붉은색과 특별한 인연을 가지게 된 이유는 태양의 색으로서, 음양오행 중 불의 색으로서의 의미가 가장 크게 작용하기 때문이라고 중국인들은 해석한다. 그런 우주의 이치까지 다 보듬어 담아낸 깊은 뜻을 가져서인지 중국인들은 출생부터 붉은색과 함께한다. 붉은색으로 물들인 계란으로 출생의 기쁜 소식을 이웃들에게 알리고 출생 후 한 달의 만월(滿月)의식에서는 붉은 실을 아이의 목에 감아 축복하기도 한다. 붉은색의 절정은 결혼식이다. 결혼식은 붉은색의 초대로 시작되는 잔치다. 축의금에 대한 부담감으로 요새는 "홍색 폭탄"이라고도 불리는 붉은 청첩장은 다시 지폐 중 최고액권인 붉은 100위안짜리를 넣은 붉은 봉투 "홍바오(紅包)"로 답을 받고, 예복이며 온갖 장식품도 다 붉은색이다. 특히 온갖 붉은 것들이 사방에 내걸리는 춘지에(春節)는 온 세상이 붉어진 듯하여 그 과장됨이 이방인들로서는 홍색 스트레스를 받기도 한다. 대형마켓은 붉은색이 시각적으로 가장 자극을 주는 곳이기도 한데 12지(十二支)를 중시하는 중국에서는 자기 띠의 해에 행운을 바라며 붉은색 속옷을 입는 습속이 있어 어느 상점, 어느 시장을 가도 온갖 붉은색 옷가지들이 주는 요란함에 눈이 어지럽다.

붉은색은 생활 속에서 남성보다는 여성들과 더 가까운 색이라 할 수 있다. 고대로부터 여인들이 즐겨 사용했던 연지(臙脂)는 중국 전국시대 연나라로부터 시작되었다는 것이 정설이다. 꽃이나 석류를 원료로 만든 안료(顔料)로써 그림이나 여인들의 얼굴과 입술에 바르는 화장품으로도 사용되었는데 양귀비가 살았던 당나라 시절 매우 유행한다. 연지의 현대판인 립스틱은 붉은 입술을 연상케 하는 커우훙(口紅)이라고 한자의 맛을 한껏 내어 이름이 붙여졌다. 그런데 중국 여인들의 붉은색 욕망이 잠시 제한받은 시간이 있었다. 문화대혁명 때 한동안 립스틱 판매와 사용 모두가 중지된 것이다. 지금 한국산 화장품이 중국인들에게 엄청 팔려 나가는 상황에서 판매가 전면 금지되는 일이 다시 있을 수 있다고 상상해 본다면 정말 끔찍하기도 하다. 중국인들은 왜 생활 속에서 특별한 한 색갈에 몰입하며 살게 되었을까? 왜 유독 붉은색을 그리 좋아하고 친근할까? 그 기원을 아주 오래전 시대로 거슬러 올라가기도 하는데 바로 베이징원인(北京猿人) 유적지로부터다. 베이징 근교에 위치한 유적지는 어릴 적 배운 교과서 내용의 현장을 직접 가 본다는 설렘에 반해 실망스럽게도 자그마한 혈거지와 소형 박물관 달랑 있는 썰렁한 세계문화유산이다. 바로 그곳 유적지 암벽에서 붉은색 철분으로 그려진 흔적이 발견되었는데 이 홍 철분의 의미가 인류의 혈액으로써 영혼의 안식과 새로운 생명을 기원하는 의미를 담고 있다고 해석한다. 그리고 이것이 중국인과 관련된 붉은색의 문화 원류라는 주장도 있지만 현대 과학으로도 그들이 중국인들의 생물학적 조상인지는 확인할 길이 없는 듯하다.

그러니 굳이 고증하기도 어려운 수십만 년 전 멀리 원시시대까지 거슬러 올라가지 않더라도 고대 수많은 사료들 속에 중국인들이 붉은색 속에서 살아온 이야기들은 곳곳에 많이 기재되어 있다. 고대로부터 "적(赤)", "자(紫)", "홍(紅)", "주(朱)"에 "단(丹)"까지 모두 붉음으로써 사람들은 그 담농(淡濃)을 구별하여 애호하였다. 옛날 중국인들에 대한 모종의 환상도 보게 하는 소설 『삼국지연의』 속 홍안(紅顔)의 관우가 탔던 적토마(赤土馬)나 쯔진청(紫金城), 오성홍기(五星紅旗), 부적에 쓰이는 주사(朱沙)와 단풍(丹楓)들의 붉음이 주는 느낌이 문자와 사물과의 조화에 따라 다르게 느껴지는 것이다.

오행에서 흙을 나타내는 노란색도 중국인들이 좋아하는 대표적인 색이다. 중국 전통 사회에 있어 밝은 황색은 황제만이 쓸 수 있는 색깔이었고 짙은 황색은 재물을 상징하는 색으로서 존중받았다. 그런데 붉은색이 황제의 색깔인 황색에 버금하여 존중받기 시작한 때가 있다. 바로 농민 주위엔장(朱元璋)이 "명(明)"을 세우고 황제가 되고 난 이후부터다. 어찌 보면 주씨 성을 가진 사람이 홍건(紅巾)의 혁명을 통해 황제가 됐으니 붉은색을 좋아했음은 당연한 일이었는지도 모른다. 그 후 "청(淸)"으로 중국 대륙을 지배한 만주족은 특별히 좋아하는 기호 색을 가지지 않았으나 한족들이 위주였던 민간에서는 여전히 붉은색을 숭상하며 살며 지금까지 이어진다. 그런데 붉은색에 반해 황제의 색깔은 지금 엉뚱하게도 음란을 의미하는 색상이 되어 버렸다. 황색 소설, 황색 영화, 황색 유머 등에서 황색의 의미가 그렇다. 또 암표상이나 암표를 뜻하는 단어에도 쓰이는데 노란색이 이런저런 반사회적인 의미를 함유하게 된 것은, 1800년대 말 영국의 한 잡지 이름이 가진 의미가 중국에도 전파되었을 것이라는 이유 외에는 다른 사연을 찾기 어려우니 1800년대 말 외국 기세가 등등했던 당시 중국 사정을 유추해 보면 그럴 수도 있음 직한 해석이다. 붉은색이 그런 반(反)함의 의미 없이 거의 예외 없는 긍정의 뜻만을 내포하는 것과는 사뭇 다르다. 중국인들에게 있어 황제의 색은 그 의미가 이렇게 변질되었는데 백성들의 붉은색은 영속성을 가진 듯하여 흥미롭다.

문자로서의 "홍"은 붉은색을 의미하는 것 외에도 긍정적인 의미를 듬뿍 담고 있다. 현대적 의미로 해석해 보면 인기가 있다든지 사업이 잘되거나 유명해지거나 하는 의미들을 홍이라는 한 글자가 담고 있다. 게다가 이익이 남는다는 뜻까지 가지고 있으니 "홍"은 충분히 좋아할 만한 뜻을 가진 글자인 것이다. 이렇게 붉은색을 이야기하다 보면 심장 박동 수가 늘어나고 혈압도 좀 올라가는 듯하고 호흡도 다소 빨라지는 느낌이 오지 않는가, 거기에 혁명의 의미까지 더해진다면 어떨까? 중국인들이 전통적으로 지니고 있는 붉은색은 사회주의국가들에 있어 혁명의 상징 색임을 더해 더욱 짙어진다.

"홍군"이라 칭해진 마오쩌둥(毛澤東)의 군대는 혁명의 노래인 홍가(紅歌)를 부르며 고난의 대장정을 지나 마침내 대륙의 승리자가 된다. 톈안먼(天安門)에 오성홍기를 내걸며 100여 년간 끔찍하게 침략받은 흑백의 시대를 마감하며 붉은색으로 치장된 채색의 중국 시대를 시작한다. 마오쩌둥의 시대가 이어지는 1949년부터 1978년까지의 혁명 시기를 "홍색 연대(紅色年代)"라 부른다. 붉은 완장을 찬 어린 "홍위병"들이 세상을 지배하다시피 했던 정말 붉은 시간이었다. 마오쩌둥의 선집은 붉은 보석과 같은 책이라는 의미를 지닌 "홍보서(紅寶書)"로 불리며 유일하게 배급표 없이 살 수 있는 물건으로서 무려 50억 권이 발행되어 20세기 최다 독자를 가진 책이 되기도 한다. 공산당 창당 90주년을 전후로 해서는 "홍색문화"도 유행한다. 중국의 혁명가들이 현재의 중국을 세운 과정에서 남겼던 흔적들을 찾는 것이다. 공산당과 관련된 홍가(紅歌), 홍극(紅劇), 홍서(紅書) 등이나 대장정의 흔적을 찾는 홍색여행과 같은 것들로 대표되는 홍색문화가 인민들에서 자발적으로 일어나는 것이라는데, 집정하고 있는 공산당으로서는 여간 고무할 만한 일이 아닐 것이다.

붉은색은 또 권력을 상징하기도 한다. 모든 공문서에 찍히는 붉은 직인은 위엄과 권위를 나타내며 힘의 상징이 되고자 한다. 중국에서 오랫동안 접했던 붉은색 제목으로 시작되는 갖가지 공문들은 늘 여기가 중국임을 번뜩 확인하게 한다. 붉고 커다랗게 쓰인 제목들은 퇴색할 것 같지 않고 앞으로만 향하는 아주 힘 있는 권한을 상징하는 느낌을 준다. 하지만 서양의 붉은색을 얘기하면 의미가 영 달라진다. 앞으로 전진해야 할 것만 같은 붉은색에 멈춰서야 하는 신호등이 주는 의미가 대표적일 것이다. 위험과 경고, 금지 등의 영 다른 의미를 담았지만 세계적인 문화를 공유해야 하는 입장에서 어쩔 수 없는 예외는 있다. 중국인들의 붉은색 의미도 세월과 함께 복잡해졌다는 것이다. 그래도 중국인들이 재미있게 이름을 붙여 준 성탄노인(산타)이 입는 옷이 붉은색임은 다행스러운 일이다.

중국인들이 이웃 민족의 홍색 열풍을 본 적이 있다. 한 · 일월드컵 때 붉은색으로 뒤덮인 응원 문화로 중국인들은 부러워하기도 했고 놀라기도 했다. 오래되었지만 그때의 붉은 응원 축제는 중국인들이 지금까지도 한국인들을 특별히 역동적인 민족이라 기억하는 계기가 되었다. 그런데 가끔씩 중국인들과 일하면서 차이 큰 문화가 있음을 확연히 느낄 때가 있는데 같은 색을 보는 안목의 차이도 그중 하나다. 치장을 함에 있어 사방팔방 온통 붉은색이 부담스럽기도 하고 덜 세련되어 보이거나 낙후되어 보이기도 하고 선정적인 느낌도 들 때가 있지만 중국인들은 붉은색에 대한 전혀 다른 눈과 정서를 가지고 있기 때문에 자연스럽고 편안하며 품위 있게 느끼는 경우가 대부분이다. 중국 땅, 주인공이 중국인들이니 늘 논의하며 조화롭게 일을 진행하긴 하지만 수십 년을 더 거주한다 해도 절대로 같은 눈을 가지게 될 것 같지는 않은 정말 다름에 대한 인정과 이해가 필요한 문화라 느낀다.

중국인들이 붉은색을 좋아한다고 붉은색으로 온갖 단장을 하고 장사할 필요는 없다. 외국은 외국다워야 중국인들도 느낌을 가지고 좋아할 일이다. 그러니 중국인들이 자주 찾는 명동의 상점이나 동대문의 식당들도 굳이 붉은색 단장을 늘려 갈 필요는 없다. 어느 음식점이나 매장에서도 환영한다는 정성 담긴 붉은 메시지 하나 잘 보이는 입구에 붙여 두는 것만으로도 충분할 것이다. 중국인들의 자본이 뿌려 내는 붉은색 열기가 지구촌 곳곳에 번지는 느낌이다. 따스하기만 하면 좋은데 언제부터인지 자꾸 뜨거워지는 것이 예사롭지가 않다. 붉은색이 가진 긍정의 의미만을 중국인들과 적절하게 같이 느끼며 오랫동안 상생할 수 있도록 진지한 고민을 계속해야 할 분위기다.

16

1등을 꿈꾸는
세계유산

많은 한국인들에게 있어 건강을 위해 강변을 걷거나 산에 오르는 것은 이미 유행과 열풍을 지나 그 냥 생활의 일부분처럼 되었다. 하지만 작은 나라인지라 걷고 오를 곳이 번잡하고 때로는 질리기도 해서 외국 넓은 자연을 찾아 원정 가는 사람들도 늘어난다. 중국 넓은 대륙 속에 있는 산과 들판, 고원과 사막이 가진 적지 않은 등산, 트레킹 코스도 점차 알려지면서 많은 한국인들이 찾고 있다. 앞으로 개발되어 세계 사람들과 함께할 역사와 문물이 함께 어우러진 중국의 자연유산은 또 얼마나 많을까 부럽기도 하다. 그러니까 어느 날인가, 황제의 뱃길이었던 베이징과 항저우(杭州)의 징항다윈허(京杭大運河)의 양변이 길로 이어지고, 바닷가 산하이관(山海關)으로부터 저 사막 란주의 쟈위관(嘉峪關)까지의 만리장성 끊어진 길도 온전히 이어지고 삼국지 무대였던 적벽(赤壁)의 강가로도 길이 이어져 한 곁으로 달리고 걷고 오를 수도 있다는 것이다. 중국이 웰빙 시대를 맞아 정말 그렇게 된다고 한들 마냥 부러워만 할 필요는 없다. 가까운 나라이니 그냥 공유하면 될 일이다. 중국으로 가는 육로만 이어진다면 자전거를 타거나 뛰어서도 갈 일이다.

중국은 태초의 자연에서 여러 문물까지 부러울 만큼 많은 유산을 조상으로부터 물려받은 나라다. 그러다 보니 한국인들이 좋아하는 오르는 것에 있어서도 세계 최초의 기록을 하나 가지고 있다. 8,000m가 넘는 세계 고산 14좌 중 가장 낮은 티베트의 시샤팡마봉(希夏邦馬峰, Shishapangma)을 1960년대 중국 등반대가 가장 먼저 등정에 성공한다. 중국 영토 안에 있었고 해외에 개방도 하지 않았으니 세계에 내로라하는 등반가들이 오르고자 해도 오를 수 없었던 곳을 중국이 최초로 정복하고 개방한 것이다. 세상에 뒤질세라 그런 고산도 가지고 있으니 정말 자연을 향유함에 모자란 것이 없는 나라다.

베이징에서 항저우까지 전장 1,800여 km로 이어지는 징항다윈허가 최근 세계문화유산으로 등재되었다. 워낙 많은 유산을 물려받은 중국이라 엄청난 것들이 늘 등재를 기다리고 있지만 대운하는 베이징 생활 속에서 늘 오가며 가까이 지나쳤던 곳이라 남의 나라 일이지만 반가운 일이다. 워낙 유명한 상징물이라 사람들과의 대화 속에서 늘 관심거리였던 옛 운하의 수로는 아직도 많은 부분이 남아 있어 만약 온전히 이어진다면 그 활용도는 잠시만 생각해 봐도 매우 다양하다. 옛날처럼 뱃길을 이어 유람선이 다녀도 좋을 일이고 운하변으로는 정말 끝없이 이어질 수 있는 조깅 코스며 자전거 도로가 만들어져도 좋고 옛날 운하를 오고 갔던 황제의 뱃길을 체험해 볼 수도 있을 것이다. 그렇게 된다면 국내외적으로 또 엄청난 사람들이 곳곳을 찾을 것이고 그곳에 기대어 살아갈 수 있는 인민들은 또 얼마나 많겠는가? 중국인들이 생활 속에서 대운하를 제대로 즐길 수 있을 때가 정말 중국이 선진국 문턱까지 가 있을 때일지 모른다.

중국은 이탈리아에 이어 세계에서 두 번째 세계유산을 많이 가지고 있는 나라다. 가난한 중국을 벗어나는 계기가 된 개혁개방이 시작된 해인 1978년에 세계유산의 등재가 시작된다. 그해 에콰도르의 "갈라파고스"가 세계자연유산으로, 독일의 "아헨대성당"은 세계문화유산으로서 모두 11개의 세계유산이 등재가 된다. 중국은 1987년 장성과 쯔진청(紫禁城), 베이징 원인 유적지, 둔황(敦煌)의 막고 석굴과 진시황의 병마용이 세계문화유산으로, 산둥성(山東省) 타이산(泰山)이 자연문화 복합유산으로 등재가 되면서 5천 년 역사를 가진 중국 대륙의 자연과 문화가 세계인들과 한층 가깝게 만나게 된다. 다소 늦긴 했지만 중국의 자연과 문화재들이 시스템을 가진 조직으로부터 충분한 보호를 받게 된 것은 다행스러운 일이다.

중국은 아편전쟁 이후 끊이지 않았던 외침과 지속되는 내전과 전쟁으로 많은 문화재들이 소실되고 유실되고 유출되고 노략되었다. 1949년 신중국이 출범하면서 제대로 돌보지 못했던 소중한 문화재들을 보존하려는 정책을 만들어 관심을 가졌었으나 또다시 10년간의 문화대혁명은 많은 문화재들의 훼손과 파괴를 가져왔다. 넓은 대륙의 땅에서 오랜 역사를 거치며 살았던 선인(先人)들이 만들어 냈고 후손들에게 물려줘야 마땅할 유산들이 이방인들에 의해서 또는 중국인들 자신들이 진행한 파괴와 약탈의 짧지 않은 시간 속에서 소멸된다. 그 후 개혁개방과 함께 이어진 세계유산 등재 등의 노력으로 뒤늦게나마 중국의 문물들은 제대로 보존되기 시작하였고 복원되거나 다시 발굴되고 개방되어 세계인들과 함께 공유할 수 있게 된다. 중국인들이 보유하게 된 세계유산들은 그 가치의 보존과 공유라는 성과 외에도 유산에 주변하여 살아가는 인민들의 실생활에도 실질적인 경제적 혜택을 가져다주고 있다. 등재가 확정된 유산은 물론이고 신청 대상을 가지게 된 지역의 도로까지 사통팔달로 정비되는 것은 기본이고 갖가지 관광 인프라가 갖추어지면 세계유산 브랜드를 들먹일 수 있는 유명세는 곧바로 기존의 입장료 수입을 몇 배에서 수십 배로 늘려 준다. 내국인 관광객에다 외국인들이 몰려들면서 없던 마을도 생겨나며 주민들의 생활수준도 몰라보게 달라지는데 정말이지 조상 덕을 톡톡히 보며 사람 팔자를 바꾸고 있는 지역이 한두 곳이 아니다.

세계 고고학상 위대한 발견의 으뜸이라는 병마용은 우물을 파던 농부들이 우연히 땅 밑으로부터 찾아낸 어마어마한 유적이다. 이 하나만으로도 고도 시안(西安) 일대가 끊이지 않는 국내외 관광객들로 엄청난 경제적 혜택을 입게 된다. 병마용을 발견한 양씨 성의 농부는 유적의 입구에서 한동안 관광객들에게 사인을 해 주고 월급을 받는 중국 최초의 직업을 가지게 되었고 아들 역시 병마용과 관련된 직업에 종사한다고 알려져 있다. 실제로 10여 년 전 병마용을 찾았을 때 줄지어 선 관광객들과 한 번에 10위안씩 받고 사진을 찍어 주던 그 노인을 본 적이 있는데 아직도 건재한지 궁금하다. 중국 사학자들은 종종 로마와 창안(長安)을 비교하기도 한다. 창안은 한나라로부터 당나라가 멸망하여 904년 뤄양(洛陽)으로 천도하기까지 근 천 년간 수도였으며 중국의 문명을 대표하는 도시로서 바로 지금의 시안이다. 비슷한 시기에 동양과 서양 제국의 수도로서 문명을 구가한 것도 유사하고 강대한 역사를 뒤로하고 몰락의 길을 걸었다는 것도 그렇다. 지금은 영광의 긴 역사를 간직한 채 후손들이 살아가며 세계 사람들을 불러 모아 과거의 영광을 잊지 않게 하고 있다는 것도 비슷하다고 이야기한다. 그러나 무엇보다 현실적으로 부러운 것은 두 곳 모두 조상들이 남긴 유산들이 후손들에게 엄청난 부를 가져다주고 있다는 것이다.

또 한 곳 많은 사람들이 중국에서 가장 아름다운 곳이라고 칭송하고 있고 1992년에 세계자연유산으로 등재된 쓰촨성(四川省)의 주자이거우(九寨沟)도 중국인들이 그곳에 사는 원주민들을 부러워하게 된 세계유산이다. 깊고 깊은 산골짜기가 국가 보호 관광지에서 다시 세계문화유산으로 지정되면서 이곳에서 9개 부락을 이루며 가난하게 살던 소수민족인 짱(藏)족 주민들 전체가 집단으로 부자가 되었다고 한다. 공식적으로는 지역 내 각종 영업권에도 권리를 가지고 있고 보조금도 받는 등 각종 혜택을 누리고 있으며 자녀들을 해외에 유학시키는 사람들도 많을 만큼 산중에 살던 사람들의 팔자는 확실히 바뀐 듯하다. 조상들이 물려준 자연과 문화가 이곳저곳에서 그야말로 진짜 유산(遺産)이 되어 버린 것이다.

중국은 현재 각종 사연을 담은 약 500여 개의 문화유산이 세계유산 등재를 위하여 대기 중이다. 매년 한 국가당 자연과 문화 분야 각 1건만이 등재가 가능한 유네스코의 규정으로 본다면 매년 탈락 없이 모두 등재가 되더라도 등재 시간만 250년의 세월이 걸린다는 계산이다. 이 밖에도 앞으로 새롭게 발견되고 발굴될 문화재는 또 얼마나 많겠는가? 언제 또 경천동지할 엄청난 문화재가 넓은 대륙의 땅 어디에서 솟아날지 모를 일이다. 그런데 문화유산 등재에 있어 다른 나라들과 비교했을 때 중국의 자존심이 다소 상하는 경우도 있다. 프랑스는 요리와 식사 문화까지 통째로 등재되어 있고 지중해 음식, 터키, 멕시코 음식을 포함 일본 요리와 한국의 김치도 세계문화유산으로 등재가 되었지만 중국 음식은 명성에 비해 아직 성과가 없다. 요리에 관한 일가견을 가지고 있다고 자부하는 중국인들 입장에서는 언짢은 일이 아닐 수 없는데 북경오리와 두부, 물만두 등 8가지 음식 문화의 등재를 신청하고 있다. 중국 사회도 먹거리 문화를 더욱더 중시해 가는 분위기라 최근 들어서는 음식 관련 TV 프로그램이 부쩍 늘어나고 있고 국영방송국에서 대규모로 제작한 중국 음식 관련 다큐멘터리가 인기리에 방영되기도 했다. 어떤 분야에서든 세계 1위가 당연해져 버린 중국인들의 입장에서는 언제 세계유산 등재 수가 이탈리아를 넘어 세계 1위가 될 수 있을지도 관심사일 것이다. 이런저런 이유로 세계유산에 대한 중국인들의 관심은 더 각별해지고 있다.

17

기호의 확장,
커피와 **와인**까지

민족도 언어도 문화와 이해관계도 다른 사람들이 만나 공동의 이익을 추구한다는 것이 어디 만만한 일이겠는가? 중국인들과 함께하는 일은 늘 쉽지 않아 조급해지기가 일쑤지만 그래도 서두르지 않고 한 박자 늦춰, 차 한 잔이든 술 한 잔이든 여유를 가지는 것이 보다 효율적이었다. 경험을 통해 보면 협상에서의 여유로움만큼은 확실히 중국인들이 더 많이 가지고 있다. 그래서 한국 직장인들은 답답함도 쉽게 느끼고 만약 시간이 제한된 출장이라면 늘어지는 협상이 초조해져 무리수도 두게 된다. 그럴 때일수록 중국인들이 자주 쓰는 속담인 "배가 흐르다 교각에 닿아 잠시 서 있더라도 굳이 노를 젓지 않고 기다리다 보면 물살에 의해 차츰 방향을 잡고 자연스럽게 떠내려간다(船到橋頭自然直)"는 의미에 동조하면서 억지로라도 느긋하게 여유를 가져 보는 것이 유효한 방법이라는 것을 후에 깨닫는다. 그런 느긋한 시간을 자연스럽게 도와줬던 것이 바로 중국인들의 차 문화다. 진하게 우려낸 중국 전통 차를 제대로 격식을 갖춘 다기와 함께 담소로 즐기는 중국인들의 티타임은 그대로 문화이고 생활이다. 나이 지긋한 중국인들의 차 마시는 모습은 운치가 있다.

중국인들의 일상을 대표하는 또 하나 이미지가 바로 각양각색의 보온병을 들고 다니며 차를 마시는 모습이기도 하다. 그런데 오랜 세월 남녀노소 변하지 않을 것 같은 중국 전통 차 사랑 문화가 서서히 바뀌어 가고 있다. 십수 년 전만 하더라도 중국인들이 차 대신 커피를 마시는 시대는 절대로 올 것 같지 않았는데 이제 거리 곳곳이 커피숍이다. 젊은 세대들을 위주로 한 중국인들에게 일어나고 있는 생활상의 큰 변화는 먹고 마시는 기호의 문화에서도 예외가 아닌 것이다. 아주 오래된 습관마저도 바뀌게 하는 세상에 사는 중국인들이다. 격변하는 어려운 세상을 살아가야 했던 청 말 민국 초 시대의 중국인들이 인생을 나누는 이야기는 라오서(老舍)의 소설 『차관(茶館)』이 절절하게 잘 그려 내고 있다. 내용 중 주인공 왕장궤이(王掌櫃)는 당시 중국에 진출한 서양 커피숍의 정갈함을 보고 난 후 오래된 자신의 차관 내부를 새로이 꾸미는데 마치 오래된 것들이 새로운 것들로 자꾸 변화해 가는 오늘의 중국을 예언한 메시지처럼 읽힌다.

그동안 외국의 커피 기업들이 오랫동안 중국 시장에 공들인 결과가 가시적으로 나타나기 시작한 것이다. 다방 커피로 불리는 삼위일체 커피가 중국 전통 차 시장을 넘보기 시작한 것은 이미 수십 년 전의 일이고 1999년에는 미국의 한 유명 커피전문점이 베이징의 한복

판에 1호점을 오픈하면서 잠재력 무궁무진한 시장에 정면 도전한다. 시내 최고급 빌딩만을 골라 적극적으로 매장을 늘려 갔는데 가장 화제가 됐던 매장은 쯔진청(紫禁省) 경내에 있었다. 중국인들뿐 아니라 전 세계 관광객들이 구름처럼 몰리는 옛 황궁 내 커피숍은 적절하지도 어울리지도 않다는 지속적인 여론에 밀려 결국 몇 년 후 철수하게 된다. 여러 화제를 뿌리며 중국 대도시 빌딩을 중심으로 커피 전문점이 빠른 속도로 확산을 시작할 무렵 "바리스타"는 중국의 새로운 직업으로 공식 등록되기도 한다. 그 무렵 커피 자체보다는 서양 문화를 구매한 중국의 젊은이들이 일부러 외국 기업 로고가 선명한 커다란 종이컵을 자랑처럼 하루 종일 들고 다니기도 했다. 시간은 걸렸지만 새로운 문화를 가지고 싶어 했던 젊은이들이 커피를 선택하기 시작했다.

새로운 것들을 받아들이는 유연성은 혁명을 겪지 않은 젊은 세대들이 훨씬 더 뛰어나고 그 흡수력은 정말 강해 보인다. 그러고 보니 한국의 커피 전문점들이 속속 중국 시장에 진출하며 브랜드 장사를 잘도 하고 있다. 아기자기한 디자인과 세련된 인테리어가 돋보이는 매장이 여기저기 늘어나고 있는데 커피점도 한류랄까, 커피 생산도 안 되는 나라에서 정말 제법이다. 만약 중국인들이 근자의 한국인들처럼 마구 커피를 마셔대기 시작한다면 그 소비량은 감당해 낼 수 있을까? 그런데 중국은 커피도 잘 만들어 내는 나라다. 원래 차로 유명한 윈난성(雲南省)에서 대규모로 커피 재배가 시작된 지는 이미 오래다. 커피 생산량이 많은 베트남과 인접한 지역에는 차 재배에 적합

한 기후를 가진 땅이 많은데 차 농가들이 차나무를 뽑아 버리고 커피나무를 심은 것이다. 중국에서 제일 큰 섬인 하이난섬(海南島)−중국인들은 공식적으로 대만을 자신들의 영토로서 중국에서 가장 큰 섬이라고 주장한다−에서도 커피가 재배되고 있는데 중국이 가지고 있는 넓은 땅덩어리의 여러 토양과 다양한 기후가 가진 혜택이니 부러운 일이다. 훗날 중국이 한국에 커피 장사를 할지도 모른다.

　무엇인가를 마신다는 기호의 변화는 카페인에서도 알코올음료에서도 가히 변혁적이다. 와인도 유행하기 시작한 것이다. 시간의 차이는 있지만 서양인들의 기호를 즐기는 것은 일본도 그랬고 한국과 중국도 시간차를 두고 이어 가며 닮는 듯하다. 참으로 묘한 일이다. 중국인들은 의외로 와인을 많이 마신다. 처음에는 여기서 만들어지는 중국산 포도주(紅酒)들이 싸고 흔하기 때문이었는데 날이 갈수록 해외에서 수입된 와인들이 어느 연회에서도 대세가 되었다. 중국인들 특유의 호걸스러운 건배 문화인 소위 “와인의 원샷”에 서양인들은 호기심을 기울이면서도 굳이 에티켓에 관한 의견도 피력하지만 대부분 중국인들은 별로 괘념치 않고 자신들 방식대로 잘도 마신다. 중국인들과 와인을 마시다 보면 형식과 관습에 그다지 구애받지 않는 자유스러운 면을 가지고 있다는 특징을 발견하게 된다.

　품위를 높이고 건강에도 좋을 수 있다는 인식이 퍼지면서 와인 소비량이 급속하게 늘어나고 있고 와인 수입은 아주 좋은 비즈니스가 되었다. 유명한 호주의 테니스 대회 중계방송을 보다 보면 중국어 브랜드가 화면에 꽉 차게 나타나는데 후원사인 호주의 와인 기업이 중국 시장을 겨냥한 광고판이다. 이제는 세계의 모든 좋은 것들이 있는 곳이라면 그곳에 반드시 중국인들이 있다는데 와인은 그중에서도 우선순위에 속한다. 유명 와인 산지의 몇몇 와이너리 와인이 중국인에게 몽땅 팔리는 경우가 더 이상 프랑스 현지에서 뉴스거리도 아니다. 정말 그 많은 인구가 본격적으로 마셔대면 그 소비량은 또 어쩔 것인가? 그런데 중국은 조만간 와인도 세계 최대 생산량을 가지게 될 것이라고 자랑하고 있는 나라다. 실제로 아주 오래전부터 포도주를 만들어 마셨던 역사를 가지고 있고 기후며 토양에 포도 품종까지 부족할 것이 없다고 큰소리치며 향후 프랑스든 이탈리아든 한판 경쟁도 불사할 분위기다.

본래 실크로드의 중추인 중국 서역은 신비함도 간직하고 있지만 포도산지로도 유명한 지역이다. 2,500년 전에 포도 재배가 이루어졌고 적어도 2,000여 년 전에는 규모를 가진 포도주 양조 문화가 있었다는 기록도 있다. 2,100여 년 전에는 서역을 방문했던 사신이 한무제(漢武帝)에게 포도주를 바쳤다는 기록도 전해진다. 하지만 후일 이슬람의 침입과 함께 서역 국가들은 사라졌고 포도 재배는 이어졌지만 양조문화는 없어졌다. 금주하는 이슬람 문화의 영향이었을 것으로 추측하는데 서역 중에서도 그 관문인 투루판(吐魯番) 지역에서는 포도 재배나 양조와 관련된 벽화들이 발견된다. 그렇게 오랜 역사에 기인해서인지 최근 들어 중국 와인 생산 기업들의 마케팅은 매우 적극적이다. 중국은 프랑스의 와이너리처럼 오래된 와인을 저장하고 있지는 않지만 향후 와인 관련 산업 역시 큰 시장을 갖게 될 것으로 전망

된다. 그러고 보면 신중국은 새로 담근 와인과도 비슷한 풋풋한 나라일지 모른다. 커피든 와인이든 중국인들의 입맛도 많이 변해 가고 소비가 늘어나지만 이미 넉넉한 생산 기지를 본토에도 그리고 외국에까지 마련해 놨으니 여러 가지 면에서 곳간이 풍성해진 나라임에는 틀림이 없다. 와인을 좋아하는 나라 사람들이 행복할 일이 있다면 바로 신토불이의 와인을 언제든지 싼값에 마실 수 있다는 것인데 중국은 그런 조건을 이미 갖추고 있다.

중국인들의 먹고 마시는 문화 변화에 있어 가장 긴장해야 할 사람들이 일본인들일지 모른다. 식생활 변화로 날것까지 즐겨 먹게 된다면 어떻게 될까? 중국인들은 보편적으로 날것을 좋아하지 않지만 그래도 연어는 건강식품으로 여겨 심심치 않게 익히지 않고 먹더니 요즈음에는 참치 소비량이 급격하게 늘어나고 있다고 한다. 중국 부유층들에서 생선회를 먹기 시작하면서 고급으로 여기는 참치를 먹기 시작했다는 것인데 몇 년 전부터 일본의 양식 참치가 중국의 대도시 백화점과 일본식당에 수출되고 있다. 아직 절대적인 소비량에서는 일본의 10분의 1 수준밖에 되지는 않지만 튀기고 볶아 기름을 많이 쓰는 중국 음식의 조리법이 개선되거나 입맛이 변한다면 엄청난 양의 수요가 생길 것이다. 어찌 보면 일본의 많은 참치 마니아들이 가장 걱정할 일일 수도 있다. 양식을 할 수도 있다지만 참치가 콩나물 자라듯 하지는 않으니 자연 공급에 한계가 있을 테니 말이다. 중국은 커피도 와인도 모두 생산해 내지만 참치가 넉넉히 잡히는 바다를 가지고 있지는 않다. 14억 인구에서 일어나고 있는 먹거리에 대한 기호 변화는 실제로 지구촌 사람들에게 직간접적으로 큰 영향을 미칠 수 있는 규모이다. 정말 생선회를 유행처럼 먹기 시작한다면 한국 여러 바닷가 도시들이 몰려오는 중국인들로 부산해질지 모른다.

18

연휴와 여행
그리고 **요우커**

         중국의 성장이 본격화되고 있다고 세계가 다 함께 느끼며 관심이 깊어갈 무렵 이웃 나라 사람들 입장에서는 다소 이해하기 어려운 소식이 들린다. 중국이 격주로 주 5일 근무를 시작한 것이다. 근면과 성실로 살아와 웬만큼 먹고 살 만해진 한국 사람들도 당시 엄두를 내지 못했던 사치와도 비슷한 주 5일 근무를 이제 막 살기 시작한 듯한 중국이 덜컥 시행한 것이다. 인민들의 소비를 진작시켜 내수 경제를 촉진시키겠다는 것이 우선 이유라고도 하고, 곤궁에서 벗어난 위대한 인민들에게 휴식을 주겠다는 자부심도 작용했을 것이라는 분석도 있었다. 이밖에 정책의 배경에는 노동 시간의 단축과 여가 시간의 연장이라는 세계적인 추세도 고려가 되었다. 어쨌든 당시에는 막 개발 도상에 들어선 중국의 휴일 제도 시행이 다소 파격적이고 의외라 이에 대한 국내 언론의 비판에 가까운 분위기도 있었지만 중국은 격주 5일 근무제를 일 년 정도 시행한 후 전면적으로 5일 근무제를 도입한다. 주 5일 근무의 여유가 반드시 한 나라의 경제력과 관계가 있는 것은 아니라는 것을 보여 준 예다. 1995년의 일이다.

한국은 2004년에야 시행되어 중국보다 거의 10년이나 늦어졌지만 근로자들 입장에서는 모두 반겼을 것이고 그 반가움의 크기는 중국에 파견되어 근무하던 한국 직원들도 작지 않았다. 몇 년째 지내고 있던 요상한 토요일이 드디어 없어진 것이다. 중국의 토요일은 일찌감치 휴무였으나 한국 본사가 근무를 하는 상황이라 파견된 한국인 직원들만 줄곧 토요일에도 의리 차원의 출근을 했던 것이다. 같이 일해야 하는 중국 직원들은 당연히 모두 휴일이고 무엇보다 사회 전체가 휴무인데 무슨 업무인들 제대로 진행이 됐겠는가? 그런데 드디어 중국인들과 같은 토요일이 생겼고 지금처럼 자동차가 많지 않았던 그 시절 호젓한 주말 여행을 떠날 수 있었다. 시간과 금전적인 여유가 생긴 중국인들이 여기 저기로 움직이고 여행을 시작하면서 휴일경제가 만들어지는 가시적인 성과가 나타나기 시작했다.

과감한 주 5일 근무 정책의 성공에 대한 자신감인지, 중국은 휴일 정책에 있어서 매우 독창적이고 융통성도 있으며 정말 통이 커 보인다. 특히 연휴 시스템이 그렇다. 주말을 대체 근무일로 이용해서 해마다 두세 번씩은 일주일의 장기 연휴를 즐길 수 있다는 것이 중국 연휴의 특색이다. 종교를 중시하는 나라에서는 어림도 없는 정서다. 그러니까 일요일의 근무는 세계 다른 나라와는 상관없이 "나 홀로 근무"하는 중국식 연휴의 한 특색이다. 한국 설날에 해당하는 춘지에 연휴 그리고 국경절로 불리는 10월 1일 건국기념일이 최소 일주일 이상의 연휴가 된다. 법정 공휴일은 3일이지만 주말에 이틀을 대체 근무하여 일주일 연휴를 만들어 낸다. 그러다 보니 연휴가 해마다 날짜가 바뀌고 주말 대체 근무는 국제적이지 않다는 지적도 있다. 사실 중국 내 웬만한 곳을 가더라도 하루 시간으로는 어림도 없는 큰 나라이니 일주일이 그리 길어 보이지 않을 수도 있다. 그런데 중추절이 이어지거나 연차를 사용하게 되면 열흘까지도 이어지는 연휴가 되니 직장인들로서는 정말 넉넉하기 이를 데 없는 휴가가 되는 셈이다. 또 두 연휴 중간에 휴가까지 갈 수 있다면 시간만큼은 프랑스인들이 부럽지 않은 휴가를 즐길 수 있는 것이 중국의 직장인들이다. 시간도 충분해지고 자가용도 갖춘 도시 직장인들은 연중 서너 번까지 여행을 떠날 수 있는 최고의 조건을 가지게 된 것이다. 중국인들도 여느 나라 사람들처럼 돈 있고 시간 있을 때 하고 싶은 일로 최고 선호하는 것이 여행이니 어찌 떠나지 않겠는가? 그러다 보니 언제부터인가 연휴가 곧 여행이라는 등식이 생겨 버렸다. 가장(家長) 입장에서는 형편에 맞춰 어디라도 움직여야만 하는 분위기가 이어지는 부담도 갖게 되는 시간들이다.

중국의 연휴가 가지고 있는 힘, 그냥 여기저기 다니다 쉬어만 가도 생긴다는 연휴 경제를 만들어 낸다. 자가 발전을 통해서도 얼마든지 성장 동력을 얻을 수 있게 된 큰 땅에 사는 중국인들이 가진 그들만의 시장이 돋보이는 시간들이기도 하다. 중국은 연휴가 끝나고 나면 늘 관련 산업의 통계를 친절하게 발표한다. 기간 중 얼마나 많은 사람들의 이동이 있었고, 어느 문화유산의 입장객이 몇 명에다 입장료 수입은 얼마며 등등 관련된 경제 효과를 늘 강조하는 것을 보면 중국 정부의 연휴를 통한 내수 성장에 대한 의지가 읽힌다. 연휴와 관련하여 생활 속에서 두드러지게 관찰되는 곳이 은행이다. 중국 은행들은 연중 하루 이틀 정도를 제외하고는 토요일을 포함하여 연휴에도 업무를 하는 것이 특색이다. 그래서 주말이나 긴 연휴 기간 동안에도 인민들 입장에서는 불편함이 없다.

긴 연휴가 원래는 연중 세 번이나 있었다. 5월 1일 노동절도 3일 연휴라 대체 근무를 통한 일주일짜리 황금연휴였다. 그런데 몇 년 전 3일 연휴를 하루로 줄이고 중추절과 단오절, 청명절이 새롭게 휴일로 지정이 된다. 여기에 새해 첫날의 휴일[元旦]을 더하면 중국의 법정공휴일은 모두 11일이다. 한편 젊은 세대들을 중심으로 중국 휴일 제도에 관한 불만의 목소리도 있다. 법정공휴일이 11일에 불과하여 여타 국가와 비교해서 절대적으로 적기 때문에 개선이 필요하다는 것이다. 이런 분위기에서 2015년 법정공휴일이 하루 더 생겨났다. 항일과 반파시즘 전쟁 승리 70주년을 기념하기 위한 임시 휴일이 지정된 것이다. 기념일의 의미가 일본과의 민감함도 담고 있는 듯한지라 만약 고정적인 법정공휴일로 이어지게 된다면 편치 않은 일본과의 관계가 오래간다는 것을 의미하는 것일 수도 있다. 중추절과 단오절, 청명절이 휴일로 지정된 2007년도는 한국의 강릉 단오제가 유네스코에 무형재산으로 등록이 되고 두 해가 지나서다. 이와 관련하여 중국 내에서 강릉 단오제가 중국 문화 찬탈이라는 논란이 매우 많았는지라 그런 측면에서 본다면 우연일 수도 있겠지만 중국의 새로운 휴일 지정이 강릉과 관계도 있어 보인다. 강릉 단오제 유네스코 등재와 관련해서는 한국인들에 대한 비판도 있었지만 전통문화를 지켜 가는 한국 사람들과의 노력과 시각의 차이에 대한 중국인들 자신들의 성찰도 필요하다는 이야기도 있었다. 결국 "노동자 농민의 나라"로서 그토록 중시했던 노동절 연휴를 절기에 양보할 만큼 중국의 전통문화 부흥 의지는 강하다. 그런데 정작 옛날에는 어떻게 쉬었을까?

한나라와 수나라 때는 관리들이 5일에 하루를 쉬었고 당송 때에는 "순가(旬暇)"라고 하여 열흘에 한 번씩을 쉬는 외에 명절 때나 공자 생일 때도 쉬었다고 문헌은 전한다. 명청 시기에 들어서면서 순가는 없어지고 춘지에나 동짓날 그리고 황제 생일이 휴일이었는데 춘지에 휴가는 무려 한 달에 달했다. 중화민국 시절에 들어서며 비로소 서양식 일요일이 생긴다. 물론 중국인 대부분이 농민이었으니 출퇴근이 필요했던 극히 일부에만 해당하는 휴일이었을 것이다. 청나라 시절 대보름 후까지 죽 이어졌던 한 달 휴가 문화의 분위기는 지금도 좀 남아 있긴 하지만 모든 것이 제도화되고 산업화되면서 실제로는 거의 없어져 가는 풍경이기도 하다. 일부 농한기의 농민들을 제외하고 보름씩 쉬면서도 편안하게 직장 생활을 할 수 있는 사회가 이미 아닌 것이다. 중국의 직장인들은 휴가를 청(請)하는 사람이나 허(許)하는 사람 모두 관대한 나라다. 법에서 규정한 휴가에 관한 권리 내에서만큼은 한국의 직장인들처럼 상사 눈치를 보는 경우가 드물다. 휴가에 대해서는 대부분 영혼이 자유롭고 권리 의식이 강한 것이 중국 직장인들이다. 그 여유가 부러워 곰곰이 생각해 보면 집단식 노동을 하던 시절 조직원들에 대한 관대한 문화가 아직도 남아 있는 듯하다. 하지만 이런 여유로움도 치열한 경쟁이 지속되는 사회 분위기와 함께 휴가라는 말을 꺼내는 중국인들의 조심스러움도 점점 한국의 경우를 닮아 감을 느낀다.

연휴의 모순과 관련된 의견도 있다. 긴 연휴는 어디를 가도 붐비는 인파와 차량으로 피곤하기만 한 빛 좋은 개살구와도 같아 이 역시 변화가 필요하다는 주장이 있다. 전국을 3분할하여 각기 시차를 두고 시작하는 날과 끝나는 날을 서로 달리하는 방식의 연휴를 실시하자는 의견도 있으니 정말 큰 나라가 갖는 색다른 휴일의 고민이다. 사실 중국의 연휴 관광지로 가는 길은 중국에 얼마나 많은 사람들이 사는지를 가장 쉽게 느낄 수 있게 해 준다. 어느 연휴 어느 명소나 예외 없이 입구부터 시작해서 땅바닥 한 뼘 보이지 않을 정도로 사람이며 차로 가득 차는 것은 기본이다. 고속도로 정체에다가 주차난을 시작으로 숙박과 식당 이용도 만만치 않다. 끝없이 이어진 줄, 오랫동안 기다려 혼절하기 직전이 되어서야 간신히 입장권을 구하면 구경을 위해 또다시 긴 줄을 서야 하는 고난이 연속으로 이어진다. 정말 아수라장이라 할 정도로 연휴 관광지는 번잡하고 또 복잡하다. 그러다 보니 연휴에는 오히려 움직이지 않는 것이 상책이라는 연휴의 모순이 생겨난 것이다. 병마용과 같이 실내에 위치한 문화재 관람은 최악이 된다. 연휴 때 사람에 밀려 제대로 구경하지 못해 나중에 평범한 주말에 다시 가서야 제대로 구경을 한 기억도 있다. 중국에 살며 세계문화유산으로 여행을 한 적이 몇 번 있다. 첫 번째 자연과 문화 복합유산으로 지정된 그 유명한 산둥성(山東省)의 타이산(泰山)에도 당나라의 수도 시안(西安)도 다녀왔지만 갈 때마다 느끼는 것은 점점 더 쉽게 자주 떠날 수 없는 여행들이라는 것이다. 일단 베이징으로부터 엄청난 시간을 요하는 공간 이동에서 느껴지는 대륙의 크기가 부담이다. 그 어느 나라보다도 비싼 곳곳의 입장료도 의아한 생각이 들고 그 무엇보다도 떠나는 것을 망설이게 하는 것은 바로 인파다. 중국 휴일의 명소는 어디를 가도 인산인해다. 중국에 진짜 사람이 많다는 것을 제대로 느끼고 싶다면 휴일에 중국문화유산을 찾아보면 된다.

연휴는 인구 대국의 집중적 이동에서 오는 여러 부작용이 또 절감(切感)되는 시간들이기도 한데 중국인들이 해외로 향하는 또 하나 이유가 된다. 중국의 휴일은 주로 절기에 집중이 되어 있으니 동남아 국가를 제외하고는 별로 겹칠 일도 없다. 다행한 일인지 불행인지 가장 가까운 한국하고는 겹치는 날이 많다. 장사하기는 좋지만 소란스럽기는 하다. 중국인들의 연휴가 두루두루 복잡하긴 하지만, 그만큼 새로운 경제적 기회를 만들어 내며 중국 내수뿐만 아니라 주변 국가들에도 영향을 주는 진정한 대목 문화를 만들어 냈다. 요우커(遊客)가 한 번 휩쓸고 가면 그들이 싹쓸이해 간 제품의 기업들 주가가 들썩거릴 만큼 영향이 거세다. 중국의 독창적 휴일은 세계 각국의 시장 상인들이 기다리는 연휴도 되어 버린 것이다. 사실 여행을 하는 중국인들의 연휴는 여행 자체보다도 해외여행을 통해 무엇인가를 창출해 내느라 바쁘게 보내는 시간이다. 이 나라 저 나라를 다니며 일 년간 사용할 선물 리스트를 집대성하기도 하고 부동산 구입이나 자녀 해외 유학을 위해 시간을 쓰기도 한다. 연휴만 되면 뉴스의 긴 시간을 차지하며 소개하는 요우커의 갖가지 모습들이다. 중국인들의 연휴는 한국인들이 염려도 기대도 함께 가질 수밖에 없는 연간 행사가 되었다.

여행하는 한국인도 중국인들도 많이 늘어난 세상이라 어느 민족보다도 가깝게 많이 왕래하며 지내야 했던 옛날 상황이 재현되는 듯하다. 그래도 옛날과는 상황이 달라져 지금은 한류와 같이 나눠 줄 것도 많아져 다행이고 한결 맘이 편하다. 지금처럼 여러모로 밀접한 관계가 된 상황이니 중국에 대해서는 늘 조금씩이라도 더 알아 가는 것도 필요한 일이다. 지금은 양국 모두 대도시를 위주로 왕래가 많은 상황이 됐지만 앞으로는 시간이 지나면서 중국의 작은 도시까지도 구석구석 찾아봐야 할 일이 생기거나 여행으로 이어질 것이다. 가장 가까운 나라인 데다 비즈니스도 점점 많아지니 여러 이유를 가진 잦은 왕래가 지속된다. 그래서 중국에 관한 기본적인 숫자들은 익혀 두면 도움이 될 일이다.

중국에 대한 가장 기본적인 이해는 국토나 인구와 관련한 것으로부터 시작될 것이다. 전국에 성(省)은 몇 개고 모두 몇 개의 자치구를 가지고 있으며 직할시나 특별행정구는 어떻게 되고 소수민족은 몇 개인가 하는 그런 것들이 간단한 것 같지만 또 복잡하기도 하다. 그런데 관련 숫자들을 쉽게 기억하는 방법이 있는데 가장 기본적인 숫자인 하나의 중국 "1"에서 시작한다. 그리고 특별행정구로서 홍콩과 마카오 "2"개를 가지고 있으며 모두 "23"개의 성(省)이 있고 "3"개였던 직할시(베이징, 톈진, 상하이)가 1997년 충칭(重慶) 시가 승격하면서 모두 "4"개의 직할시가 되었다. 모두 5개의 자치구(内蒙古, 西藏, 新疆, 寧夏, 廣西)를 가지고 있으며 사람들로는 "55"개의 소수민족에다가 한족을 포함해서 모두 "56"개의 민족이 공존하는 나라다. 모두 이어 보면 123456으로 연결되어 비교적 쉽게 기억할 수 있다.

베이징에 나름 긴 시간을 살면서 그 전과 확연하게 달라졌다고 느끼는 것들 중 하나가 중국인들이 해외여행을 어렵지 않게 다닐 수 있는 사회로 변했다는 것이다. 이전과는 다르게 이제는 한국을 다녀온 주위의 중국인들을 쉽게 만날 수 있고 처음 만나는 사이에도 서울이며 부산, 강원도 스키장 여행 얘기로 쉽게 화제를 이어 간다. 중국인들에게 서울의 한강을 이야기하고 보여 주고 싶은 조바심이 컸었는데 이제는 주위의 적지 않은 중국인들이 한국을 여행하고 돌아와 서울을 이야기하면서 한강의 풍경을 묘사하기도 하고 또 독특한 장소 판문점 기행의 소감도 들려준다. 중국의 수도 베이징에 거주하다 보면 쯔진청(紫禁省)에 이허위안(頤和園), 위안밍위안(圓明園), 톈탄(天壇)까지 중국 많은 유적들 중의 정수를 수시로 접할 수 있는 감동도 있지만 육중하게 내려앉은 도시의 공해는 푸른 하늘 아래 시원하게 흐르는 강물을 자꾸 생각나게 한다. 거대한 도시 베이징은 애석하게도 서울처럼 도심에 흐르는 강도 품고 있지 않고 나지막한 동산들조차 없어 자연(自然)이 몹시 아쉬운 도시다. 옛 시간 베이징을 출발하여 저 멀리 항저우(杭州)까지 자그마치 1,800여 km의 거리를 인공(人工)을 더해 이었던 대운하의 일부가 멈춰진 채로 있을 뿐이다. 황실의 안전을 이유로 나무를 심지 않았다는 쯔진청 경내 풍경은 황량함을 주기도 한다. 그런데 시간이 흐르면서 베이징에 거주하고 있는 외국인들의 이런 아쉬운 감상이 어떤 것인지를 이해하는 중국인들은 이제 이웃에 많다. 중국인들의 돈이 가치를 더하고 소득이 늘어나면서 해외를 경험하는 사람들이 부쩍 늘어났고 보고 경험하는 것들이 많아진 것이다. 중국인들의 화폐인 인민폐의 가치가 원화 대비 꾸준히 가치를 더해 가면서 멀리 수교 때와 비교하면 거의 배 가까이 절상이 되었다. 인민들의 소득 또한 간단(間斷)없이 늘어나다 보니 이 집 저 집 해외여행 붐이 일게 되고 가까운 나라 한국으로의 여행은 유행처럼 되었다. 생활수준의 급격한 향상으로 중국인들의 국내외 여행이 이제 일상이 되었지만 그들의 해외여행이 본격적으로 시작된 때는 그리 오래지 않다. 중국인들의 해외여행이 어땠는지 이해하기 위해 잠시 과거로 가 보면 1920년대 세계열강들의 영향으로 일찍이 국제도시가 되었던 상하이의 부유층들 사이에서는 일본행 벚꽃놀이 관광이 유행하였고 1927년에는 중국 최초의 여행사가 설립되었다는 기록이 있다. 상하이 시절에 이미 해외 단체 관광단이 활성화되었던 것이다. 그러나 이어지는 내전과 전쟁, 신중국의 출범 그리고 계속해서 이어지는 빈곤의 시간을 지나 개혁개방이 가시적인 경제적인 성과를 갖기까지 60여 년이라는 세월이 지난 다음에야 중국인들의 해외여행은 다시 시작된다.

중국 정부가 공무 외에 인민들의 자유로운 해외여행을 허용하기 시작한 시기는 1990년대에 들어서면서다. 일차적으로 태국에 이어 싱가포르, 말레이시아를 해외여행 가능 지역으로 허가하면서 단체여행 조건 등의 제한성을 가지고 중국인들의 해외여행은 막을 올리게 된다. 이후 중국 정부는 중국인들의 여행 가능한 국가들을 점진적으로 늘려 나가는데 한국은 1998년도에 개방이 된다. 그러다가 최근 몇 년간 지속해서 한국을 찾는 외국인 중 중국인 수가 1위를 차지하였고 중국을 찾은 외국인 중에는 한국인이 1위를 차지하였다. 1992년 한중 수교 후 불과 20여 년 만에 대한민국은 중국인들이 가장 많이 찾는 나라가 되었고 중국은 대한민국 국민들이 가장 많이 찾는 나라가 된 것이다. 중국은 이미 세계 여러 국가에 자국 여행객을 가장 많이 보내는 최대 송출 국가로 자리매김했다. 한 해 출국하는 중국인 수가 연인원 1억 명을 훌쩍 넘었다. 해마다 대한민국 인구의 두 배만큼 많은 사람들이 해외여행을 하고 있다는 것인데 그래도 중국 전체 인구의 14분의 1에 불과한 숫자다. 매년 인구의 4분의 1 정도가 출국하는 한국의 경우를 중국인들에 적용해 보면 연인원 4억 명에 가까운 사람이 해외로 여행할 수 있다는 추산을 해 볼 수 있다. 어디를 가도 중국인들은 이미 많지만 점점 더 많아진다는 것은 현실이다.

그런데 몰려드는 중국인 관광객들과 투자자들로 부산해진 한국인들 중에도 중국인 관광객 증가와 중국 자본 유입에 대해 부정적 인식을 가진 사람들이 상당수라는 조사 결과가 있다. 여러 이유가 있겠지만 방문하는 중국인들의 여행 모습과도 무관하지 않을 것이라 짐작이 간다. 중국 내에서는 해외를 여행하는 중국인들이 폭증하면서 외국인들뿐만 아니라 중국인들 스스로도 눈살을 찌푸리게 하는 부족함을 지적과 반성을 통해 개선하고자 하는 분위기가 오래전부터 이어지고 있다. 많은 미디어들이 심도 있게 국제 수준의 여행 예절을 갖자고 호소하며 진행하는 캠페인도 계속되고 있다. 자그마치 7억 명 정도의 네티즌이 있는 중국도 여느 나라와 마찬가지로 대중의 상식을 뛰어넘어 화제를 유발하는 일들은 실시간으로 넓은 대륙을 시공의 제약 없이 날아다니며 순식간에 영웅을 만들어 내기도 하고 공개적인 망신을 주기도 한다. 여행에 관한 이야기와 사진들이 단골손님들이다. 해외여행이 점점 보편화되어 가면서 한동안 별 필요 없이 살았던 체면도 다시 중요해지고 세계인들의 주목과 비평에도 신경이 쓰이게 된 것이다. 중국인들의 해외여행은 해를 거듭해 갈수록 경험이 축적되고 정보도 많아진다. 그러는 사이 여행자들은 젊어질 것이며 해외여행에서 보여 주는 여행 매너가 한결 세련될 것임은 예상할 만한 일이다. 사실 아직 비행기 한 번 타보지 못한 사람들만 수억 명일 테니 시간은 걸리겠지만 간혹 불편한 장면을 만나더라도 애정을 가지고 느긋하게 기다려 볼 일이다. 세상으로 쏟아져 나오는 중국인들과 세계인들의 소통이 필요한 경우다.

여행하는 중국인들이 많아진 중국에는 "여행의 날"이 있다. 매년 5월 19일이다. 명나라 때의 한 도보 여행가[徐霞客, 1587~1641]가 30여 년간 중국 대부분의 지역을 도보로 여행하면서 남긴 여행 기록이 서적으로 출간된 1642년 그날을 기념하기 위해 2011년 여행의 날로 지정하였다. 중국 정부가 여행의 날까지 지정한 것은 14억 인구를 가진 중국인들의 국내외 여행이 산업으로써 미치는 엄청난 효과를 염두에 두었음이다. 중국 여행의 날과 관련하여서는 일화가 심심치 않게 있다. 먼저 마오쩌둥(毛澤東) 주석과 관련한 것으로서 그가 1만 5천 km 장정을 진행하면서 지났던 많은 지역들은 이미 유명한 관광지가 되었고, 그의 공헌으로 중국인들이 여행이라는 여유를 가지게 되었다는 등의 이유를 들어 후난성의 여행 관련 기관에서 중앙정부에 마오쩌둥의 생일(1893년 12월 26일 후난성에서 출생하였다)을 여행의 날로 지정해 달라는 의견서를 제출한 것이다. 최종적으로 의견은 받아들여지지 않았지만 지독한 고난의 행군이었던 대장정의 역사가 "여행"이라는 정서적인 단어와 연관될 만큼 중국인들이 여유로워졌음을 느끼게도 해준다.

또 다른 일화 하나는 "세계에서 가장 오랫동안 연속 도보 여행을 한 사람"이라는 기록으로 기네스북에 이름을 올린 중국의 도보 여행가 이야기다. 1963년 출생한 레이(雷)라는 성을 가진 한 남성이 1998년부터 2008년까지 장장 10년에 걸쳐 도보로만 중국 전역을 여행하면서 56개 민족을 모두 만나 보는 그야말로 대장정의 도보 여행 계획을 달성한다. 10년간의 시간을 투자해서 체력도 기르고 노선도 짜고 비용도 마련하면서 기획한 8만 1천 km의 도보 여행을 다시 10년간에 걸쳐 마무리한다. 명나라 도보 여행가를 기념하기 위해 발행된 우표를 접한 것이 계기가 되면서 꿈을 키우고 결심하였다고 한다. 얼마 전에는 명나라 도보 여행가가 후대에 남긴 여행의 흔적을 찾아 그 표식들을 세계문화유산으로 등재하려는 작업도 구체적으로 시작되었다. 옛날의 그 도보 여행가도 마오쩌둥도 도보 여행 기네스 보유자도 모두 드넓은 중국 대륙을 도보로 여행했던 정말 대단한 여행가들이다. 걷기 열풍이 중국에도 불고 있으니 그들이 걸었던 길들이 어느 날인가 여행 코스로 개발되어 후대들이 걷게 될지도 모를 일이다. 중국은 이미 충분히 많은 여행지를 갖고 있지만 앞으로 개발될 여행지도 많은 나라다.

중국이 가진 관광 자원 중에는 오랜 시간 후 굳이 해외를 가지 않더라도 만족할 수 있을 만큼 특색을 가진 곳도 많다. 중국은 가장 남쪽 바다에 독특한 행정 구역 한 곳을 가지고 있다. 하이난섬(海南島)과 가까운 곳에 위치한 싼사시(三沙市)다. 중국 가장 남쪽에 위치한 시(市)로서 남사군도, 서사군도, 동사군도로 이루어져 싼사(三沙)라 불리는 산호초로 이루어진 청정의 섬이다. 인구로는 불과 1,000여 명 정도 거주하는 초미니 도시이지만 해양을 품고 있는 총면적은 중국에서 가장 넓은 면적을 가지고 있는 도시인 충칭의 약 30배에 해당된다. 중국이 해양국가 발전으로의 강력한 의지를 반영하여 전략적으로 만든 도시다. 하이난섬에 속한 이 섬은 장기적으로 몰디브를 능가하는 관광지로 발전시킨다는 계획을 가진다. 향후 비행장까지 건설된다고 하니 중국 최대의 섬 하이난섬이 또 섬을 가지는 중국 특색의 관광지가 또 하나 만들어질 모양이다.

19

14억의 축제,
춘지에

한국의 설날인 중국인들의 춘지에 ⁽春節⁾와 관련한 보도가 많아지면서 자연스럽게 중국식 발음까지도 귀에 익었다. 중추절과는 비교도 되지 않게 중시되는 중국인들의 독보적인 명절인 춘지에는 긴 연휴가 주어지는 휴식이고, 성과급과 보너스가 있는 한 해 결산이기도 하며 귀성의 재회와 함께 폭죽이 터지는 축제다. 매 한 해 지내 온 삶의 모습을 그대로 담아내는 아주 오래된 문화는 새롭게 시작한 중국의 사회 변천사 속에서 어떤 것을 지녀 왔고 어떻게 달라졌을까? 같은 날 이웃한 우리들과의 구정 축제와는 어떻게 닮아 있고 어떤 다름이 있을까? 중국인들의 춘지에는 섣달 그믐날 저녁 가족들과의 식사를 위해 "고향 집으로 가는 길"에서 시작된다.

해마다 떠나고 보내는 사람들로 소란스럽고 이고 진 보따리들로 번잡스러워지는 한 달 이상의 춘지에 귀성 기간 중의 엄청난 운송

작전을 포괄하는 단어가 있다. "춘원(春運)"은 단기간 내 수요가 폭증하는 각종 교통수단을 준비하고 차표를 질서 있게 예매하고 안전도 책임져야 하는 범국가적 프로젝트다. 어렵게 도시에서 일하고 있는 산업화 전사들인 농민공들의 연중 거의 유일한 귀향이라 중국 정부로서는 이들의 심신을 위로하고 민심도 챙겨야 하는 중요한 시간이기도 하다. 사회 활동의 공간 반경이 아주 넓은 대륙의 중국인들에게 있어 춘지에 귀향은 차편을 마련하는 일부터 시작해서 연휴 내내 많은 시간과 비용이 낭비된다는 현실적인 어려움도 있어 귀성이 걸러지는 분위기도 보인다. 대부분 남성을 위주로 시댁을 향하게 되는 춘지에 귀성은 특히 젊은 부부들에게 있어 연중 한 번씩 갖게 되는 부담이 된다. 한국처럼 점심 먹고 친정으로 곧바로 이동할 수 있는 공간 개념이 아닌지라 여성 입장에서는 시댁으로 향하는 발걸음이 그다지 가벼울 리만도 없다. 현실적으로는 교통비를 기본으로 하여 선물비, 친인척 대접할 비용, 부모님 용돈, 아이들 세뱃돈까지 부부 한 달 수입 정도에 해당하는 비용이 발생하는 상황이다 보니 큰 부담이고 가고 싶어도 못 가는 사람들이 늘어나는 것이다. 그래도 아직까지는 20, 30시간씩 기차를 타고 오가며 왕복 2, 3일의 시간을 써 버려도 그믐날 저녁 가족들과의 소중한 저녁 한 끼 식사를 고대하며 고향으로 향하는 사람들이 정말 많다.

선달 그믐날 저녁 가족들이 모인 식사 시간은 춘지에의 하이라이트로서 둥근 식탁 위에 둘러앉아 식사하는 남녀노소 중국인들의 모습이 바로 연상된다. 한 해 중 가장 중요시하는 가족들과의 한 끼 식사이니만큼 녠예판(年夜飯)이라는 명칭도 따로 있다. 춘윈(春運)도 그렇듯 뜻글자인 한자를 쓰는 민족이라 필요에 따라 의미를 담은 적절한 명사를 잘도 만들어 낸다. 저녁 식사 분위기가 한창 무르익을 때쯤 시작되는 TV 프로그램 "춘지에완후이(春節晚會)"에 많은 중국인들의 시선이 고정된다. 중앙텔레비전(CCTV)이 생방송으로 전국에 방영하고 전국 방송국 200여 개 채널이 중계하는데 재방송까지 모두 연 8억 명 가까이 시청한다니 놀랍다. 이미 가장 많은 사람들이 시청하는 단일 프로그램으로서 기네스북에 기록이 올라 있기도 하다. 노래와 춤과 만담까지 모든 장르를 망라한 그야말로 버라이어티 연예 프로그램이다. 매년 진화해 가며 살아가는 중국인들 삶의 모습을 그대로 투영해 주는 문화 자체로서 해마다 숱한 유행어를 만들어 내고 수많은 스타 연예인을 배출해 내는 것으로도 유명하다. 절대다수의 중국인들이 이 프로그램 없는 춘지에는 상상할 수 없다 할 정도로 영향력이 크다. 한 해 마지막 날 밤 누구도 빈부 차이 없이 똑같이 누릴 수 있는 드물게 공평한 오락 시간이기도 하다. 그러나 30여 년 동안 섣달그믐날 저녁을 함께 해 온 전설과도 같은 이 프로그램의 시청률이 최근 몇 년간 조금씩 하락해 가고 있다. 중국인들은 점점 할 것도 볼 것도 갈 곳도 많아진다.

춘지에가 축제인 것임을 오감으로 제대로 느끼게 해주는 것이 폭죽이다. 베이징에서 춘지에를 지내다 보면 섣달그믐날부터 시작되는 요란한 폭죽 소리에 며칠간 정신이 몽롱한 상태로 살게 된다. 시내가 완전히 폭죽의 세상으로 변하는 시간들은 중국에 상주하고 있는 많은 외국인들이 돌연 이방인이면서도 관광객과도 같은 분위기에 쌓이게 한다. 밤하늘에 수 놓이는 형형색색의 폭죽을 바라보며 중국인들이 그러는 것처럼 한 해 수고를 위안받기도 하고 다음 해 소원을 빌어 보기도 한다. 볼만한 광경들이라 일부러 운전을 해서 이 동네 저 동네로 폭죽 구경을 다니다 보면 중국 아빠들이 가진 빈부 격차의 한 단면이 보이기도 한다. 수십만 원 이상의 폭죽을 신나게 쏘아 올리는 한 해를 잘 마무리한 늠름한 표정의 부자 아빠가 있는가 하면, 남들이 즐기는 폭죽을 구경만 하거나 아이들 보기에 민망한 정도의 소리도 시원치 않고 불꽃도 흐릿한 싸구려 폭죽을 터뜨리는 가난한 아빠들도 있다. 이런저런 사연의 중국인들이 꾸며 내는 폭죽의 밤하늘은 해마다 더 화려해지고 소리는 자꾸만 커진다. 마치 중국의 변해 가는 모습을 그대로 닮아 가려 하는 것 같다. 화약을 만들어 낸 중국인들답다. 그러나 최근 들어서는 대기오염에 대한 우려로 자제하는 분위기도 있고 화재나 빈번한 부상 등을 이유로 반대하는 목소리도 있다.

엄청난 인구의 이동, 일신우일신하는 중국의 발전과 변화를 고스란히 영상으로 담아내는 가공할 시청률의 TV 프로그램, 부강해지는 중국의 빛나는 소리 "폭죽", 그믐날 자정 무렵에만 백억 개 이상이 발송되는 새해 인사 문자 메시지 등등 신중국의 춘지에가 가지는 문화들이다. 어찌 보면 한국인들 입장에서는 규모만 다를 뿐 별 새로울 것 없는 모두 비슷하게 경험하는 유사한 문화들일지도 모른다. 그런데 사회주의 속의 중국인들은 명절 속의 조상과 제사의 의미를 어떻게 지금까지 가져왔을까? 중국인들 스스로 이야기하는 춘지에의 대표적 이미지는 폭죽과 물만두다. 이 밖에 중국인들이 생각하는 한국의 대표적인 구정 이미지는 제사와 떡국이고, 베트남은 제사와 쭝쯔(粽子)라고 표현하고 있다. 중국만 제사가 빠져 있다. 중국 젊은 세대들에게 있어 조상이나 제사는 이미 대표적인 춘지에 이미지가 아닌 것이다. 전통문화의 변화에 많은 영향을 준 문화대혁명이 주로 진행됐던 도시의 인민들에게 있어서는 농촌에 비해 전통문화의 변화와 망각의 속도가 더 빨랐다. 다음 이야기에서 우리와는 다른 배경의 사회를 살아왔던 사람들이 현재의 춘지에 문화를 어떻게 이어오고 갈 것인지 이해를 더할 수 있다.

　세파를 겪어 온 노인들의 회고에서 중국 전통문화의 변화를 엿본다. "늘 극진하게 치렀던 집안 제사는 1940년을 전후로 해서 조촐해졌고, 1949년 신중국이 시작되면서 제사라는 의식은 오랫동안 잊었다. 이제 세상도 변했고 형편도 나아졌지만 조상들의 정확한 기일은 기억하지도 못한 채 최소한의 형식을 차려 예의를 표할 뿐이다." 제사 이야기에 이어 "큰절" 이야기도 이어 가 본다. 중국 어느 관광지에서 부모에게 큰절을 올리면 일가족 입장권을 무료로 주겠다는 행사가 벌어져 뉴스가 된 적이 있다. 하루 새 100여 가정이 행사에 참여했는데 개중에는 결혼 후 24년 만에 처음으로 시부모에게 절을 올리는 며느리의 절을 받고 눈물을 흘렸다 하는 시부모 얘기도 소개가 됐다. "큰절"하지 않는 사회가 된 것이다. 조상에 대한 제사의 의식이든 어른들에게 드리는 새해 인사든 무릎을 꿇고 고개를 숙여 최대의 예의를 표하는 큰절하는 중국인들이 드물어져 가고 있다. 청조가 문을 닫고 시작된 민국(民國) 시절 상위 신분에게 행했던 큰절하는 습속을 타파한 영향은 아직도 이어진다. 세파를 덜 탔던 농촌 지역보다 도시의 젊은 세대들에게 있어 큰절이라는 의식은 봉건시대의 유물로 거부감마저 가지고 있다. 노인들이 제대로 잇지 못한 전통들은 이제 희미한 기억들로만 남아 있고 오로지 살아 있는 자들만을 위해 무섭게 변해 가고 있는 사회는 과거의 전통을 아예 잊게 만들어 간다. 그렇다 보니 중국인들의 춘지에는 사회 변천과 함께 자연스럽게 점점 더 명확하게 살아 있는 사람들만의 축제가 되어 가고 있다. 경제적 여유가 더해지는 중국인들에게 있어 춘지에 연휴는 해외여행을 떠날 수 있는 연중 최적의 시간이 되었다. 언제부터인지 해마다 한국에서 연휴를 즐기는 중국인들도 바로 그들이다. 중국인들의 춘지에 방문은 해마다 날짜는 변해도 이미 연례행사처럼 이어지고 있고 향후에도 죽 그럴 것이다.

20

중국의 블루오션,
영화와 **스포츠**

중국이 각종 분야에서 경쟁 상대들을 하나둘 제쳐 가며 세계 일등이 되어 가고 있으며 중국인들은 이제 그런 성취를 잘 알고 자랑스러워한다. 다양한 방면에서의 급속한 발전으로 아직까지도 잠재시장이라고 표현할 수 있는 산업 분야는 그리 많아 보이지 않는다. 그런데 고부가가치를 가지고 있는 산업이지만 선진국과 비교해서 상대적으로 그 수준과 시장 규모가 확연히 차이 나는 경우도 있다. 그래서 세계 기업들이 눈독 들이며 진출도 하고 시급히 확대도 하고 싶어 하는 두 가지는 영화와 스포츠 시장이다. 둘 다 없거나 소비하지 않는다고 해서 생존에 영향을 주는 것은 아니지만 삶의 질을 높이고 영혼을 살찌우게 해 주는 대표적인 문화 두 가지다. 잘사는 나라 사람들이 중시하고 즐기는 까닭에 그만큼 발달해 있는 영화와 스포츠도 선진국만큼 따라가고 닮아 가고 싶은 중국인들이다.

중국에서는 1800년대 말 상하이에서 최초로 영화라는 것이 소개되었고 1905년에는 삼국지연의를 테마로 한 영화가 처음으로 중국인들에 의해 제작된다. 그 후로 주로 무협을 소재로 한 영화들이 유행하고 1940년대에는 상당히 많은 편수들의 할리우드 영화가 수입되어 상영되기도 한다. 신중국 성립 이후 영화 산업은 장막 속에서 조용히 명맥을 이어가다가 1980년대 말에 이르러 세계에 소개되기 시작한다. 외국인들에 의한 중국 배경의 영화가 만들어져 세상에 선보이기도 하고 중국인들이 만든 영화가 국제영화제에 참가하고 해외 여러 나라에 상영되면서 중국도 중국인도 중국 영화도 세상에 알려지게 된다. 세계인들이 새로운 세상의 중국인들을 본격적으로 만나게 된 것은 한 편의 영화 〈마지막 황제〉를 통해서다. 이탈리아 출신 감독과 영국인들로 구성된 주요 스텝들, 미국 영화사 그리고 영화에 등장한 많은 중국인 등 다국적 인원들이 제작한 영화다. 1986년 중국의 쯔진청(紫禁省)에서 영화 촬영이 진행됐는데 감독은 최초로 황제의 집무실인 태화전(太和殿)에서 영화를 찍은 사람이 되었고 지금까지도 그러하다. 영화는 1988년 9개 부문의 오스카상을 수상하는데 특히 작곡을 맡았던 사람은 중국 국적 최초로 이 상의 수상자가 된다. 무엇보다 1,100여 명의 학생들이 문화대혁명 당시의 홍위병으로 등장하는데 중국 근대 모습을 영상으로 만날 수 있는 흔치 않은 장면이었다.

그 이후로 이어진 장이머우(張藝謀)라는 걸출한 감독의 수준 있는 영화들이 연이어 등장하면서 중국인의 영화도 세계인들을 만나기 시작하게 된다. 그가 세상에 선보인 몇 편의 영화들은 중국이 그때까지 꽁꽁 동여맨 보따리 속에 감추어 두었던 비밀의 서막을 펼쳐 낸 것과 같은 느낌을 주기도 했다. 그로부터 시작되어 지금까지 중국에 대한 짙은 호기심을 하나씩 풀어 가고는 있지만 그 몇 편의 영화들로부터 30여 년이 흐르는 동안에도 근대의 모습을 잘 담아낸 수작들이 이어지지 않는 아쉬움이 있다. 중국의 영화 산업이 발전은 하고 있다지만 전체적인 규모나 수준 모두 아직은 발전한 나라에 걸맞지 않은 단계다. 특히 어지간하게 잘 된 영화라면 천만 관객을 훌쩍 뛰어넘는 한국과 비교했을 때 차이가 아직 크다. 중국 영화 산업이 규모 면에서 성장세에 있긴 하지만 아직은 한국의 3배 정도 수준이다. 한국의 스무 배가 넘는 인구수를 감안해 보면 다른 산업에 비해 아직도 발전 여지가 많은 잠재성을 가진 시장이라고 표현하는 것이 맞을 것이다. 중국 전역 영화관 스크린 수는 최근 매년 증가하면서 약 2만 개를 넘어 미국을 약간 상회하는 수준이 되었다. 이 중에는 중국 영화 산업의 잠재력을 높이 평가하여 진출한 한국 기업의 영화관도 포함되어 있다. 한국은 스크린 수는 적지만 관람 횟수는 세계 1위 수준이고 할리우드가 부럽지 않은 수준의 국산 영화도 심심치 않게 만들어 내는 나라가 아닌가? 중국은 영화 산업에서만큼은 두드러지게 한국과 비교를 많이 한다. 수년 전만 하더라도 중국이 여러 가지 통계나 사회현상의 비교를 진행할 때 한국은 늘 대상에서 제외된 국가였다. 미국과 영국, 프랑스, 독일, 일본에 호주 등 국가가 비교 대상국의 단골이었는데 언제부터인지 일본이 대상에서 빠졌다 들어갔다

하기도 하고 한국은 대부분 통계와 조사 비교에서 두 번 중에 한 번 정도는 등장하는 주요 국가가 되었다. 그런데 영화 산업의 여러 비교에서만큼은 한국이 비교 국가로 꼬박꼬박 등장한다. 그만큼 한국 영화 산업이 주는 여러 시사점이 많기 때문이다.

중국의 영화관이 많이 늘어나고 있다지만 아주 작은 도시나 농촌에까지 충분히 전파된 정도는 아니다. 얼마 전 저녁 무렵 우연히 지나던 베이징 근교 어느 산골 마을 공터에서 마을 사람들과 옹기종기 모여 앉아 트럭 무대에서 진행하는 공연을 볼 기회가 있었다. 일종의 "인민 위안의 밤"이 지금 이 시대에도 진행되고 있는 것이다. 중국인들이 무료 영화를 많이 시청한 때가 있었다. 집단으로 일하던 인민공사가 폐지되고 조직으로부터 자유로워진 이후다. 일상에서의 단체 행동도 없어졌고 저녁에 진행됐던 정치사상 관련 일정이나 계급투쟁과 정치 학습 등도 중지된다. 야간에도 진행했던 단체 행사들이 모두 사라진 농촌의 밤은 무료하게 지속되다가 80년대 들어 순회 극장이 농촌에 등장하게 되면서 수시로 야외극장을 차리게 된다. 그때와 달리 지금은 순회 차량에 무대까지 설치하고 제대로 된 춤과 노래를 곁들인 문화 행사로 격상되어 농민들을 위로하고 있다. 늘 중국을 표현하는 한마디는 "중국은 정말 한국의 50, 60년대부터 가장 선진적인 나라의 지금 바로 이 순간까지를 동시에 가지고 있는 나라"임을 실감하는 장면이기도 했다. 중국인들은 대도시 첨단 시설의 영화관에서 3D 영화를 관람하든, 집에서 불법 내려받기로 영화를 보든 산골 마을 광장에서 순회 영화를 보든 영화 보기는 참으로 좋아한다. 그렇게들 좋아하는데 영화 산업은 내용도 규모도 발전이 더디다. 이미 충분히 좋은 시설을 갖춘 극장으로 관객들을 불러 모을 만한 대작이 제대로 만들어지지 않는 것이 중국 영화 팬들이 안타까워하는 현실이다.

중국의 영화 산업 발전에 있어서 장애가 되는 것이 있다면 소재 발굴에 있어 제한을 가진다는 이유도 작지 않다. 중국 사회가 가진 정치적 특성상 일부 비판의 색채가 있는 이야기가 제약을 받을 수 있음은 쉽게 짐작할 수 있는 사실이다. 그래서 작품들의 극적 흥미도가 반감되는 경우는 많다. 영화나 드라마에서 온갖 비리와 사회 병폐를 얘기하다가도 엔딩 장면은 거의 다 "잘못하면 반드시 죄과를 치르게 된다"는 계도성 결말이거나 "살 만한 사회에 행복하게 살고 있다"는 해피엔딩인 경우가 대부분이다. 창작이 간섭받고 제한되는 경우가 분명 존재하고 있으니 이런 요소들이 결국 관련 산업 발전에 장애가 되는 것으로 외국인의 시선으로는 비쳐진다. 긴 역사와 넓은 땅 그곳에 사는 엄청난 인구, 그들이 겪어 온 역사 등 많은 것들이 극적인 영화를 만들기에 소재가 넘치도록 풍부한 조건인데 아쉬운 상황이다. 이 밖에 중국은 수입하는 외화에 대해 대부분 더빙하는 것을 원칙으로 하는 규정이 있다. 일부 시간대에서 원어로 된 영화가 허용되는데 비싸기도 하고 아예 원어 방영 시간이 없는 경우도 있다. 경상도 사투리가 주는 묘미가 압권인 한국 영화를 어쩔 수 없이 중국어 버전으로 본 적이 있는데 재미가 반감(半減)됐다는 표현이 딱 맞는 감상평이다. 중국 영화관에서 원하는 한국 영화를 관람하는 기회를 갖는 것은 그리 쉽지 않다. 엄격하게 외국영화 수입에 대한 제한을 두고 있기 때문이다. 지난 10여 년간 수입된 한국 영화는 20여 편에 불과하다. 연간 수입이 허가되는 영화 편수가 많아야 수십 편에 불과한 때문인지 할리우드의 블록버스터들만이 단골 수입품들이다. 그러니 한국 영화는 일 년에 고작해야 두세 편 수입되는 것이 현실이라 향후 중국 정책이 변하지 않는 이상 한국에서 해마다 천만 관객 이상을 가지는 좋은 영화들을 중국인들에게 제대로 소개하기 어려운 그야말로 그림의 떡인 셈이다. 정말이지 영화 부문에서도 중국인들에게 자랑도 하고 돈도 많이 벌 수 있는데 아쉽다.

중국 정부가 여러모로 발 벗고 나서서 중국 영화 진흥을 정책적으로 돕고 있는데도 충분히 발전하지 못하는 것이 이상한 일이기도 하다. 정책의 보호와 생활수준의 향상 등 여러 조건은 중국 영화들이 굴기할 수 있는 충분한 자양분일 텐데도 아직 돋보이지 못하고 있다. 영화라는 문화가 그리 쉽게 하루아침의 시간과 많은 금력이 있다 해서 만족하게 성취되는 것이 아님인 것이다. 중국이 경제대국이고 무역강국이기는 하지만 과거와 달리 지금은 문화대국이라고 부르는 사람은 없다. 이제 태동을 가진 듯한 중국 영화 산업은 오랜 축적의 노하우와 깊은 연륜을 가진 여타 국가들과 뚜렷하게 비교될 수밖에 없는 부분이라 앞으로도 시간을 가지고 많은 공을 들여야 할 필요를 가진다. 중국이 그 거대한 덩치에 걸맞지 않게 아직은 세계 무대에서 힘을 잘못 쓰는 몇 안 되는 영역이다. 많은 영화를 해외로 수출하고 있는 이웃 나라 인도와는 매우 대조적인 상황이다. 한때 초라했던 한국영화의 과거로부터 지금처럼 비약의 발전을 가진 시간만을 가늠해 본다면 중국의 영화 산업도 머지 않아 힘차게 도약할 수 있다는 가능성은 당연히 있다.

　일 년 중 한 달은 중국의 영화 관객 수가 미국 시장을 초월하는 한 달이 있다. 바로 연휴가 있고 돈이 잠시 흥청망청해지는 춘지에(春節)가 있는 1월 또는 2월 한 달이다. 중국 영화관들에게 있어서는 그야말로 대목 중 대목이기도 하다. 그래서 이때를 겨냥한 영화들은 늘 쏟아져 나온다. 매년 흥행몰이로 내놓는 중국 일류 감독의 춘지에 전용 개봉 영화는 "허수이피엔(賀歲片)"이라는 별도의 명칭을 가지고 있기도 하다. 새해 축하의 의미를 담으면서 대부분 중국의 특별한 사회현상을 가볍고 즐겁게 그려 내는데 역대 영화들 대부분이 나름 수준을 가진 볼만한 영화들이다. 아직도 불법 복제물 때문에 악영향은 받고 있지만 소득도 증가하고 소양도 높아지면서 좋은 영화를 잘 갖춰진 시설 좋은 장소에서 감상할 줄 아는 사람들도 늘어난다. 여러 이유로 영화관을 찾는 관객들이 꾸준히 증가하고 있는 정말 매력적인 시장인지라 많은 해외 기업들 특히 할리우드에서는 늘 목을 빼놓고 열심히 들여다보고 있는 시장이기도 하다.

　할리우드 영화를 보다 보면 언제부터인지 소위 대작이라는 작품에 빠지지 않고 등장하는 것이 중국이다. 중국 사람이든 장소든 대사에서든 중국 시장을 겨냥한 노골적인 마케팅 기법을 보게 된다. 신비스럽게 처리된 티베트와 티베트 사람들도 그렇고 선진국 못지 않게 화려해진 상하이의 마천루도 자주 등장하고 영화 곳곳에서는 중국인들이 배역을 맡는다. 물론 대부분이 긍정적인 내용들이다. 의식해서 보면 다소 어색하기도 하고 꼼수로도 보이지만 중국인들을 위한 영상을 곳곳에 담아내면서 흥행을 기대하고 있는 것이다. 할리우드가 대박의 현실 가능성을 믿고 기대하며 매일매일 연구하고 짝사랑하는 것이 바로 중국 영화 시장이다.

중국 시장과의 비즈니스에 있어 가질 수 있는 가능성과 거대성을 나타내는 상투적인 말이 있다. 중국인 14억 인구에게 뭐든 하나씩만 팔아서 1위안씩의 이익을 남겨도 14억 위안이나 된다는 아주 낙관적이고 희망적인 표현이다. 세계의 많은 기업들이 중국 시장이 가진 크기와 잠재성에 대한 기대감으로 줄곧 꿈꾸며 하는 말이다. 중국의 영화시장에서 2010년 상영된 할리우드 영화 한 편(아바타)이 바로 여기에 해당되는 경우로서 84일간 상영되어 14억 위안(약 2,500억 원) 정도의 매출을 올렸다고 한다. 이거야말로 정말 1인당 1위안꼴인데 얼마나 부가가치가 큰 산업인가? 미국의 할리우드가 중국 시장이 간절한 이유다. 세간에서 늘 궁금해하는 중국과 미국의 관계는 확실히 미묘하다. 미워하기도 하지만 일견 좋아하기도 하고 마음은 가까이하고 싶은데 현실에서는 멀리하고 경쟁하면서도 협력하고 닮아 가면서도 경원하는 그런 모순을 가지고도 잘 지내는 사이로 보인다. 사실 미국만큼 중국 시장을 잘 활용하는 나라가 어디 있겠는가 싶어 중국인들은 미국을 늘 꼬집어 이야기한다. 애플 제품에 자동차, 소프트웨어, 스포츠, 유니버설 스튜디오, 디즈니랜드 등 특히 영화에서 아주 쉽게 돈을 벌어 가는 미국인들이다. 중국인들은 미국인들이 여러 부가가치 높은 산업에서 우아한 듯 돈 잘 버는 모습은 정말이지 닮고 싶다. 영화 산업 못지 않게 뜻대로 되지 않는 것이 또 하나 있다면 바로 스포츠다. 중국인들이 4년마다 한 번씩 한껏 높아진 자긍심으로 TV 앞에서 한 달을 행복하게 살기도 하고 또 달리 4년마다 계속되는 아쉬움에 싸여 한 달을 보내는 일이 반복된 지 오래다. 중국인들에게 있어 올림픽은 쏟아지는 금메달로 환희의 축제지만, 본선에는 가 본 지가 언제인지 모르는 월드컵은 그와는 극명하게 희비를 엇갈리게 한다. 그런데 모든 것이 국가대표 선수들에게 달린 일이라 생각하고 즐거움도 아쉬움도 피동적이었던 것에 변화가 생겼다. 생활의 향상과 함께 대표선수들의 애국적인 스포츠를 보기만 하다가 스스로 참여하는 생활 스포츠에 대한 관심이 한껏 높아지고 있는 것이다. 그래서 중국의 스포츠 산업 시장은 창출할 것도 많고 성장시킬 것도 많은지라 세계 기업들의 관심이 매우 깊다. 큰 시장이지만 영화 산업과 마찬가지로 아직 성숙되지 않은 중국의 스포츠 시장이다.

미국과 수교할 때만 해도 중국인들의 스포츠 하면 탁구였다. 중국 스포츠 역사에 있어 세계대회에서 획득한 첫 번째 금메달 종목이 탁구인데 1959년 세계탁구선수권 대회에서 남자단식이 금메달을 획득한다. 이후 지금까지 탁구는 중국을 대표하는 스포츠가 되어 발상지인 유럽을 넘어 마치 탁구의 종주국과 같은 분위기까지 만들어지게 된다. 그러나 스포츠에 관한 중국인들의 진정한 열광은 그로부터도 훨씬 뒤인 개혁개방 후의 일이다. 중국은 1979년 올림픽 회원으로 복귀한 이후 1984년도 23회 LA올림픽에 참가하게 된다. 사격에서 올림픽 사상 첫 금메달을 기록했으며 체조 3관왕으로 이후 2008년 베이징 올림픽 개막식 성화 최종 주자가 되었던 리닝(李寧)과 같은 스타도 배출하면서 최종 종합 4위를 차지한다. 몇 년 후 1990년 9월 중국 베이징에서는 신중국 건국 이래 최대의 스포츠 행사인 아시안 게임이 열리게 된다. 당시 한국과는 미수교 국가인 상황이었지만 중국의 미래 시장에 지대한 관심을 가지고 있던 한국 기업들은 대대적으로 아시안 게임 축하 광고를 선보이면서 중국 인민들에게 적극적으로 다가서기 시작한다. 이런 스포츠 축제들은 중국이 세상과 교류하는 데 모두 좋은 기회가 됐고 해외 기업들 역시 이를 통해 시장을 열어 가는 데 도움을 받기도 했으며 베이징 올림픽은 놓칠 수 없는 절호의 마케팅 기회이기도 했다.

2008년 8월 8일 중국 베이징에서는 올림픽 개막식이 열린다. 중국은 이 대회에서 미국보다도 많은 금메달을 획득하여 최초로 종합 1위를 차지하게 된다. 개최지 결정까지의 준비 과정 그리고 행사 완료까지의 긴 여정을 모두 베이징 현지에서 지켜봤다. 베이징 올림픽이 중국인들에게 준 영향이 어찌 개최 기간 한 달여뿐이겠는가? 중국 인민들을 단결시키고 애국심을 고양시킨 성공한 행사로 대다수 중국인들은 자평하고 있다. 유치를 준비하면서부터 개최까지의 긴 시간 동안 중국인들은 스스로 변화를 가지며 세계인들에게 다가가고자 노력했으며 실제로 그 후 여러 곳에서 발전적인 변화로 이어지기도 했다. 거리는 이전보다 밝고 깨끗해졌으며 교통질서의 개선도 있었고 대기오염까지도 줄여 냈으며 무엇보다 인민들의 의식 수준이 상향되는 변화가 있었다. 중국인들은 먼저 올림픽을 개최했던 여러 선진국 국민들과 비슷한 경험을 할 수 있게 됐고 그 경험의 주인공이 되면서 지구촌 속에서 존재감을 확인할 수 있는 귀한 기회를 가질 수 있었다. 그런데 아무리 염원해도 인구 대국의 존재감을 발휘할 수도 없고 애타게 추억만 할 뿐 두 번 다시 경험하지 못하게 하는 일이 하나 있다.

월드컵이다. 중국에는 별의별 사람도 많고 그런 사람들이 섭렵하지 않는 영역이 없을 것 같고 무엇을 하든 그 많은 인구의 대표들은 필시 모두 발군의 세계적 실력을 가졌을 것 같다. 실제로도 많은 부분에서 그러한데 매우 예외적인 경우가 축구라는 스포츠다. 중국은 아직까지 월드컵과는 특별한 인연이 없다. 2002년 한국과 일본이 개최국이라 한결 여유로워진 예선을 통과하여 꼭 한 번 한 · 일월드컵 본선에 진출한 것이 전부다. 한국에서 3게임을 치렀지만 모두 패했고 목표로 했던 월드컵 사상 첫 골도 얻지 못했다. 이 기록이 지금까지의 중국 축구 대표팀의 월드컵 본선과 관련된 전부다. 그 이후 중국인들은 4년마다 정기적으로 한 번씩, 진출의 기대와 탈락의 실망을 반복하게 되는 고통의 시간을 이미 여러 차례 지냈다. 경제대국으로 성장했고 올림픽 금메달을 가장 많이 가져간 적도 있는 나라가 인민들이 그렇게 좋아하는 축구만큼은 예외도 너무 예외라는 것이다. 중국인들의 표현대로라면 한반도의 한국과 조선[北韓]까지 본선에 진출하는 마당에 중국 축구는 이때까지 아시아에서조차 내놓을 만한 성적을 낸 적이 없으니 안타까움과 탄식을 넘어 분노도 모자를 지경이다. 작은 나라 입장에서 보면 인구 많다고 다 이기는 경우가 결코 아니니 다행일 수도 있는 일이긴 하다.

사실 애타는 것은 중국인들뿐만이 아니라 축구 마케팅을 적극적으로 하는 한국 기업을 비롯해서 중계권이나 캐릭터 사업, 선수 스카우트, 스폰서십 등 관련된 많은 기업들도 마찬가지다. 세계 축구 흥행을 책임지고 있는 협회도 세계 최다 인구 국가의 연속 탈락으로 또 다른 속을 썩고 있다. 올림픽과 함께 세계인의 축제라는 월드컵은 강력한 흥행성을 가지며 비즈니스에도 많은 영향을 주지만 세계 절반에 가까운 인구를 가진 큰 시장인 중국과 인도가 본선 축제에는 번번이 초대를 받지 못하니 참으로 아쉬운 일이다. 중국 대표팀이 월드컵 본선에서 활약을 하게 된다면 그와 관련된 산업 효과는 어마어마할 것이다. 우선적으로 개최국이 아무리 먼 어느 나라라도 중국인 관광객들로 인산인해가 될 것은 뻔한 일이다. 중국인들도 세계의 많은 기업들도 기다리는 일이다. 중국인들의 4년 가슴앓이는 언제 치유될 수 있을까? 중국인들의 평화를 위해서도 월드컵을 후원하는 한국 기업의 비즈니스를 위해서도 그렇게 되면 참으로 좋은 일이다.

올림픽이나 월드컵을 떠나 중국인들의 생활수준 향상에 따라 주목해야 할 것이 바로 생활 속 스포츠다. 탁구나 배드민턴 등과 같이 일상에서 큰 도구나 비용과 공간이 필요하지 않은 종목은 활발해 보이지만 역동적인 스포츠를 즐기는 여유는 아직 부족해 보인다. 중국은 공원과 광장의 스포츠 나라라 할 수 있다. 도시민들은 널찍한 공간만 있으면 모여 춤을 추고 태극권을 하고 제기차기를 즐기는데 모두 공간 이동이 적은 정적인 운동 위주다. 그래서 스포츠 관련 산업은 개발할 여지가 많은 잠재력을 무궁하게 가진 시장이고 중국인들의 향상된 삶에 맞춰져 새롭게 만들어지고 생활 스포츠 시장 규모는 엄청날 것이다. 실제로 중국의 해안도로는 사람이 걷고 달릴 수 있게 정비되어 가고 요트 계류장까지 속속 만들어지고 있다. 한국처럼 전 국민이 걷기와 등산 열풍에다 자전거와 마라톤이 그처럼 유행하는 것과 같이 중국인들의 생활 스포츠를 즐기는 모습도 사회 변화와 함께 다양해지고 있다.

중국인들은 공통의 종교도 가지고 있지 않고 온 국민이 열광하는 공통의 스포츠도 나누는 것이 없다. 그래서 정말 많은 사람들이 살고는 있지만 열광적인 거리 응원이나 대규모 종교 행사로 전국이 떠들썩하고 거리가 메워지는 일은 없는 아주 조용한 나라이기도 하다. 중국인들 삶의 질이 향상되는 모습이 스포츠에서는 어떻게 나타날지 유럽인이나 한국인들과 비교해 관찰해 보는 것도 흥미로운 일이다.

중 국 의
특 별 한
사 람 들

중국인들은 어떤 상황에서도
"취안쯔(圈子)"라 불리는 인간관계망을
형성하고 유지하며 살아간다.
이 관계망을 통해
공적이든 사적이든
필요한 것들을 해결하며
살아가는 것이
곧 "관시(關係)"다.

21

그 아슬한 경계,
관시

한국인들이 중국과 관련하여 가
장 많이 듣고 말하는 단어 중의 하나가 "관시(關係)"다. 중국인 자신들
도 생활 속에서 늘 입에 올리며 살아야만 하는 관시는 영어 사전에
"guanxi"로서 중국어 발음 그대로 기재되어 있으며 외국인들에게는
중국의 독특한 문화로 인지되고 있는 단어이기도 하다. 관시를 우리
말 뜻으로 표현해 본다면 "인간관계 또는 인맥" 정도로 해석할 수
있는데 그렇다면 그런 것이야 사람 사는 곳이면 어디나 있는 것일진
대 한국인들은 중국인들의 관시에 대해 유난히 관심이 많다. 왜 유
독 중국에서는 그것이 강조되고 또 한국인들은 어찌 이해하고 있기
에 그렇게 집착하는 것일까? 중국인들은 어떤 상황에 있든지 현실
속에서 "취안쯔(圈子)"로 불리는 인간관계망을 형성하고 유지해 가며
살아야 한다는 것을 본능적으로 알고 있다. 오래전 혁명 동지로부터
이웃, 친인척에 직장 동료, 고향 사람, 동창과 사돈의 팔촌까지 가능

한 모든 인적 자원들을 동원한 관계망을 만들어 사회생활을 유지하는 기본적인 틀로써 의지하고 활용하면서 살아가는 것이 기본이다. 인간관계망은 사회 특권층에서 특히 촘촘하여 다양한 분야에 걸쳐 있는 사람들끼리 서로 도움을 주고받을 수 있는 네트워크로 잘 정비되어 있다. 이 관계망을 통해 공적이든 사적이든 도움을 필요로 하는 것들을 해결해 가며 살아가는데 가능한 여러 분야에 폭넓게 관계를 가지려고 적극적으로 찾아 나선다는 것이 관시를 대하는 중국인들의 또 하나 특징이다. 물론 특권층이 아닌 평범한 중국인들이라도 기본적으로는 영향력이 작든 크든 자신의 신분과 사회적 지위가 비슷한 사람들끼리 그런 관계망을 가지고 살아간다. 사실 인간관계망을 중시한다는 한국인들 입장에서 보면 별로 특별한 이야기가 아닐 수도 있다. 그런데 중국인들의 그것이 좀 다른 면이 있다면 인간관계망을 구축하고 유지하는 데 있어 대단히 의식적이며 노골적이고 매우 적극적으로 노력을 기울인다는 것이다.

거주하는 아파트 지하 주차장의 자동차들이 몇 달 지나 보면 새 차로 바뀌어 있는 경우가 적지 않다. 쉽게 자주 자동차를 바꿀 수 있는 사람들이 많다는 것이다. 대도시 웬만한 수준의 아파트 주차장이면 한국에서는 보기 쉽지 않은 고급 승용차들이 즐비하다. 한국보다 자동차 가격이 비싼 나라인데 어떻게 어디서 그렇게 돈을 잘 버는지 한편 대단하기도 하고 신기하기도 하고 의문이 들기도 한다. 혹시 중국인들은 어찌 돈을 그리 잘 버는지 한마디로 정의를 내려 주는 사람이 있을까 이리저리 물어보면 여러 중국인은 단호하게 얘기한다. 한마디로 관시 덕분이란다. 공무원이든 국영기업 간부든 돈 벌 수 있는 기회를 나눠 줄 수 있는 사람 하나만 제대로 알고 있으면 부자 되기는 쉽다는 말이다. 만약 없다면 금품을 써서라도 권력을 가진 사람을 인맥으로 이어 줄 수 있는 사람을 찾게 되는데 실제로 그런 경우도 수두룩하다고 한다. 그런데 그런 방법은 정상일까? 한마디로 불법이고 위법인 경우가 대다수인 비정상이라고 잘라 말하는 것이 질문을 받은 중국인들 대부분의 반응이다. 중국인들은 이러한 사회현상이 보편적일 것임을 굳게 믿고 산다. 관시의 중국은 지금도 계속되고 있는 것일까?

경험한 중국인들의 관시는 실제로 힘을 잘 발휘하곤 한다. 그런데 법 또는 규정이라는 잣대를 두고 냉정히 보면 정상과 비정상의 경계가 모호한 경우가 많은지라 뭔가 개운치 않은 찜찜함을 남기곤 했다. 규정도 법률도 때때로 필요에 따라 관시 속의 사람을 위해 임의로 해석되는 경우가 드물지 않다는 것이다. 이웃 나라 사람들이 끊임없이 이야기하고 있는 중국이 법치국가냐 인치국가냐 하는 의문의 출발점이 바로 사회 속의 촘촘한 인간관계망과 그 쓰임에 있음과 무관하지 않다. 합법과 위법을 오가는 아슬아슬한 인간관계를 중국인들과의 비즈니스에서 잘 활용해야 한다는 말들은 여전히 많이들 한다. 중국을 경험한 많은 분들이 저술한 각양각색의 중국 관련 서적에 빠지지 않고 등장하는 충고가 바로 중국에서 사업을 하려면 반드시 관시를 중시해야 한다는 것이다. 그런데 이러한 논조는 중국이 세계에 개방된 초창기로부터 20여 년 남짓의 세월 동안 채 정비되지 않아 헐거웠던 중국 사회시스템이 주었던 혜택을 지금도 이어 가고 있다는 느낌을 준다.

  실제로 일부 한국인들이 중국의 그 관시를 밑천으로 큰돈을 번 사람도 있었고 국내 대기업들도 중국 진출과 관련한 복잡한 행정에 있어 소위 관시를 찾아 혜택을 보는 경우가 많았던 것이 사실이다. 작게는 한식당 하나를 열 때도 해당 관공서들과의 관시를 통해 급행 처리 아니면 세금 혜택이라도 본 것도 사실이다. 이러한 여러 경험이 구전되니 중국에 사업을 하려고 하는 한국인들에게 있어 관시는 아무리 강조하고 집착해도 모자란 듯한 일이 되어 버렸다. 어떤 논조는 중국의 제대로 된 관시 하나만 잡으면 안 되는 일들이 없고 일확천금도 가능하고 반대로 관시가 없으면 되는 일이 없다는 식으로 강조되어 있기도 하다. 그러다 보니 중국과 사업을 시작했거나 또는 계획이 있는 적지 않은 한국인들이 첫걸음을 떼기도 전에 먼저 관시 찾기에 열중인 경우도 많다. 중국과 조금이라도 관계를 가져 본 사람들 중에 관시론 예찬자는 많다. 대륙 깊숙한 곳에서 중국인들과 비즈니스 한번 제대로 해 보지 않은 사람들이 신앙처럼 믿고 강조하는 관시론은 이제는 위험한 이론으로 보인다. 한국의 드라마나 중국을 주제로 한 소설에서도 관시는 정도(正道)처럼 등장한다. 그런데 그 관시가 만들어지고 도움을 받는 과정에서 건전한 사회에서는 용납하기 어려운 거래가 있음이 짐작되는 경우도 있기 마련이다. 중국인들과의 만남이 오래되어야 10여 년 남짓일 텐데 십년지기도 못 되는 이방인들에게 자신의 희생을 감수하면서 아무런 대가 없이 무리한 혜택을 베풀 중국인들이 얼마나 되겠는가? 그래서 관시의 실제적인 내면과 중국인들에게 바라는 기대 심리를 들여다보면 불법과 위법, 탈법이라는 부정적이고 어둠을 포함하고 있는 경우가 많다. 물론 가끔은 순수한 중국인과의 잘 만들어진 인간관계에서 비롯되거나 오랜 만남에서 오는 우정에서 기인된 우연한 기회가 있을 수도 있지만 그것은 모두 자연스럽게 출발된 인간관계에서 만들어지는 기회이지 무엇인가를 미리 목적하고 만들어진 경우가 아니다. 설혹 관시로 인해 일이 성사되었다 하더라도 그 관시가 떠난 후의 일은 또 어떻게 대비를 할 것인가? 일부 운이 좋아 관시를 통해 돈을 벌고 무탈한 사람들도 있겠지만 그런 사람들보다는 그 관시를 찾아 헤매다 돈과 시간만 날린 사람들이 더 많다는 것을 경험에서 느낀다. 중국에 머무르는 내내 중국의 고관(高官)이며 공안에 세무서 사람까지 아는 사람이 많다고 말하며 사업을 유혹하는 한국인들도 중국인들도 부지기수로 보았다. 그리고 그런 말에 기대어 사업을 하다가 많은 시간과 금전을 손해 보는 한국인들도 많이 보았다. 의도적인 속임이든 아니면 무지에서 비롯된 일이든 모두가 다 잘못된 관시의 맹종에서 온 결과다. 그래서 아직도 중국 사업과 관련해서 누가 누굴 안다고 접근하는 사람들은 늘 의심이 간다.

중국에 거주하고 있는 한국인들 중에는 자녀들을 고급 중국 중고등학교에 보내는 사람들이 가끔 있다. 학비가 다소 비싸긴 해도 좋은 집안의 중국 학생들이 많이 다니기 때문에 부모가 나서서 인맥을 쌓아 주겠다는 경우다. 만나 본 그런 사람들의 자녀들이 졸업을 하고 사회생활을 할 나이는 아직은 되지 않아 부모의 바람처럼 학창 시절을 통해 만든 인맥을 어떻게 관시로 활용할 수 있는지는 확인할 바가 없다. 한편으로 보면 늘 인맥 속에서 사는 한국인들 입장에서 이해하지 못할 일도 아니긴 하다. 그런데 어쩌면 그 자녀가 사회생 활을 할 때쯤이면 중국 사회시스템이 안정적이고 투명해져, 모든 일 이 공개나 입찰의 방식으로 진행되는 관시가 별로 통하지 않는 사회 에 가까워지지 않겠는가? 중국도 비정상의 정상화를 외치기 시작한 지 이미 오래됐고 오래된 사람들은 자꾸 바뀌어 간다. 중국은 저렇 게나 빨리 변해 가고 있는데 여전히 관시 타령을 하고 있는 것은 아 닌지 염려도 해야 하는 시점이 되었다.

오래 알고 지낸 중국인 친구 한 명은 빈번하게 먼 지방으로 출장 을 가는데 그 여정이 출장이라기보다는 외유라는 표현이 더 어울릴 것 같이 아주 독특하다. 바로 중국 유명 대학에 개설된 최고경영자 과정에서 만나 친분을 가지게 된 전국에 걸쳐 있는 동기생들을 만나 러 이 지방 저 도시를 다니는 친분 돈독히 하기 출장이다. 도착만 하 면 숙소는 기본이고 먹는 것이며 여행까지 현지 동기생들이 모든 일 정을 책임지고 비용까지 부담하는 것이 불문율이란다. 연간 수천만 원의 학비를 내는 이 과정은 나름 신분과 지위를 가진 사람들에게 독점되는 공개적인 인맥 쌓기 과정이기도 하다. 유명 대학이면 대부 분 개설되어 있는데 몇 해 전부터 큰 인기를 누리며 화제가 되고 있 다. 그런데 이 과정을 이수하는 사람들에게도 변화가 생겼다. 얼마 전까지만 하더라도 형식적으로 진행되는 수업 외에 먹고 마시며 오로지 인맥 만들기에 대부분의 시간을 들였는데 세대가 젊어지면서 그 과정이 건강해진 것이다. 학교 간 내몽고 사막 트레킹 시합과 같은 것은 체력과 도전 의식, 시간과 금전 등 많은 요소들이 집합되지 않으면 할 수 없는 대단한 이벤트라 할 수 있다. 젊어지는 수강자들은 건강한 활동을 통해 만들어지는 인맥을 점점 더 중시한다. 중국인들의 관시는 점점 더 투명하고 맑은 방향을 향할 수밖에 없도록 사회 분위기는 변해 가고 있고 이런 변화가 사회적으로 공명을 갖기 시작한 지 오래다. 중국인들은 계속해서 관시의 사회에서 살아가겠지만 그 속성은 빠르게 진화하고 있다.

개혁개방 이후 급속한 산업 발전의 속도를 따라가지 못하는 사회 시스템과 그로 인해 발생할 수 있었던 혼란들도 점점 정비가 되어가고 있다. 특히 세계 유명 기업들이 거의 다 중국에 진출해 있는 사회 분위기의 영향도 있고 세계화도 적극적으로 지향하면서 중국의 관료 사회도 언론도 기업도 다 변하고 있다. 관시보다는 오로지 올바로 시장을 들여다보고 이해함이 더욱 중요해지고 있다. 인간관계를 중시하는 동방 국가가 가진 건강하고 긍정적인 동질의 문화로써 관시를 인식하고 교류한다면 좋을 일이다. 사실 중국 개혁의 일환으로 사회 전반에 걸친 개혁은 부단히 지속되고 있으며 관련하여 적용되는 법률은 엄격하고 무섭다.

나라의 중요한 일들을 14억 중국인들에게 어떻게 효율적으로 전달할 것인가? 중앙텔레비전 제1채널 저녁 뉴스 시간이 가지는 집중의 위력은 정말 대단하다. 1982년부터 중국의 공산당, 정부와 관련된 주요 소식들의 전달은 저녁 7시 뉴스 시간을 통한다는 시스템을 공식적으로 결정하고 지금까지도 변함없이 시행하고 있다. 매일 저녁 7시만 되면 중국 전역의 방송국이 보유하고 있는 채널 중 한 개는 자동적으로 전환되면서 30분간 뉴스가 진행된 후 다시 자체 방송으로 돌아간다. 이런 방식이다 보니 프로그램 앞뒤로 붙는 광고 시간의 영향력은 매우 클 수밖에 없다. 광고 시간은 매년 입찰 형식으로 판매되는데 비용은 가히 천문학적인 수준이다. 인민들은 뉴스의 중요도와 관계없이 정치 서열에 따라 차례로 등장하는 국가 지도자들의 동향도 알게 되고 정부의 중요한 정책이나 법률의 변화 등도 살핀 후에 엄청난 비용을 지불한 기업들의 광고도 보게 되는 것이다. 그리고 이어지는 일기예보는 저 남쪽 열대 도시로부터 북쪽 변경 도시까지 속사포와 같은 빠른 말로 날씨를 전하는데 각 도시의 기온 차이만으로도 중국이 큰 대륙의 나라임을 느끼게 한다. 7시 뉴스는 전국에 걸쳐 방송이 되지만 큰 땅덩어리 구석구석에 흩어져 사는 온갖 사연의 많은 사람들과 소통하고 통치한다는 것이 결코 쉽지 않을 것이라는 느낌도 준다.

중국을 찾는 한국인들이 놀라는 것 하나가 도심 어디나 경찰이나 군인 복장의 사람들이 많아 보인다는 것이라 한다. 사실 제복을 입은 사람들 중 상당수는 "보안(保安)"이라 불리는 빌딩이나 아파트 단지의 사설 경비원들이다. 제복을 입은 사람들이 곳곳에 있으니 참으로 치안 인원들이 많아 보이기도 한다. 이런 분위기라서 그런지 넓은 대륙 곳곳으로부터 온갖 사람들이 다 모이는 중국 도시들이지만 대부분 치안은 좋은 편이다. 중국의 양호한 치안 배경에는 14억 인구를 다스리는 엄격한 법률이 당연히 큰 몫을 하고 있다. 일각에서는 중국이 법치보다는 인치의 국가에 가깝다는 말들도 하지만 그럴수록 법치국가임을 증명하기 위한 노력들은 끊임없이 이어지고 있다. 특히 반부패 전쟁이 그렇다고 할 수 있는데 공산당의 의지가 인민들에게도 충분히 공감이 될 수 있을 만큼 실효를 거두고 있는 것인지, 반부패의 강력한 의지와 실천에 보내는 인민들의 찬사와 지지를 받으며 공산당의 집정이 앞으로도 순탄하게 갈 수 있을지도 관심이다. 중국이 여타 국가와는 달리 투표로써 집정 당을 바꿀 수 없다는 전제가 있어 더욱 궁금한 것인지도 모른다.

다른 나라 사람들의 법률적 판단으로서는 쉽게 납득되지 않는 수준 정도의 범죄로 인해 사형에 처해지는 경우가 비일비재한 곳이 또 중국이다. 공무원들의 뇌물 수수에 관한 법률은 그 액수의 과다에 따라 사형까지도 처벌이 가능해 고위공무원들의 뇌물 수수와 관련한 사형 집행 보도를 심심치 않게 접하기도 한다. 한국 같으면 아무리 액수가 많아도 뇌물로 인한 사형 집행이라는 것은 상상할 수도 없는 일인데 중국은 일찍부터 엄히 다스렸다. 1952년 2월, 공무원 두 명이 부정부패 죄로 사형을 선고받는다. 공개재판 과정이 라디오 방송을 통해 허베이성(河北省) 전체로 방송되었고 당시 톈진(天津)시 공무원이었던 두 사람은 신중국 설립 이후 최초로 사형 집행이 된 고위 공무원들이 되는데 두 사람 모두 공산당원으로서 20여 년간 항일전쟁과 국민당과의 투쟁을 치른 혁명가였다. 이런 사람들까지 단호하게 단죄하며 시작한 것이 공산당의 오래된 부패와의 전쟁인데 지금까지도 계속되고 있다.

마약사범에 대한 처벌 또한 매우 엄격하여 드물지 않게 사형이 집행된다. 불행하게도 그중에는 한국인들도 있었고 현재도 중국의 감옥에는 같은 범죄로 복역 중인 한국인들이 있다. 여행이든 사업 목적이든 중국을 방문하는 한국인들에게서 자주 발견되는 점 하나가 바로 준법에 대한 모순적 태도다. 해외에서 느껴지는 자유로운 감정에서 오는 도발인지, 중국의 엄한 법률을 몰라서인지 아니면 중국이라는 나라의 질서 체계를 가벼이 봐서 그런지 작게는 무단 횡단과 음주운전과 같은 도덕적 이탈에서부터 심한 경우에는 상식을 넘은 범죄 행위까지 저지르고 큰 후회를 맞는 사람들의 이야기를 가끔 듣는다. 그런데 같은 범죄라도 한국과 다르게 대부분 아주 무섭고 가혹하게 법률을 적용하는 곳이 중국이다. 밀수도 엄히 다스리는 범죄라 한때 자동차 밀수범이 사형에 처해진 것은 잘 알려진 일이다. 여타 국가에서는 아주 극악한 살인범에나 적용되는 사형선고가 마약 사범이나 뇌물 수수, 탈세, 밀수, 납치 등에도 엄격하게 적용된다는 것이 또 다른 점이다. 중국도 한국도 모두 사형제도가 존재하는 나라이지만 다른 점이 있다면 장기적으로 집행하고 있지 않아 실질적으로는 사형 폐지 국가인 한국과 달리 중국은 한 해에도 수 많은 범죄자들에 대한 사형 집행이 진행된다는 점이다. 중국 사형 집행에 대해서는 해외 국가들과 언론들이 오래전부터 비판적인 입장을 표명하고 있다. 중국 내부적으로도 사형 언도와 집행에 관한 법률의 수정을 놓고 여러 의견이 많은 상황이라 적어도 그 정도(程度)는 완화해 나갈 것으로 여겨진다. 국제사면위원회는 세계에서 가장 많은 사형 집행이 이루어지는 나라가 중국이라고 전한다. 한 해 사형 집행이 천여 건이라고 알려지고 있는데 중국 인구수가 세계 1위임을 감안한다 하더라도 여타 국가와 비교했을 때 상당히 많은 수치임에는 틀림이 없다.

중국 TV는 법과 관련된 프로그램을 상당히 많이 방영한다. 시사, 드라마, 다큐멘터리 등의 다양한 형식으로 사회에 경종을 주고자 하는 계도성 프로그램들이다. 시사나 다큐멘터리 프로그램은 범죄 당사자가 실제 등장하여 직접 진술을 통해 범죄의 전 과정을 생생하게 전개한 뒤 대개는 회한의 눈물을 흘리는 것으로 끝이 난다. 그런데 이런 프로그램이나 뉴스에서는 범죄 당사자 모습을 모자이크 처리 없이 여과하지 않고 방영하는데 피고인이나 그 가족들까지 보호 없이 등장되는 노출은 너무 적나라해 외국인 입장에서 보면 당황스럽기도 하고 염려도 된다. 일상에서 쉽게 느껴지지는 않지만 중국이 충분한 긴장감을 안고 있는 나라임은 이해할 필요가 있다. 중국이 여러모로 안정이 되어 가면서 과거 엄청난 속도의 발전 도상에서 만연했던 반사회적 현상들의 정상화를 위한 정부의 노력들은 사회 곳곳에서 보여진다. 늘 협조적일 수밖에 없는 각종 국영 미디어들은 그런 정부의 엄격하고 단호한 모습을 계속해서 전달할 것이고, 시간이 가면서 내용과 형식은 인민들의 안목에 맞춰 훨씬 더 부드럽고 세련되어 갈 것이다.

22

새로운 삶을 찾는
농민공

갑자기 일정이 변경되고 비행기 사정도 여의치 않아 장장 30시간이 걸리는 하얼빈(哈爾濱)행 기차를 타기 위해 베이징 역사에 들어섰을 때 눈앞에 펼쳐졌던 광경은 타임머신을 타고 상상 속의 수십 년 전 중국으로 돌아간 듯한 느낌을 주었다. 넓은 대합실 전체는 초라하고 남루한 행색의 사람들과 커다란 짐들로 가득 찼고 몹시도 소란스러워 마치 전시 때 피난처를 연상케 하는 이전에는 보지 못했던 놀라운 광경이었다. 잠시 후 충격적이었던 것은 역무원들이 수도 호수로 물을 뿌리며 사람들을 밖으로 쫓아내는 광경이었다. 사람들은 익숙한 듯 추운 밤 광장으로 천천히 걸어 나갔다. 1990년대 초반 어느 겨울밤 베이징 역의 풍경이다. 그들은 바로 해마다 춘지에(春節) 때면 기차역을 가득 메우는 귀성의 모습으로 나타나는 가난 때문에 고향을 떠난 농민들이었다. 많은 농민들은 대부분 농촌에서 여전히 가난 속에 있지만 무려 2억 명 이상은 도시에서 이방인으로 살아가고 있다. 보다 나은 삶을 찾아 도시로 향한 중국의 농민들, 농민공(農民工)들의 이야기다.

중국은 약 8억 명 정도가 농촌 호적을 가진 농민의 나라다. 이들은 중국 경제 발전이 진행되는 동안 먹거리의 생산을 전적으로 책임지고 도시 건설에 노동력을 제공한 계층이기도 하다. 이 때문에 이제 명확하게 나타나고 있는 개혁개방의 결실을 마땅히 나누어 받아야 하겠지만 실제로는 도시민들에 비해 여러 방면에서 차별과 불이익을 받고 있다. 무엇보다도 그들이 분배받은 토지에서의 생산력은 자그마한 부도 구축할 수 없는 작은 규모이고 생산품은 저렴하게 팔려 나간다. 분배받은 땅에 기대어 농촌에서만 살아야 하는 가난한 운명의 사람들이다. 중국의 농민들이 왜 가난하고 가난이 대물림되기 쉬운 사회적 약자인지는 정치 참여에 관한 제도의 변화 과정을 보면 어느 정도 가늠이 된다.

1953년 선거법 제정에 따라 농민 8명이 도시민 1명에 해당되는 인구 비율로 지방 기초 인민대표를 선발하였다. 당시 도시 인구가 농촌의 10분의 1 정도에 불과했는데 농촌 대표의 비율은 오히려 도시민에 비해 8분의 1에 불과했던 것이다. 사회 환경의 여러 요소를 고려한 정치적인 배경도 있었겠지만 농민들이 정치적 참여에서 소외되다 보니 권익 보호에도 한계가 있었을 것임은 쉽게 짐작이 간다. 후에 4명당 1명으로 수정되었다가 2010년이 되어서야 농촌과 도시의 인민대표 선출이 동일한 인구 비율로 조정이 된다. 불과 몇 년 전에야 정치적 지위가 도시민과 동일해질 수 있었다. 이러한 과정을 겪어 오면서 도시민들이 농민들을 폄훼하기도 하고 차별도 하는 사회 분위기가 자연스럽게 생성이 됐고 사회 곳곳에 아직까지 분명히 존재하고 있음은 외국인 입장에서도 쉽게 감지된다. 그런데 세상이 급격히 변하면서 농민들의 사고에는 크게 변화가 일게 되고 삶의 모습을 스스로 바꾸기 시작한다. 도시로 향하는 것이다.

교통과 미디어, 통신 등의 발달과 함께 농민들은 농촌 밖의 세상과 소통하는 기회도 늘어난다. 사고 또한 깊어 가면서 피동과도 같은 농촌의 삶에서 벗어나고자 생성된 욕망은 도시로 향하는 구체적인 표현으로 나타난다. 중국의 도시화는 농민들이 일할 수 있는 취업 기회를 만들어 냈다. 농민들은 조금이라도 향상될 수 있는 생활을 꿈꾸며 이불 보따리에 취사도구까지 이고 지고 오랜 이동 과정을 거쳐 도시로 입성한다. 그리고 중국의 산업화와 함께 돈벌이를 위해 정착한 도시에서 "농민공"이라는 이름으로 살게 된다. "農民工" 어떤 특별한 직업인가 싶지만 한자를 쓰는 우리 문화에서 이 세 글자를 보면 공장, 공사 등과 관련이 있는 농민 정도의 의미로 쉽게 유추가 된다. 농촌을 호적으로 가지고 있는 임시 거주자로서의 도시 노동자이기 때문에 굳이 농민공이라는 단어로 정의를 내렸을 것이다. 농민공은 대부분 도시 건설 현장에서 노동하는 농민들을 대표 이미지로 시작해서 도시의 각종 산업에 종사하는 사람들의 통칭이기도 하다. 베이징과 같은 대도시들에는 늘 공사 현장이 많아 주변에서 쉽게 건축 노동자들을 볼 수 있다. 자주 보게 되는 장면이라 기억되는 농민공들의 이미지 하나가 있다. 공사장 어느 구석 쪼그려 앉아 먹는 점심 식사에 곁들여 큰 병맥주를 물 대신 벌컥벌컥 마시는 모습이다. 건설 현장을 지나게 되면 흔하게 보게 되는 광경인데 중국산 맥주 한 병이 3, 4백 원 정도이니 막걸리 역할을 하기엔 제격일 것이다. 도시와 농촌, 농업과 비농업의 경계인이기도 한 농민공들은 중국 개혁개방 사회에 나타난 특수한 계층이기도 하다. 빈궁한 농촌 수입을 조금이라도 보태기 위해 또는 농촌 생활을 완전히 탈피하고자 하는 도전으로 또 아니면 대도시에서의 과감한 창업을 위해 보따리를 짊어진 농민들의 장정은 오래전부터 계속 이어지고 있다.

농민공들의 절대다수는 건설 현장에 있지만 이 밖에도 노동력을 필요로 하는 곳에는 어디에나 있다. 자동차들이 늘어나다 보니 주차관리원이나 세차장에 수리공장까지 사람들은 많이 필요하다. 인터넷 쇼핑 시대가 되니 택배회사도 인원 수요가 부쩍 늘어났고 부동산 시장이 활황이니 대형 부동산 중개회사도 체인점마다 수십 명씩 젊은 직원들이 필요하다. 새로 지어지는 대형 식당들마다 많은 종업원들이 필요하고 완전히 대중화되어 동네마다 생긴 발안마 업소까지도 인력은 늘 필요하다. 모두 다 이전에는 없던 직업들로 농촌을 떠난 젊은이들에게 비교적 쉽게 일자리를 제공하며 변신의 시작을 돕는 대표적인 직업들이다. 동네 아파트 입구에서 불법으로 자가용 영업을 하는 농촌 출신인 동㈜씨도 엄격히 말하면 농민공이다. 산둥성(山東省) 어느 평원 지대에서 농사를 짓던 농민이었지만 자신과 자녀의 팔자를 바꿔 보고자 가솔들을 이끌고 고향을 떠나 대도시에서 거주하며 노동하는 전형적인 농민공 가정의 가장인 경우다. 도로 정비를 하는 노동으로 약간의 종잣돈을 모아 올림픽 공원 근처 재래시장에서 아내와 함께 과일과 야채를 파는 손수레 노점을 차렸다. 다시 조금 더 모은 돈으로는 중고 자동차 한 대를 할부로 마련해서 자가용 영업을 시작했다. 고향의 노부모는 식구들에게 분배된 농토에서 농사를 지으며 중학교에 다니는 큰아이를 맡아 기르고 있다. 10년 전 베이징에서 출생한 둘째 아이와 아내 셋이서 함께 생활하고 있는데 도시 생활은 빈한하기가 이를 데 없다. 농촌에 비해 열 배 이상의 수입을 거뜬하게 올리지만 학교에 다니게 된 자녀의 교육비와 비싼 주거비 부담으로 궁색한 생활과의 결별은 앞으로도 쉽지 않아 보인다. 그래도 둥씨보다 먼저 베이징에 왔던 농민공 1세대들이 자그만 장사할 기회조차 갖기 쉽지 않았던 것에 비하면 훨씬 운이 좋은 편이다.

농민공 1세대들은 중국 경제 발전의 태동기인 70년대 말 80년대에 풍찬노숙하면서 산업 발전에 절대적으로 필요했던 노동력을 감당하며 공헌했기에 틀림없는 중국 발전의 또 다른 주역이기도 하다. 대부분 50, 60대 사람들로서 교육 정도는 낮지만 국가 발전에 공헌한다는 학습된 애국심도 가지고 있고 오랜 시간 동안 농촌의 고단한 삶을 견뎌 오며 고생에는 이력이 난 세대들이다. 이들은 언젠가는 도시에서의 고생을 끝내고 업신여기는 사람 없는 고향으로 돌아가 그간 저축한 돈으로 집수리라도 하고 무엇보다 자녀들의 새로운 삶을 기대하며 살아가고픈 꿈을 가졌던 사람들이다. 어렵게 교육시킨 그들의 자녀들은 삶을 바꿀 수 있었을까? 고향을 떠난 농민들이 가장 기대하는 자녀들의 교육을 통한 삶의 변화가 제대로 성공하지 못하는 이유는 불합리한 제도와 깊은 관련성이 있다. 농촌의 가난 때문에 도시로 진출한 농민공들을 가장 곤혹스럽게 만드는 것이 바로 도시에서의 상급 학교 진학이 현실적으로 불가능하다는 것이다. 중학교를 졸업한 후에 호적지가 아닌 도시에서의 일반 고등학교 진학을 제한한다든지 대학시험은 반드시 본인의 호적지로 돌아가 치러야만 불이익을 받지 않는다는 것을 시작으로 해서 도시민들과 구분 짓는 각종 정책은 현실적으로 자녀들의 진학을 절망하게 한다. 자식의 교육을 희망으로 하여 도시에서 버티고 있는 농민공 가정들이 겪는 가장 큰 아픈 문제다.

농민공 1세대가 떠난 자리는 도시에서 출생했거나 농촌으로부터 새롭게 오는 2세들이 뒤를 이었다. 새로이 농촌에서 도시로 직접 유입되는 증가도 있지만 도시에 오래 머무는 시간 동안 농민공들의 새 가족도 늘어나는 것이다. 현재 중국에서 유동하는 농민공들의 수는 약 2억 명이 훨씬 넘을 것으로 추정된다. 거의 미국 인구에 상당하고 무려 한국 인구의 3배에 달하는 인구들이 고향을 떠나 타지에서 이방인으로 살고 있는 셈이다. 2000년대에는 80, 90년대 출생한 신세대 농민공들이 뒤를 이으면서 도시 노동자들의 주류가 된다. 여러 가지 면에서 1세대들과는 확연히 다르고 사회를 향해 내는 목소리도 높아 중국 사회는 이들을 주목할 수밖에 없다. 보따리를 이고 지고 나타났던 1세대와 달리 바퀴 달린 여행용 가방을 끌고 도시에 등장한 2세들은 도시에서 정착해서 살고자 하는 경우가 많다. 가족의 생존과 자녀들의 교육을 위해 도시로 향했던 부모 세대와는 달리 자신들의 발전을 위해 도시를 찾은 경우가 대부분이다. 이들은 아버지 세대에 비해 도시에는 익숙한 대신 고생에는 익숙하지 않은 세대들이다. 어릴 적부터 시장 경제체제에 길들여 있어 소비하는 시민으로 성장하였으며 부모 세대들보다는 교육 수준도 월등히 높아 여러 가지 면에서 사고방식도 다르다. 인터넷에 익숙한 이들은 중국인들 자신뿐만 아니라 외국에서도 주목하는 이들 자신 농민공 문제를 여러 경로를 통해 듣고 보고 있는 세대들이다. 아버지 세대가 건설해 낸 도시의 주인공이 되지 못하고 여전히 남을 위한 도시를 건설하며 도시의 한 귀퉁이에 있지만 늘 그 도시의 일원으로 받아들여질 것을 염원하고 요구한다. 도시에 살지만 도시에 제대로 융합되지 못하면서 시간이 지날수록 정체성이 모호해지기도 하는데 도시에서 출생했든 새롭게 등장했든 궁극적으로 소망하는 신분은 명확한 시민이다. 농민공 2세대들은 그들의 신분과 지위, 사회복지가 도시민들과 대등할 것을 끊임없이 요구하고 있다. 중국 정부는 어떠한 상황이든 궁극적으로 대다수 농민들은 지속적으로 농촌에 거주하면서 먹거리를 생산하고 적당 수의 농민들은 도시화에 참여하여 노동력을 제공하는 것을 가장 이상적이라고 생각하고 또 그렇게 계획하며 정책을 펴나갈 것이다. 점점 더 커지는 농민들의 목소리와 끊임없이 도시로 향하며 농민공들이 되고자 하는 농민들에 대한 정책이 어찌 전개될지 이 역시 미래 중국을 위해서 적절한 해결점을 찾아야 할 몹시도 중요한 일이다.

농촌의 젊은이들이 농촌을 떠나 돌아오지 않고 도시에 머물고자 하는 이유는 또 있다. 중국도 농촌 총각들은 결혼하기가 매우 어려운 세상이 된 것이다. 농촌을 떠나 도시에서 일하며 도시가 가진 우월한 삶의 조건들을 체험한 농촌의 젊은이들이 농촌으로 돌아가길 원하지 않는 것은 어찌 보면 자연스러운 일이다. 농촌을 떠난 여성들도 도시에서의 생활 조건을 충족시킬 배우자만을 찾다 보니 농촌 총각들은 아예 말 붙일 기회조차 없다. 도시에 머물더라도 대부분 직업도 안정적이지 않고 수입은 적고 사회적 지위도 없으니 도시에 정착하고자 하는 눈 높은 농촌 여성들을 사로잡기는 힘들다. 이래저래 농촌 출신 총각들은 결혼하기 힘들어진 세상이 됐다. 수십 년 후에도 계속될 중국 도시화 건설 현장에는 어떤 사람들이 지금의 농민공 역할을 하고 있을까?

몇 해 전 중국에 거주하는 한 프랑스인이 인터넷상에 올린 사진이 인터넷을 달군 적이 있다. 제목은 "중국 2050년"이다. 세 명의 서양인들이 각기 해머를 들고 담벼락을 허무는 공사장 인부의 모습으로, 밀짚모자를 쓰고 정원을 가꾸는 정원사 모습으로, 안전복에 안전모를 쓴 환경미화원으로 등장하며 중국 사회에서의 저임 노동자들 모습으로 연출한 사진이었다. 많은 네티즌들은 "외국인이 농민공을 대체하는 외민공 시대가 왔으면 좋겠다", "나중에 외국인 노동자들을 고용하겠다" 하는 반응으로 뜨거웠다. 2050년 중국은 어떤 모습으로 저기 있을까 궁금하게 하는 별스런 일들과 변화는 중국 넓은 땅에서 매일 벌어지고 있다. 중국이 번영해 가면서 사람들이 농담처럼 하는 얘기들이 있다. "나중에 중국에 가서 일해야 되

는 것 아니야?", "중국 사람들 밑에서 일해야 되는 세상이 오는 것
아니야?" 이런 우려나 상상을 해 보는 것은 서양인들도 마찬가지인
모양이다.

23

인생의 굴레,
호적

바삐 걷다가 뜀도 뛰며 쉼 없이 가고 있는 중국의 경제 발전이 지속되고 삶이 풍요로워지며 인민들의 안목은 넓어지고 여러 가지 생각도 많아지고 복잡해진다. 그래서 아직 시원하게 해결되지 않는 몇 가지 묵직한 사회문제들에 대한 중국인들 스스로의 지적과 비평에는 더욱 날이 세워진다. 출산, 재산권, 환경, 교육 등 여러 문제가 있지만 시간이 갈수록 이웃 나라 사람들까지 관심을 가지고 보고 있는 것은 빈부 격차 문제다. 여타 나라와 달리 중국인들의 빈부 차 문제는 개인차에서 오는 결과라기보다는 어느 곳의 호적(戶籍)을 가지고 어디에서 인생을 출발하느냐에 따라 이미 그 결과의 반이 결정된 것과 다름없다는 데 있다. 특히 농민들 대부분의 인생 여정은 출생과 동시에 그 대강의 방향이 결정된다.

"한 번 농민은 영원한 농민이어야 한다"라는 것을 전제로 출발한 듯한 느낌마저 주는 중국의 호적 제도는 그와 불가분의 관계에 있는 토지 정책과 함께 농민들의 기본적 삶의 방향을 결정짓고 있다. 이만큼 발달된 현대사회에서는 이제 결코 쉽게 이해되지 않는 호적과 토지제도라는 특별한 정책이 옭아맨 굴레에 얹혀 출생지의 제한된 조건에서 인생을 출발하게 되는 것이다. 이 두 가지 제도는 여타 국가에는 없거나 있더라도 판이한 중국식 사회주의를 대표하는 특색이기도 하다. 호적 제도는 우선적으로 농민들의 생존권을 보장하는 토지 분배의 원칙을 가지지만 자유로운 거주지 선택권을 제한하며 교육과 의료 등의 복지에도 관계하여 인민들의 행복권에 직접적으로 영향을 미치는 사회시스템의 출발점이다. 한국에도 같은 이름의 제도가 존재하다가 폐지되었지만 애초부터 명칭만 같았을 뿐 내용은 전혀 달랐던 중국의 호적 이야기다.

중국 호적 제도의 효시는 갑골문에 징병과 관련되어 새겨진 기록으로부터 찾아볼 수 있다. 고대부터 백성들을 징세하고 관리하는 제도로써 존재해 왔는데 기본적인 틀이 현대와도 크게 다르지 않다. 세수와 징병을 목적으로 구성원들을 관리하는 것은 국가의 존립과도 밀접한 관계가 있을 테니 이를 제도화하고 면밀하게 시행하는 일은 무엇보다 중요했다. 그러니 무협 영화에서 보는 것처럼 유유자적 창안성(長安城)을 통과한 협객이 홍등이 나란히 걸린 객잔에 들어서 엽전 꾸러미를 탁자에 꺼내 놓고 단지째로 배갈을 마시는 분위기는 실상과는 다른 영화 속 장면일 뿐이다. 매번 성문을 통과할 때마다 적법한 표식을 꺼내어 수문들에게 보여 주는 등의 자유로운 이동 제한

이 있었던 것이 현실이었을 것이다.

중국은 1954년 헌법으로써 "거주와 이전의 자유"를 보장하였지만 몇 년 후 실질적으로 거주 이전의 자유를 없앤다. 1963년부터는 호적을 농업과 비농업으로 나누어 지금까지도 그 기본적인 체제를 유지하고 있다. 농촌을 호적으로 한 사람들은 지속적으로 농촌에 머물면서 농사를 지어 먹거리를 생산해 내고, 도시민들은 국가가 안배한 직장을 다니기 위해서 정해진 주거지에서만 살아야 한다는 원칙적인 제한을 가졌다. 고대 제도와 크게 다를 바 없이 강제성을 지니고 있었던 것이다. 도시민들은 기본적으로 어떤 사회적 제약도 느끼지 못하고 살고 있지만, 농민들은 고정된 직업의 세습과도 같은 낙후성을 그대로 안고 살기 때문에 21세기 현대사회에서 문제가 되고 있다. 세상이 온통 달라진 오늘날 중국의 호적제도는 빈부 격차 문제로부터 자녀 교육이나 사회적 차별 등 생존과 복지에 직접 관련이 있는 나날이 심각해지는 사회문제를 양산해 내는 원천이 되어 버렸다.

물론 농민들이 도시로 가는 이동의 자유 자체가 제한된 것은 아니다. 엄격히 얘기하면 도시에서 거주할 수는 있지만 도시민으로 생활하기가 어려운 사회 구조가 문제인 것이다. 30여 년 전 배급제 시절에는 식량을 구하는 것 자체가 문제가 되었기 때문에 도시 거주를 엄두도 못 냈다면, 지금은 가난한 농민들 입장에서는 임시 거주만 허용되는 사회시스템하에서 의료나 교육, 보험 문제 등 타지인이라서 받을 수 없는 사회복지로 인해 도시에서의 생활은 매우 힘들다.

이를테면 의료보험 혜택을 받으려면 거주지 병원에 가야 하는데 먼 타지에서 아픈 사람에게는 전혀 현실적이지 않아 가난한 살림이 더욱 축나야 하는 경우다. 대부분 농민들은 도시 산업화에 필요한 노동력을 제공하며 농민공으로 살아가는 임시 생활만이 가장 손쉽게 살아갈 수 있는 상황이다.

도시에서 노동자로 일하는 한 농촌 출신이 자신의 경우를 실례로 하여 계산한 베이징 호적이 가진 가치가 무려 약 2억 원에 가깝다고 조목별로 따져 밝힌 경우를 살펴보면 쉽게 이해가 간다. 우선 농민공 자녀가 타지에서의 학습으로 인해 받지 못하는 초등학교 6년과 중학교 3년의 의무교육 혜택으로 인해 고향과 달리 더해지는 부담이 몇백만 원은 된다. 베이징 사람들과 동일하게 의료보험의 혜택을 받을 경우 매월 2만 원 정도만 내면 약 3천만 원까지 적용을 받을 수 있는데 이 역시 대상일 수 없고 실업 상태가 되었을 때 받을 수 있는 매월 약 5만 원 정도의 보조금 혜택도 없다. 무엇보다 국가가 분양하는 저렴한 주택을 분양받을 수만 있다면 지금 시황으로 보아 최소 1억 5천만 원의 경제적 이득이 있는데 이 역시 외지인이라 해당이 되질 않는다. 자녀들 교육과 의료보험, 실업 수당, 주택 혜택 등 모두가 호적지에서만 적용이 되는 조건들이라 일단 호적지를 떠나게 되면 무엇도 도움을 받을 수 없다. 농촌 지역의 사회복지 수준은 환경적 요인으로도 도시에 비해 현저하게 떨어지는 것이 현실인데 공간적으로 도시와는 대부분 너무나 멀리 떨어져 있는 또 다른 세상이기도 하다. 지금으로써는 거부할 수 없는 호적제도로부터 오는 도농 간의 차별을 극명하게 보여 주는 사례는 곳곳에 있다. 교통사고로 사망한 두 택시 승객 중 도시 호적인 사람에 비해 농촌 호적인 사람의 배상금이 절반도 안 되는 판결이 있었는데 그 근거는 단 하나, 호적이 농촌과 도시의 차이였기 때문이다. 농민들이 도시에서 살아가는 일은 차라리 서러운 일이다.

더욱 심각해 보이는 상황은 자녀의 교육 문제로부터 쉽게 감지된다. 자신은 어쩔 수 없는 한계상황과도 비슷한 환경에 처해 있다 하더라도 자녀마저 그런 불평등의 삶을 살게 할 수는 없기에 팔자를 바꿀 수도 있는 거의 유일한 방법인 교육에 모든 것을 걸지만 그마저 여의치 않게 한다. 중국은 과거제도의 원조 나라가 아니던가? 농촌 출신 학생들이 대학을 졸업하고 대도시의 직장에 취직해 다니다 호적지 변경 조건들이 충족되어 도시민이 되는 경우가 바로 힘들게 팔자를 고치며 새로운 인생을 출발할 수 있는 경우다. 그래서 장원급제로 팔자를 고칠 수 있는 듯한 희망을 가지고 자식에게 희생할 줄 아는 부모들이지만 좋은 대학이 있는 도시에 태어나지 못했다는 이유만으로도 대학 문은 마치 삼중 오중으로 높이 쌓인 성보다도 높다. 실제로 중국의 명문 대학들은 지방별로 입학 학생 수를 정하는 소위 쿼터제와 유사한 제도를 시행하고 있는데 농촌은 상대적으로 신입생 배분 비율에서도 불이익을 받고 있다. 농민들이 세상에서 보는 것들이 많을수록 교육열은 치솟지만 본인들의 노력에 의해서도 자녀들의 교육을 통해서도 팔자를 바꿀 방법은 쉬워 보이지 않는다.

농민들이 도시민들에 비해 상대적으로 불평등한 중국식 사회주의에 살았던 시간이 이미 짧지 않다. 세상이 발전하면 발전할수록 느껴지는 농촌 현실 생활의 팍팍함에서 오는 피곤함과 도시민들과의 비교에서 느껴지는 박탈감이 작지 않아 심리적으로도 위로받고 치유받아야 할 상황이다. 오랫동안 차별된 운명으로 소외되고 가슴 아픈 농민들의 목소리가 점점 커지면서 중국 사회는 농촌과 농민들에게 더욱더 큰 관심을 기울일 수밖에 없는 분위기로 바뀌어 가고 있긴 하다. 농민들의 계속되는 호소가 계속 부유해져 가는 도시민들이 농민들을 동일한 인격으로 존중하며 부를 함께 나누고자 하는 사회 분위기를 만들어 낼 수 있을 정도의 울림인지, 그 울림을 충분히 받아들일 만큼 중국 사회가 성숙해졌는지는 아직은 좀 더 두고 봐야 할 일이다. 그래도 농촌과 농민을 둘러싼 사회적 갈등을 해소하기 위한 변화를 더 이상 미룰 수는 없는 사회 분위기라 중국 정부에서도 속속 조치를 내놓고 있지만 호적 제도 근본을 바꿀 획기적 변화에는 아직도 시간이 필요한 듯하다. 중국 정부가 지속적으로 관련 법률을 정비하면서 호적지 변경의 조건을 다소 완화하고는 있지만 현재 시행하고 있는 도시와 농촌으로 이원화하는 제도의 근간은 앞으로도 한동안 유지할 듯하다. 현실적으로 농민들의 도시 호적 취득은 어려운 상황이고 그냥 제도상 무망(無望)하지만은 않다는 것으로 위안받는 정도다. 몇 해 전 상하이 시에서 공포한 외지인이 상하이 호적을 취득할 수 있는 조건이다. 7년 이상 거주하는 동시 동 기간 중 적법한 납세 의무를 다해야 하며 일정 수준 이상의 전문 기술을 보유하고 직장에 지속적으로 재직 중이어야 하며 범법 행위가 없는 경우에 한한다고 규정하고 있다. 조건 중에는 다분히 주관적인 기준에 의한 것도 있으니 현실적으로 상하이 사람이 되는 일이 얼마나 어려운 일임을 짐작할 수 있다. 여타 다른 대도시들도 방침을 차츰 개선해 가고 있다지만 이원화의 큰 틀을 유지하는 선에서의 조건을 가진 완화라 난이도는 대동소이하다. 그런데 베이징은 사람만 제한하는 것이 아니다. 지방 차량들이 베이징으로 들어오려면 출입증을 따로 교부받아야만 한다. 반대로 베이징 차량은 어느 지역에든 다닐 수 있다. 이런 자그마한 이유도 있지만 세계에서 가장 많은 인구를 가진 나라의 수도(首都)여서인지 베이징 사람들은 베이징런(北京人)이라는데 자부심을 가지고 산다. 그런데 유독 그 베이징런이라서 타지 사람들이 별로 만나고 싶지 않아 했던 역차별의 시간이 있었다. 사스가 베이징에서 유독 창궐했을 때다. 확산을 막기 위해 베이징을 봉쇄했다는 소문이 있을 정도쯤 되니 타지 사람들이 베이징 사람들 만나기를 극도로 꺼렸던 것이다. 당시 중국 직원들은 모두 재택근무를 시키고 한국인들만 회사를 지키는 상황일 정도로 사람들과의 만남이 단절된 정말 독특한 세상을 경험했다. 가족들은 모두 일시 귀국을 했었는데 사스의 나라 중국 그것도 베이징에서 왔다는 이유로 한국 곳곳에서 경계의 대상이 되기도 했다. 발병 초기의 늑장 대응과 사실 은폐로 세계적인 비판을 받았지만 모든 것을 공개한 이후 중국 정부는 인구 이동의 통제나 병원, 의료진 동원 등에 관해서 고강도의 행정 권력이 어떤 것임을 제대로 느끼게 해 주는 관제 능력을 보였다. 외국인 입장에서 지켜볼 때 정부의 행정력이 무시무시하게 느껴질 정도였다. 최종적으로 중국은 사스를 잘 통제하였다는 평가를 받게 되었고 중국의 또 하나 사회시스템이 성숙해지는 계기가 되었다. 많은 중국인들이 살고 싶어하는 수도 베이징이 전쟁 이후 겪은 또 다른 재난은 그렇게 끝이 나고 도시는 다시 발전하기 시작했다.

『웨이청(圍城)』이라는 유명한 중국 현대 소설이 있다. 성 안에 살고 있는 사람은 늘 밖이 궁금하여 나가고 싶어 하고 성 밖 사람들은 성으로 둘러싸인 그곳 안으로 들어가고 싶어 한다는 상반된 욕망을 가진 인간의 본능을 잘 나타내고 있다. 그런데 중국 도시 사람들은 밖의 세상을 별로 궁금해하지 않고 농민들만 자꾸 성곽 안 도시로 들어가려 하는 세상이다. 농민들로서는 잃는 것보다 얻을 것이 훨씬 많기 때문이라고 믿기 때문이다. 도농 이원화 정책이 곧 차별을 의미하게 된 것이 증명된 현실에서 도시를 찾아야만 하는 삶이 가지는 피로감은 아주 무겁다. 중국 농민들이 현재 가지고 있는 거주와 이전, 교육을 비롯한 복지 문제, 사회자원 분배의 불평등 문제 등은 점차 해소될 수밖에 없겠지만 시간은 많이 걸려 보인다. 중국 정부는 왜 이렇게 호적 제도에 집착하는 걸까? 의외로 간단하다. 도시의 제반 인프라가 농민들의 집중을 감당해 내기가 결코 쉽지도 않지만 무엇보다 중요한 중국의 현실은 농민들이 모두 도시로 향한다면 "소는 누가 키우냐?"다. 그러나 농민들 입장에서는 만약 도시로도 향하지 않는다면 희망은 오로지 자신들의 명줄과도 같은 토지에 기댈 수밖에 없다. 나라가 농민들에게 분할해 준 토지, 그동안 중국의 산업화에 기여하고 호적 제도로 인해 불이익을 받게 된 농민들을 위로하고 보상할 수 있는 중국 정부가 가진 정말 대단한 무기이기도 하고 중국 농민들이 대박을 꿈꿀 수 있는 거의 유일한 기댐이기도 하다.

24

진정한 명줄,
토지

산업화가 속도를 더해 가고는 있지만 중국은 아직 많은 인민들이 농민으로써 토지에 기대어 살아가는 나라다. 중국인들과 토지에 얽힌 삶을 생생하게 전달해 준 소설이 하나 있다. 1938년 노벨 문학상을 수상한 펄 벅의 『대지(大地, The Good Earth)』다. 선교사의 자녀로서 1800년대 말부터 1900년 초 무렵 그 당시 외국인으로서는 드물게 중국 땅에서 성장한 인연과 경험을 토대로 하여 오로지 땅에 기대어 삶을 이어 가야 했던 중국인들을 이야기한다. 소설 속 주인공 왕룽(王龍)의 삶 자체가 소작농에서 지주로 변신해 가는 과정에서의 땅과의 얽힘이었고 그는 "땅이 곧 명줄이니 꼭 지키라"는 말을 남기고 세상을 떠난다. 그런데 소설의 시대에서 오래지 않아 중국의 지주들은 명줄과도 같은 토지를 빼앗기거나 반강제로 헌납해야 했던 농민들의 혁명을 맞게 되고 신중국은 탄생한다.

중국은 인류 생명의 근원인 토지 공유의 불평등에서 시작된 투쟁의 결과로 탄생한 국가라고 표현한다. 실제로 신중국은 지주들의 땅을 농민들에게 분배하는 과정을 가지면서 세워졌고 이제 70년 가까운 시간이 흐르고 있다. 그 땅에 살고 있는 사람들은 어떤 모습으로 변했을까? 세계 여러 나라를 다니며 숱한 화젯거리를 만들어 내는 중국인들은 이제 한국에서도 숱하게 만날 수 있지만 농촌에 머물고 있는 농민들의 모습은 가까이 볼 기회가 없으니 그 삶을 읽어 내기는 쉽지 않다. 아직은 도시민들보다 훨씬 많은 중국의 농민들 그들의 전부라 할 수도 있는 토지 이야기는 개혁으로부터 시작된다. 토지개혁은 신중국이 성립되기 이전 공산당이 국민당에 맞서 통치했던 동북지역을 중심으로 한 해방구에서 1946년에 시작되어 6년간이나 지속된다. 뺏고 뺏기는 과정이 언제나 평화적이었을 리는 없으니 많은 희생도 있었던 이때의 얘기는 지금도 드라마나 영화의 배경이 되기도 한다. 몇 차례에 걸친 토지개혁으로 기존 지주와 소작농으로 관계되어 유지되던 농업의 기본 질서는 완전히 사라지고 모든 국토는 국유화되었으며 농민들은 가구 구성원만큼의 농지를 무상으로 분배 받음으로써 형식적으로는 모두가 평등한 새로운 출발을 가지게 된다. 도시에도 변화는 있었다. 공산당이 추구하는 사회주의의 가장 중요한 부분이라 할 수 있는 평등한 사회 구성을 위한 전제로써 모든 자산가나 사기업들은 사라지고 공유제로써 국영기업만이 남게 된다.

그리고 세월 따라 나라의 정책도 많이 변했다. 도시 사람들은 스스로 직업을 찾아야 하는 부담을 극복하고 많은 사람들이 기회를 찾아 부를 만들어 가고 있다. 그러나 대부분 농민들은 여전히 토지만 바라보며 딱히 바꿀 수 없는 팔자를 원망하며 힘겨운 삶을 지속하고 있는 오래된 상황이 끝날 것 같지가 않다. 그래서 도시에서는 이미 부자 2세인 푸얼다이(富二代)들이 많아지는 대신 농촌에는 여전히 가난한 충얼다이(窮二代)들이 늘어나는 것이다. 토지개혁으로부터 시작된 할아버지 대를 넘어 이미 3대를 잇는 가난의 연속이라는 현실이 이제는 농민들의 눈에도 잘 보이기 시작했다. 토지로부터 오는 그들의 고민은 충분히 심각한 사회적 문제로써 무언가 그들을 위한 획기적 전환이 조속히 있어야 마땅한 사회 분위기다. 도시민들에 비해 상대적으로 열등한 제반 삶의 조건들도 가난을 벗어나기 어렵게 하는 현실인 데다 보다 근본적인 문제는 명줄과도 같은 토지의 소유권도 없고 재산으로써 활용할 수도 없다는 것이다.

　토지와 관련된 문제의 핵심은 의외로 간단하여 재산권을 행사할 수 있느냐 없느냐가 관건이다. 현재로써는 정부가 무상으로 분할하였지만 임대의 형식인지라 그 소유는 궁극적으로 농민에게 있지 않으니 자유롭게 매매할 수 없다. 도시민들의 경우 물권법(物權法)에 따라 토지는 임차한 것이지만 건축물에 대해서는 언제든지 재산권을 행사할 수 있다. 실제로 부동산 폭등으로 많은 사람들이 부를 구축해 가는 상황이라 농민들과의 형평성에 큰 문제가 있는 것이다. 농민 중에서 그나마 운이 좋은 경우는 30년간 임대되는 토지를 재임대하여 많지 않은 임차료 정도를 챙기고 돈을 벌기 위해 도시로 떠날 수 있는 기회를 갖는 정도다. 하지만 절대다수의 농민들은 도시에서 새로운 방식으로 살아야 하는 모든 것이 두렵고 현실적으로도 어려워 농촌에 머무를 수밖에 없는 것이 실상이다. 그러니까 한국인들이 많이 사는 아파트 단지 입구에서 불법 자가용 영업을 하는 농촌 출신들은 대단한 용기를 가지고 거기까지 이른 사람들이다. 농촌을 떠나 이곳저곳 도시의 모퉁이에서 노점상을 하는 사람들을 대도시에서는 쉽게 만날 수 있다. 언젠가 잠시 알게 됐던 천(陳) 선생도 산둥성(山東省) 공자 사당에서 얼마 떨어지지 않은 농촌에서 베이징으로 돈벌이를 온 것이 벌써 10년이 다 되었다. 고향집에는 지금 노모가 부부 대신 두 아이를 돌보며 도시로 떠난 아들 부부가 보내 주는 돈으로 생활하고 있다. 임대도 주지 못하는 땅은 팽개쳐 두고 가난을 대물림하지 않기 위해 도시에서 고생하는 농민들은 부지기수이나 도시의 냉대 속에서 제대로 자리 잡고 부를 만들 수 있는 확률은 그리 크지 않다.

농촌의 토지와 관련하여 또 하나 문제는 지속되는 도시화와 기존 도시의 확대에 따른 토지 수용과 관련한 문제다. 수용되는 토지에 대한 보상으로는, 농작물 생산량을 기준으로 한 결코 많지 않은 현금을 손에 쥘 수 있는 것이 거의 전부라 할 수 있다. 보상 대신 농민들은 천직을 잃게 되고 농촌 대신 얻은 도시 호적이지만 쉽지 않은 생존은 오히려 사회적 약자로 만들어 버린다. 농민이었을 때는 토지를 경작하고 가축을 사육하거나 채소를 재배하는 등의 부업도 있고 농한기에는 도시에 나가 노동이라도 해서 최소한 자급자족에는 문제가 없었다. 그런데 억지 춘향이마냥 도시민이 되었지만 평생 농민으로서 토지를 잃었으니 다른 직업을 가지기가 어려워 생활은 오히려 힘들어지는 경우가 대부분이다. 배상 기준을 두고서도 속이 탄다. 개혁개방 30년 후 공무원 월급은 대략 100배가 올랐다고 하는데 토지 보상의 실제 가치는 고작 10배 정도가 올랐을 뿐이다. 농지를 개발하여 정부가 새롭게 거둬들일 세수와 개발업자들의 부가이익을 바라만 볼 수밖에 없는 농민들의 상실감은 클 수밖에 없다. 도시화, 산업화로 농지를 수용당한 농민들의 수는 이미 수천만 명이 넘는다.

　현재 농민들의 소득은 경작을 통해 얻어지는 것 외에 짬짬이 도시로 나가 노동을 통해 얻는 임금 정도라서 재산 증식은 현실적으로 매우 어려운 상황이다. 기업을 일군 회장님, 사장님으로 종종 방송에 출연하기도 하는 화제의 농촌 출신들은 정말 극소수다. 농민들이 현재의 생활수준을 현저하게 향상시키는 거의 유일한 기회는 농지에 대한 소유권을 행사하여 임의로 가치 교환을 하는 방법밖에는 없어 보인다. 그나마 농민들이 기대하고 있는 것은 중국 정부가 검토하고 있다는 새로운 토지 정책으로써, 향후 수년 내에는 농지에 대해 재산권을 행사할 수 있는 권한을 부여한다는 방향성을 가지고 있다. 1998년 도시민들이 주택을 궁극적으로는 재산으로써 소유하고 처분할 수 있게 한 물권법과 비슷한 방식을 농촌에도 적용하겠다는 정책이다. 중국 정부가 획기적인 결정을 내려 실현된다면 농업세 폐지에 이은 두 번째 엄청난 농촌 개혁이라고 할 수 있다. 궁극적으로 농촌이 살 만한 곳으로 만들어져야 한다는 데 대한 중국 정부의 부담과 개선 의지는 점점 커 보이고 농업과 농민을 중시하겠다는 정책에 대한 표현만큼은 해마다 명백하다. 82년부터 86년까지는 5년 연속으로 2004년부터 지금까지 십몇 년 동안을 계속해서 연초에 발표하는 첫 번째 문건은 모두 농촌과 농민에 관련한 내용을 주로 담고 있다. "1호 문건"은 중국 공산당이 연초에 가장 중요시하는 정책을 담고 있는데 농민과 농업과 농지에 관한 내용을 무엇보다 우선해서 표명한 지 이미 오래됐다.

　중국 농민들에게 분할된 토지가 개인의 재산으로써 인정되고 자유롭게 가치 교환이 이루어질 수 있다면 획기적인 삶의 변화를 가질 수 있는 농민들이 많이 생겨나게 될 것이다. 그리고 이후 생활이 한결 여유로워진 중국의 농민들도 세상을 여행하기 시작한다면 세계는 정말 엄청난 인구의 새로운 출현이 위협처럼 느껴질 수도 있겠다. 중국 개혁개방의 진정한 성공 평가는 이 절대다수의 농민들의 삶의 질과 깊은 관계가 있다고 보는 시각은 많다. 농민들에게는 사회자원의 균등한 공유 기회와 교육과 의료 등에서 균질한 복지 향유가 절실하다. 간단하게 보면 얼마나 빠른 시간 안에 도시민들과의 생활수준에 근접해질 수 있느냐 하는 것이다. 중국이 누리고 있는 몹시도 화려해진 개혁개방의 열매나 혜택이 농촌에까지 빠른 시간 안에 골고루 전달되기에는 농촌은 넓고 농민들의 수는 너무 많을 수도 있다. 시간이 아주 오래 걸려 보이는 일이지만 중국이 올바르고 건강하게 성장하고 발전해 가고 있는 나라인지를 가늠해 보는 중요한 척도이기도 하다.

25

특권층의 변신,
블랙 칼라

　　　　　　　　중국에 어느 정도 시간 이상을 거
주한 한국 사람들 중에는 중국인 지인들로부터 예사롭지 않은 담배
나 술을 선물로 받아 본 경험을 가진 경우가 있다. 담배나 술로 대표
되는 특공(特供)품이다. 특공 제도는 물품이 귀하던 시절로부터 1980
년대 말까지 중국 지도자들이나 국위선양을 해야 할 운동선수 등에
게 식품 안전과 공급의 담보를 목적으로 하여 시행됐던 제도다. 특
별한 사람들에게 시장 제품과는 별도로 만들어진 제품을 배급하던
시절이 있었던 것이다. 어느 제품은 특공이라는 문자가 찍혀 있기도
하고 어느 것은 그냥 흰색 포장에 아무런 인쇄도 되어 있지 않은 맨
몸 상태라 호기심을 더해 준다. 시중에서는 팔지도 않으니 살 수도
없고 쉽게 접하면 이미 특공품이 아닌지라 그런 세상이 있다는 것
조차 모르는 사람들도 많을 수밖에 없다. 지금은 사라진 제도이지만
특별한 신분으로 사회에 체류하고 싶은 사람들과 존귀한 제품을 공

급할 수 있다는 기업들의 마케팅 전략이 맞아떨어져 아직도 사회 속에서 인기를 누리고 있으며 주고받는 사람들은 여전히 좋아한다. 중국에는 실제로 그렇게 특별한 사람들과 그러고 싶어 하는 사람들이 그 어느 나라 사회보다도 많아 보인다. 실제로 특공품과 같은 물건들을 선물로 주고받을 수 있는 특권을 가진 사람들은 많다. 중국에는 어느 나라에나 있는 특권층과는 또 다른 특색을 가진 특별한 사람들이 있다.

몇 해 전부터 "블랙 칼라"라는 명칭으로 불리게 된 사람들이 있다. 블랙 칼라는 본래 새카매지도록 땀 흘린 셔츠를 떠올리게 하는 육체노동자를 칭하는 것이니 연상이 쉽다. 그런데 몇 해 전 완전히 상반된 계층의 사람들을 이 단어로 새로이 호칭하게 되면서 그 통쾌한 정의에 많은 중국인들은 공감한다. 새롭게 등장한 계층이 아니라 사회에 이미 생성되어 있는 특수한 계층을 꼬집어 적절한 호칭을 붙여 부른 경우라 많은 사람들이 그 의미에 수긍한다. 중국에 제법 오래 살며 여러 가지를 겪고 있는 외국인 입장에서도 듣고 보면 고개가 절로 끄덕여진다. 사실 그들은 이미 오래전부터 평범한 사람들에게 줄곧 궁금한 관심의 대상이었다. 블랙 칼라라 불리는 사람들은 특공품과도 같아 공공연하지는 않지만 사회 속에서 특별하게 존재하고 있다. 보통 사람들이 그들을 연상해 보면 검은 양복과 검은색 승용차를 타고 마치 어두운 밤거리 저편에 실루엣처럼 서 있는 느낌을 주는 사람들이라 블랙 칼라인 것이다. 일반인들이 볼 때는 이들의 수입이 어느 정도인지, 생활상은 어떤지가 제대로 가늠되지 않는다.

블랙 칼라라 불리는 이들을 구체적으로 어떤 직업을 가진 사람들이라고 정의하지는 않지만 중국 사회에서 특권을 가지고 누리며 지키려 애쓰고 심지어는 세습까지 하고자 하는 사람들의 의미를 분명히 담고 있다. 어떤 사람들일까?

국가가 독과점하고 있는 산업과 관련된 국영기업에 종사하는 고위직들이 전형적인 이 계층의 사람들이다. 중국 500대 기업 중 이윤의 대부분을 해마다 앞 순위 10개 정도의 국유기업이 차지하고 있다. 에너지, 철강, 항공, 석탄, 부동산 등의 영역에 모두 국유기업이 포진하여 막대한 이윤을 창출하고 있는데 중국의 국유기업이 전통적으로 독점하다시피 하고 있는 산업은 통신, 체신, 금융, 에너지, 석유, 석탄, 철로, 항공, 염전 등 넓은 영역에 걸쳐 방대한 규모라 이것 또한 중국의 특징이다. 중국의 국영기업이 거대한 시장에서 얼마나 과점(寡占)하며 독보적 지위를 누리고 있는지를 보여 주는 대표적인 산업이 바로 이동통신이다. 몇 개 되지 않는 기업들 모두가 국영으로써 세계 기업 상위 순위에도 모두 포진되어 있다. 중국 이동통신에 가입한 연인원이 10억 명이 넘는 상황이니 그야말로 황금알을 쑥쑥 낳는 가늠되지 않을 정도의 거대한 시장을 몇 개 기업들이 과점하고 있는 것이다. 모두 대학 졸업자들이 선호하는 최고의 직장들인 것은 당연하다. 거대한 수익을 공유하는 이러한 기업들의 경영층들은 땅 짚고 헤엄치는 수익 구조 속에서 블랙 칼라로 살아가는 데 물론 아무런 부족함이 없다.

국가와 관련된 기업들은 정책이나 자금, 사업 전개나 시장 활용

등에 있어 여러 혜택을 받기 마련이고 이러한 특혜의 조건을 바탕으로 중국의 많은 국유기업들은 "특수한 이익 집단화"가 되어 있는 것이 현실이다. 이 집단의 고위직들이 바로 블랙 칼라로 불리는 대표적인 사람들이다. 이들은 정치와 경제적인 방면 모두에서 권력을 행사할 수 있고 자녀들의 취업에도 영향력을 행사할 수 있는 "부자2대(富二代)"니 "관직2대(官二代)"니 하는 새로운 명칭을 만들어 내기도 한 중국 사회의 특수 계층이다. 이러한 특권층들이 무려 2천만 명 정도 된다는 얘기도 있다. 무엇을 근거로 한 숫자인지 명확하게 밝히진 않았지만 중국 전역에 걸친 무수한 국영기업이나 관련 기관들을 보면 그럴 수도 있겠다 싶고 곰곰이 생각해 보면 중국에서 그런 사람들을 주위에 많이 보며 살았다. 중국에서 일하며 중국인들과 협상하고 다투기도 하고 우정도 나눴던 업무 파트너들 중에는 바로 이 부류에 속하는 사람들이 더러 있었는지라 그 삶의 모습을 짐작하는 것은 그리 어렵지 않다.

잘 알고 지낸 중국인 한 사람의 이야기다. 처음 만났을 때는 국영기업의 그저 평범한 간부사원이었지만 20년이 지난 오늘 그는 한 기업의 총경리가 되어 기사가 운전해 주는 검은색 외제 승용차를 타고 다닌다. 미국에서 유학을 마치고 돌아온 자녀를 위해서 아버지의 영향력이 미치는 고연봉 외국계 직장을 알아봐 주기도 하고 매년 업무나 휴가로 마카오에서 북유럽까지 외국을 즐기고 프랑스 와인을 좋아한다. 공산당원인 그의 업무는 국유기업이라는 배경하에 여러 방면에서 유리한 조건을 가지고 진행이 된다. 표면적으로는 한국 사회와 크게 다를 바 없어도 보이지만 실제 곁에서 바라보며 체감되는 일 처리 속도와 내용은 한마디로 "정말 거침이 없다"이다. 물론 아무리 특권층이라도 단기필마로 모든 일을 처리할 수는 없다. 중국 특권층들의 공통적인 특징은 원탁에 있다. 그는 정기적으로 다양한 산업에 종사하는 비슷한 위치의 사람들과 모여 식사하는 자리를 가진다. 중국에서 특권을 가졌거나 갖고자 하는 사람들의 인간관계망이 이루어지고 유지되는 "원탁의 시간"이다. 정말 중요한 회의는 라운드 테이블에서 이루어지지 않던가?

지금까지 체험한 중국인들의 문화 중에서 부럽기도 하고 닮고도 싶은 세 가지 중 하나가 원탁의 식사이다. 둥근 식탁에서 둥글둥글 돌려가며 식사를 하다 보면 음식을 골고루 먹기도 편하고 동석한 사람들과 일일이 얼굴 마주하기도 좋다. 다른 하나는 중국인들의 결혼 의식이다. 신랑 신부가 하객들의 식탁을 일일이 돌며 감사의 인사도 하고 축복도 받으며 술도 식사도 함께하는 무엇보다도 시간에 쫓기지 않는 넉넉한 식사 시간은 하객들을 듬뿍 배려한다. 마지막 한 가지는 자동차를 운전할 때 다른 운전자와 좀처럼 눈을 마주치지 않는다는 것이다. 스스로 잘못을 했든 상대방이 잘못을 했든 웬만큼 거슬려서는 쳐다보지도 않는 문화가 보편적이니 교통 위반이 많은 운전 습관을 가진 중국인들이지만 어지간해서는 싸움이 만들어지질 않는다. 그래서 신랑 신부와 인사하고 축하하는 시간이 인색한 한국식 결혼 의식이나, 일부러 눈을 마주쳐 싸우고자 하는 한국식 운전 습관이나, 마주 보기 어렵게 옆으로 길게만 자리 잡는 한국식 식탁은 식탁 저쪽의 음식까지 젓가락 닿기가 쉽지 않은 불편함도 사실 가진다. 그래서 이 세 가지 문화에 관해서는 중국인들의 것들을 충분히 참고할 만하다.

블랙 칼라의 원탁 식사에 초대되는 사람들은 정재계와 세무, 공안, 금융에서 부동산까지 권력과 금력을 필요로 하는 전 분야에 걸쳐 관련 있는 자들이 얽혀 형성된 관계망의 구성원들이다. 비슷한 사회 분위기를 가지고 있는 한국인들 입장에서는 그리 어렵지 않게 단순한 친분의 식사를 넘어선 뭔가 있을 수 있겠다 짐작이 갈 것이다. 무엇인가를 함께하기에는 정말 이상적인 조합이다. 서로 다른 분야의 10명이 둘러앉아 식사를 하며 각자의 역할을 하나로 묶어 대소사를 도모하거나 서로 다른 영역의 고급 정보를 교환하는 그런 자리에 썩 어울리는 것이 원탁의 식사다. 그래서 특별한 계층의 사람들끼리 공통의 이익과 얽혀 있는 이들 "원탁의 식사"는 "반국(飯局)"이라는 나름 격조 있는 특별한 명칭을 가진다. 그냥 보통 사람들이 모여 하는 식사는 반국이 될 수 없는 그냥 회식 정도인 것이다. 이런 자리에 의도적으로 등장하는 중국인들의 식사 예절이 하나 있다. 바로 건배라는 단어 외에 경주(敬酒)라는 표현으로 술을 권하는 예절이다. 조금만 격식이 있는 자리면 어김없이 등장하는 이 의례는 일종의 건배사와 함께 동석한 힘 있는 자에 대해 숭배와 인정을 나타내는 것이라 할 수 있다. 존경의 형식을 빌려 상대방의 권력과는 다른 자신의 크기를 인정하며 도움을 바라는 속내가 담긴 예절이 표해지는 시간들이기도 하다.

블랙 칼라 이 계층들이 바로 중국 사회 변혁의 과정에서 가장 많이 변화하여 변신에까지 이른 사람들이다. 개방 후 모두가 공평한 선상에서 출발하였다면 이들은 출발선상과 지금을 비교했을 때 가장 많이 달라져 있는 사람들이다. 한마디로 팔자를 확실하게 바꾼 사람들로서 한국 기업들이 중국에서 나름대로 규모를 가진 사업을 하려 한다면 반드시 만나야 하는 계층의 사람들이기도 하다. 이들 국유기업의 고위직들은 변화하는 세상에서 생기는 온갖 기회의 열매를 잘 나누어 가진다고 사람들은 평가한다. 하지만 막상 국유기업의 소유 주체인 대부분 인민들은 그런 혜택을 제대로 누릴 수 없으니 그들만의 잔치를 바라보며 선망도 원망도 하는 표정들이 어둡다.

블랙 칼라의 중국어 원어는 "헤이링(黑領)"이다. 중국 사회에서 검은 색 의미 문자인 "흑(黑)"은 사실 많은 단어들에 접두어로써 부정적 의미를 내포하며 경계심과 의혹을 갖게 한다. 먼저 아이들이라는 단어 앞에 위치하면 호적이 없는 아이(黑孩子)를 지칭한다. 가족계획에 반하여 또는 다른 상황에서 낳아 호적에 등재하지 않은 아이를 일컫는데 1억 명이 넘을 것으로 추정하니 수적으로는 가장 많은 사람이 해당되는 부정적 의미를 품은 단어이기도 하다. 또 주로 대도시 아파트 단지 입구에서 세금을 내지 않고 불법으로 택시 영업하는 차들을 일컫기도 하며(黑車)-중국에 거주하는 한국인들은 이런 흑차 운전사에게 흑기사라는 멋진 명사를 붙여 주기도 했다- 불법 자금을 검은돈(黑錢)이라 부르는 것은 한국과 마찬가지이고, 식당이든 상점이든 거래에 바가지 씌우는 흑심을 가진 행위를 "헤이(黑, hei)"하다라는 한 글자로 그 부당함을 표현한다. 그러니까 "헤이"하다는 것은 나쁜 의미를 담고 있다 할 수 있다. 또 검은색은 한때 소위 반동과 부정을 의미했다. 혁명가 출신부터 빈농까지 성분이 좋은 다섯 부류는 "홍5"라 하였지만 자본가를 비롯한 성분이 나쁜 경우는 "흑5"라 하여 비판하는 시기가 있었던 것이다. 그런데 한동안 외국인들의 자동차 번호판 색이 중국인들의 파란색과 달리 검은색이었다. 많은 색깔 중에서 외국인 차량은 왜 검은색으로 내국인과 구별을 했을까? 관용차의 경우처럼 검은색이 공적인 권위를 가질 때도 있으니 자동차와 관련해서는 흑색이 나쁜 뜻을 가진 것은 아닌 듯하다. 오골계며 흑염소, 흑돼지도 중국에서는 환영을 받고 있으니 검은색의 먹거리가 영양학적으로 우월하다는 것에 대한 믿음은 우리네와 마찬가지다. 인민들이 호칭하는 블랙 칼라는 여타 국가와 비교하여 지나치게 특별하다는 부정(否定)의 의미를 담고 있다,

떼 려 야
뗄 수 없 는
한 국 과 중 국

전 세계적으로
중국 시장처럼 한국 기업들이
생수부터 핸드폰, 자동차까지
거의 모든 것을 현지에서
직접 만들고 판매하고
서비스하는 시장은 없다.
그만큼 중국 시장은 크고 가깝고
충분히 개방되었다.

26

교류의 확대,
중국 속 한국

1999년 12월 31일 베이징에서 가까운 바닷가인 베이다이허(北戴河)로 1900년대와 2000년대를 잇는 1박 2일의 밀레니엄 일출을 보러 갔다. 그 겨울 이국의 바닷가 새벽에서도 베이징이며 톈진(天津)에서 일출을 보러 온 예상외로 많은 한국인들을 만날 수 있었다. 바로 세기가 바뀌는 그즈음을 전후로 중국에는 많은 한국인들이 살기 시작했다. 1992년 한중 수교 이후 90년대 중반부터 한국인들이 중국에 본격적으로 진출하기 시작했고 금융위기로 인해 한동안 주춤하다가 2000년대 들어 다시 늘어나기 시작한다. 사스로 인해 잠시 대폭 감소했다가 다시 늘고 미국발 금융위기로 또 줄어들며 십수 년간 여러 변화를 가졌다. 중국 경제가 수준을 계속 높여 가고 중국 돈의 가치도 높아짐에 따라 중국에 진출하는 한국인들도 꾸준히 늘어나고 있다. 과거와 달리 한국인들뿐만 아니라 주머니가 두둑해진 중국인들을 겨냥한 자영업도 수지를 충분히 맞출 수 있게 된 또 다른 의미의 중국 내수시장이 자연스럽게 형성되었다. 한국인들이 제2의 삶의 터전으로 삼을 수 있는 환경으로 중국은 자꾸 변모하고 있다.

중국은 이민을 허용하는 나라가 아니니 한국인들에게 있어 여타 국가처럼 삶의 터전을 완전히 바꾸는 이민이라는 형식으로 교민 사회가 형성된 나라는 아니다. 그렇지만 자주 왕래하기 쉬운 가까운 지리적 환경은 이민과 상주, 단기 거류 등 각종 해외 체류 형태가 가질 수 있는 나름대로의 장점만을 살려 독특한 한인 사회를 형성하고 있다. 한국 기업들의 진출도 부단히 이어지고 진출한 기업들은 계속 확장해 가면서 중국은 세계에서 한국인들이 가장 많이 이주하여 사는 나라가 되어 가고 있다. 그 확산의 규모를 장기적으로 본다면 적어도 수백만 명까지 예측을 해도 결코 과장이 아닌 추세다. 동네 작은 장사로부터 대기업이 만들어 내는 제품들까지 중국 내에서 한국인과 한국 기업들의 움직임은 이미 크다.

지금은 중국 어느 상점에서도 중국에서 생산하여 직접 중국 소비자들에게 판매하고 있는 한국 브랜드 제품들을 만날 수 있고 가짓수도 점점 늘어나고 있다. 또 몇 년이 지나면 훨씬 더 많은 한국 제품들이 원적 한국, 본적 중국의 이름으로 중국 시장에 있게 될 것이다. 그만큼 중국 내수시장에 진출한 한국 기업들은 많다. 적지 않은 한국 기업들에 있어 중국 시장 규모는 자국을 능가하는 주력 시장이 된 지 이미 오래며 거의 모든 제품 및 서비스 영역에서 유럽, 미국, 일본, 중국 브랜드들과 격렬한 경쟁을 벌이고 있다. 외국 브랜드들이 석권하다시피 하고 있는 중국과 달리 한국 시장은 좀 특별하다. 중국의 매체들은 때때로 한국 시장에서의 외국 기업 철수 소식을 전하면서 소비자로서 까다롭고 높은 안목을 가진 한국인을 소개하기도 하고 외국 기업의 진입이 어려운 한국 시장을 중국과 비교하기도 한다. 한국 시장에서는 중국과 달리 외국 기업들이 맥을 못 추기 일쑤고 미국이나 유럽이 종주국인 업종들도 한국 토종 기업들에 종종 추월당하기도 한다. 한국은 결코 큰 시장이라고 할 수는 없는 규모지만 매우 역동적이고 창의성을 가지고 있으며 특유의 섬세함으로 새로움을 만들어 내는 강한 힘을 가지고 있다고 평가받는다. 그래서 마케팅 전문가들은 매우 특별한 한국 시장에서 신제품이 성공할 수 있다면 다른 어느 나라에서도 성공할 확률이 크다고 평가한다. 이런 시장에서 단련된 국내 기업들이 중국 시장에서 선전하고 있다. 물론 한때 중국 시장의 규모와 가능성만을 보고 충분한 준비도 공부도 않은 채 용감하게 뛰어들어 투자만 하다가 손해를 보고 돌아간 한국 기업들도 적지는 않았다. 자랑할 만한 일이 아닌 까닭이라 국내에는 잘 알려지지 않는 소식인지는 모르지만 한국에서 벌어들인 돈을 무모하게 투자하다가 오도 가도 못하게 된 대기업들은 늘 있었다. 시행착오의 시간들이었고 중국 시장에 대한 정보와 자료가 축적되면서 무모한 투자는 줄어드는 듯하다.

전 세계를 보더라도 중국 시장에서처럼 한국 기업들이 껌에서부터 두부며 라면에 생수, 그리고 백색가전, 핸드폰, 자동차, 영화관까지 거의 모든 것을 현지에서 직접 만들고 판매하고 서비스하는 시장은 없다. 그만큼 중국 시장은 크고 가깝고 충분히 개방되었다. 한국 기업이 생산한 새 자동차를 타고 주말 가족 나들이를 시작한 중국인들이나 역시 한국 브랜드 핸드폰으로 인터넷 서핑에 열중인 중국인들은 이제 정말 많다. 자동차로써 넓은 대륙의 공간을 이어 주든 핸드폰으로 중국인들의 목소리를 연결해 주든 뿌듯한 일이다. 사실 사람들과 공간을 연결해 줄 수 있는 중요한 이 두 가지 제품을 중국 시장에서 유명세를 가지고 모양 나게 공급할 수 있는 기업을 가진 나라는 많지 않다. 한국인으로서 때때로 생각하게 하는 값지고 소중한 성취다. 한국 기업의 제품들은 중국인들에게 "야무지고 개성 있으며 세련되고 섬세하며 현대적이다"는 이미지를 충분히 주고 있으며 한국의 것이라는 분명한 색채도 잘 보여 주고 있다. 중국 대도시에 오늘 이 시간에 실제로 있음 직한 어느 한 중국 여성의 생활을 상상해 본다.

"세월이 좋아져 인터넷만 있으면 언제든지 좋아하는 한국 드라마를 볼 수 있게 됐다. 요새 즐겨 쓰는 화장품은 지난번 드라마의 여주인공이 광고 모델로 등장하는 기업 제품이다. 한국 여행 갔다 온 친구한테 부탁해서 구매했는데 듣자 하니 중국보다 싸고 좋은 물건이 많아 쇼핑을 엄청 했단다. 비행기로 3박 4일 서울 여행 갔다 오는 데 여행 경비가 한국 돈 몇 십 만원 정도라니 정말 자주 다닐 만하다. 화장품이 좋아서인지 화장술이 좋아서인지 한국 드라마를 보면 정말 예쁘고 세련된 배우들이 많다. 한국에서 성형수술을 한 후에 드라마에 나오는 여배우처럼 예뻐진 친구를 보면 부럽기도 하다. 공항부터 시작해서 병원이며 호텔로 이어지는 전 일정 차량 서비스까지 해 준다 하니 정말 생각해 볼 일이다. 여권 사진과 완전히 달라진 모습으로 들어오다 입국 심사대에서 낭패를 당하는 사람들이 늘고 있다는 뉴스를 보면 완전 다른 사람으로 만들어 놓을 정도로 의료 수준이 높긴 한 모양이다. 여하튼 화장품이든 의류든 성형수술이든 예쁜 것에 관한 한 한국 사람들은 정말 일가견이 있다. 지난번 오랜 시간 기다려서 구입한 옷으로 갈아입는다. 드라마에서 여주인공이 입었던 똑같은 옷을 인터넷으로 직구입한 것이다. 출근길 이용하는 자동차도 한국 기업이 중국에서 생산한 한국 시장에 갓 나온 최신 모델이다. 유럽과 미국, 일본, 국산 차들도 많지만 한국산 차는 가격 대비 성능이 우수하다는 평이 있다. 한국 드라마를 보다 보면 한국산 차량들이 서울 거리를 엄청나게 다니는 것이 외국 브랜드 차량이 대부분인 중국과는 완전 다른 현상이다. 현재 사용하는 차량과 같은 모델도 많이 보여 반갑기도 하다. 요새는 한국 친구가 권해서 먹어 본 김치와 라면 때문에 입맛까지 많이 바뀌었다. 끓여 먹는 것이 특징인 한국 라면은 면발이 쫀득한 것이 중국인들이 주로 먹는 뜨거운 물만 부어 불려 먹는 면에 맛이 비할 바가 아니다. 김치가 중국인들에게 점점 유행하면서 동네 슈퍼에도 종류가 너무 많아져 고르기가 힘들 정도가 됐다. 한국 친구한테 배운 대로 라면에 밥도 좀 말아 먹어 보는데 지난번 한국 여행 때 공항에서 구입한 밥솥은 중국말로 안내도 잘하지만 밥도 차지게 잘한다. 핸드폰에서 각종 식음료까지

괜찮은 한국 제품들이 중국인들의 생활 깊숙이 정말 많이 들어와 있다."

　최근 들어 중국과 중국인들에 대한 이해는 몰라지게 깊어지고 있다. 유관한 내용의 많은 서적들과 방송들, 신문 기사들은 이해를 넓혀 나가는데 충분한 도움을 줄 만큼 중국 이야기는 이제 어디에도 많다. 그런데 중국인들이 한국과 한국인들에 대해서 어떤 평가를 하는지도 궁금한 일이다. 중국 내 자료 중에는 미국이나 유럽, 일본에 관한 견해들은 많고 많지만 한국과 한국인에 대한 평가나 글은 아직 그리 많지 않은 상황이고 있더라도 내용이 실상과는 다르게 오류를 가진 경우가 많다. 아마도 한동안 단절되어 살아서 연구가 부족했을 탓도 있을 것이고 아직은 여타 국가에 비해 중요도가 충분하지 않은 국가임에도 그런 이유가 있을 것이라 짐작이 간다. 그런 중에 찾아본 한 대학 문화연구소에 근무하는 몽골족 학자의 글은 중국인 시각에서 한국을 본 것이지만 여러모로 공감도 가고 참고할 만한 내용이다. 물론 전체 중국인들의 의견은 아니지만 한국인으로서 중국 현지에 살며 만나 소통했던 중국인들의 반응을 보면 그 내용이 크게 어긋나 보이진 않는다.

　"한국은 전통문화와 현대를 조화롭게 융합 발전시킨 긍정적 모델로서 중국이 학습해야 할 역동적인 나라다. 태극기의 팔궤(八卦)나 한자 등은 한국의 전통문화가 중국으로부터 영향을 받았다는 예이지만 지금 한국은 유교국가로서 성공적인 현대화를 이루고 중국에 그 롤모델로서의 기회를 제공하고 있다. 개혁개방에 있어 미국과 일본 만 배우려 할 것이 아니라 인접 국가 한국에 보다 깊은 관심을 가져 야 할 것이다. 한국인들은 보편적으로 강렬한 자존심을 가졌으며 열 정적이고 급한 성격을 가지고 있다. 다른 한편 한국인들이 중국인들 에게 가지는 일종의 경시(輕視)는 경계해야 할 일이다. 한국인들의 직 선적인 성격은 때로 말과 행동에 있어 중국인들이 경시 받는다는 느 낌을 받게 되는데, 이는 중국인들이 한국을 이해하고 학습함에 있어 부정적 영향을 주는 것이다."

　중국 속에 사는 한국인들만 늘어나는 것이 아니라 반대로 한국에 거주하는 중국인들도 부쩍 늘어나고 있다. 확대되는 교류는 상호 간 의 깊은 이해를 요구한다. 잘 이해된 배경을 전제로 오래 상생한다 면 좋은 일이다.

27

중국에서 본
한류

       앞으로 중국인들은 세계의 어느 나라 사람들과 가장 친한 느낌을 가지며 살까? 아마 한국인들만큼 중국인들이 가깝게 지낼 사람들은 없을 것이다. 실제로 한국은 중국인들이 가깝고 싶은 많은 것들을 가지고 있다. 지리적으로는 좀 멀리 있는 국내 도시들보다도 더 빠르게 닿을 수 있는 곳에 위치한 외국 중의 하나가 바로 한국이다. 베이징에서 신장(新疆)까지는 비행기로 4시간 정도가 걸리지만 서울까지는 2시간이 채 걸리지 않는다. 문화적으로도 받아들이고 싶은 특유한 것들을 많이 지니고 있다. 중국의 젊은이에게는 정치적으로 민감한 일본이나 이제는 아버지 세대와는 다른 눈으로밖에 볼 수 없는 폐쇄된 북한과는 완전히 다른 닮고 싶은 점을 많이 가지고 있는 나라다. 작은 나라지만 문화적인 측면 외에도 이것저것 필요한 물건들도 썩 잘 만들어 내며 생활수준을 높여 주기도 한다. 이런저런 이유로 한국인들은 중국인들에게 있어 향후 가장 편안하게 만날 수 있는 외국인이다.

중국과는 여러 가지가 서로 다른 모습으로 낯설게 다시 만나 이제 20여 년의 세월이 흘렀다. 그래도 이만하면 무난하게 서로를 알아 가는 시간을 보내면서 친분도 많이 쌓았다는 느낌이 든다. 오랜 단절이 있다 보니 서로 오해도 하고 경계도 염려할 일들도 늘 있었겠지만 이만큼 활발하게 교류하며 서로에게 도움이 되고 있다는 것은 정말 다행스러운 일이다. 한국에 대한 중국인들의 호기심이 호감으로 바뀌고 신뢰도도 높아졌다는 것을 확연하게 느끼며 살게 된 세상이다. 중국인들에 대한 한국인들의 관점도 많이 바뀌어 과거 부정적으로 여겼던 많은 점들이 긍정적인 방향으로 가고 있음도 확실하게 느껴진다. 가장 가까운 곳에서 가장 많이 교류해야 하는 상황에서 서로 특별한 논란 없이 우호적인 방향으로 가고 있는 것 같아 참으로 안심이 되는 일이다.

양국 간 다방면에서의 교류를 우호적으로 증진시키기 위한 여러 경로의 노력이 있었겠지만 현재와 같은 한중 관계를 유지할 수 있게 한 일등공신은 단연 한류고 한류 스타들이다. 오래전 선조들의 시대와 다르게 한국의 문화를 중국인들이 공유하게 하는 한편 한국 기업들의 중국 내 경제활동에도 큰 영향을 주고 있는 한류는 큰 찬사를 받기에 충분하다. 잘 모르던 두 나라 사람들이 만나 역사 문제, 경제 수준 차이를 비롯해 많이 달라져 있는 문화 차이와 한반도 정세까지 얽혀 복잡할 수도 있었던 상황인데 그런 것들을 뛰어넘게 만드는 데 큰 도움을 준 것이 또 한류다.

한류라는 단어는 중국어 단어인 한류(寒流)의 "한(寒)" 대신 같은 발음인 "韓"을 사용하여 중국 언론에서 처음 사용한 단어다. 그런데 이 단어가 중국에서 처음 쓰인 것은 바둑 때문인 것으로 알려져 있다. 한때 한국 기사들이 세계 대회를 석권하며 이어 갔던 기세를 표현하기 위해 처음 사용되었다가 후에 한국 드라마나 노래 등에 빈번하게 사용되며 양국에서 상용 단어가 되었다. 좁은 의미에서는 드라마나 노래, 영화 등을 의미하지만 광의에서는 비빔밥에 화장품, 의료 서비스, 밥솥 등 중국에 유행하는 한국 기업의 제품들까지를 통칭하는 것이라고 중국인들은 한류의 정의를 내린다. 한류의 원조를 찾아가 보면 1990년대 방영된 가족 드라마로부터라고 이야기하는 것이 정설인데 중국인들과는 현저한 차이가 있는 한국 가정 문화에 대한 깊은 관심으로 아주 높은 시청률을 보였다. 그 후로도 한국 드라마의 인기는 죽 이어진다. 드라마들과 연관된 연기자들은 노래와 연기로 중국인들과 친해졌고 최근에는 한국의 여러 예능 프로그램이 중국 현지 판으로 수출되어 연이어 만들어지고 있다. 드라마가 유행한 90년대는 바로 한류 버전 1.0시대다. 음악과 영화가 가세해 많은 연예인들이 활약하기 시작한 2000년대는 2.0시대라 하는데 이 시기는 시간이 흐르다 보니 자연스럽게 생성된 1.0의 한류를 적극 활용하기 위해 많은 연예인들이 방문과 공연을 통해 중국 시장을 갈고 닦은 시기라 할 수 있다. 시간이 지난 지금은 한국을 찾는 중국인들이 대폭 늘어나고 각종 한류 제품들이 대량으로 팔려 나가는 3.0 시대가 진행되고 있어 한류의 영역은 확장되고 있다. 어설픈 중국어를 귀엽게 구사하며 고액의 개런티를 받고 중국 TV 프로그램이나 광고에 출연하는 한국 연기자들이 한둘이 아니다. 중국인들이 그들의 안방에 초대하는 한류 스타들이 늘어나고 있는 것이다. 이후 또 무엇이 합쳐진 어떤 새로운 버전의 한류 시대가 펼쳐질지 모른다. 한류는 중국에서 확실하게 자리매김도 하였고 다양한 형태로 확대되고 있다. 20여 년간 베이징에서 지켜본 한류는 경이로움이고 뿌듯함이었다. 비즈니스를 하는 한국인으로서는 늘 든든한 지원군을 가진 마음으로 살게 해 주었다.

한류는 중국 어디에서도 느껴진다. 도심의 어느 장소라도 음악이 필요한 곳이면 거의 예외 없이 K-POP이 흘러나오고 TV 어느 채널에서도 쉽게 한국 드라마 속의 여러 반가운 얼굴들을 만나게 된다. 옷 가게며 패스트푸드점, 백화점, 할인매장, 대형마트 등을 다니다 보면 늘 여기저기 흘러나오는 한국 노래가 들리는지라 "도대체 여기가 중국이야, 한국이야?"라는 소리가 절로 나온다. 오래전 한류에 대한 중국인의 반응에 온 식구가 놀란 적이 있다. 내몽고 어느 사막 도시를 여행할 때 그곳에 거주하는 여학생 둘을 공원에서 우연히 만나 이야기를 나누게 됐는데 한국인을 만났다는 이유만으로도 깊은 관심을 보이며 사진을 같이 찍자 하고 한국 지폐를 소장하고 싶다고 하며 팔짝팔짝 뛸 듯이 좋아하는 모습이 아주 인상적이었다. 호기심 많았던 소녀들이 열광했던 것이 한국 드라마며 노래들이었다. 벌써 15년 전의 일이다. 한류의 위력을 멀리 사막 도시에서 경험한 이후 지금까지도 그런 유사한 경험은 이어지고 있다. 한류는 외교나 정책 또는 의도적인 홍보 이상을 넘어서서 중국인들에게 한국인 특유의 이미지를 자연스럽게 전달해 냈다. 그리고 중국과 관련된 통상이며 여행, 문화 교류 등 많은 것들을 부드럽게 하는 윤활유 같은 역할을 했다. 한류는 중국인들에게 아름다움을 잘 가꾸고 닮고 싶은 문화를 잘 만들어 내는 나라가 옆에 있다는 것을 자연스럽게 알게 했다. 그뿐인가? 한국 기업들의 비즈니스에도 직간접적으로 도움을 주고 있으니 정말 훌륭한 역할을 하고 있는 셈이다.

한류는 중국에 진출한 한국 기업들은 물론 한국 내수와 관련한 비즈니스에도 큰 영향력을 미치고 있다. 중국인들이 보는 한국 드라마 속의 한류 스타들이 쓰고 타고 입고 바르고 먹고 하는 모든 것이 중국 시장에서 생산되거나 수입되어 있기 때문에 시청자들이 곧 소비자가 되는 경우는 많다. 한국 제품과 관련된 인터넷 쇼핑몰을 들여다보면 한국이라는 두 글자가 어느새 신뢰와 세련을 더해 주는 강조어가 되었으며 거리 곳곳에는 한국 제품임에 잔뜩 힘을 준 간판의 의류매장들도 많이 생겨났다. 한류의 대단함은 중국인들이 그냥 보고 듣고 모방하는 것에서 끝나는 것이 아니라 바로 구체적인 행동으로 이어지게 한다는 것이다. 한국 제품을 소비하는 것도 그렇지만 한국어를 배우고 한국을 찾는 중국인들이 점차 늘어나는 것이 바로 다가섬의 표현이다. 한국의 많은 것들에 호감을 가지고 적극적으로 소유하려고 하는 중국인들이 늘어간다는 것은 유쾌한 일이다.

중국인들은 반복적으로 시청하는 한국 드라마를 통해 자연스럽게 한국인들의 생활 습관도 관찰하게 된다. 너도나도 몸짱인 선남선녀들이 땀 흘리며 운동하는 헬스장 전경이나 운동 코스로 조성된 하천 길을 걷고 뛰는 중년들의 모습들도 많이 등장하고 알록달록한 등산 차림의 노년들도 많이 보게 된다. 한류는 중국인들에게 웰빙 문화까지도 잘 전달하고 있다. 다른 나라에 사는 누군가에게 영향을 미칠 수 있는 문화를 가지게 된 것은 정말 흐뭇한 일이다. 드라마 속에 등장하는 무수히 많은 소품들은 중국인들을 소비자로 만나기도 한다. 몇 시간 전의 한국 드라마가 중국어 더빙을 마치고 곧바로 인터넷으로 전파되는 세상이다. 드라마 속 연기자들의 소품들은 곧바로 유행이 되어 의상이며 화장품에 액세서리까지 바로 쇼핑으로 연결된다. 시원스레 바닷길을 달리는 연인들의 자동차나 맛있게 먹는 간식이며 핸드폰으로 수다 떠는 모습, 동대문에서 쇼핑하는 장면들 모두가 한국 기업들에게는 힘이 되는 자연스러운 간접광고가 된다. 한류가 뿌리를 잘 내리다 보니 중국 시장에서의 한국 기업 제품 광고에도 한류 스타들은 자연스럽게 등장한다. 사실 대단히 기분 좋은 일이다.

그런데 만약 한류가 없었다면 어땠을까? 15년 전쯤 몇 년에 걸쳐 중국 현지에서 한국 여행을 홍보하는 업무에 참여한 적이 있었다. 시작부터 부딪히게 된 문제는 과연 중국인들에게 무엇을 이야기할 것인가였다. 양국은 유사점이 많은 문화를 가지고 있는 나라이니 경복궁 같은 궁궐도 크게 자랑거리로 내세우기가 어려웠다. 중국이 가진 넓은 대륙에는 온갖 자연경관도 많으니 한국과는 저절로 비교가 됐고 좌면우고하여 결국 오로지 인위적인 것을 알리는 데서 출발하기로 한다. 우선적으로는 쇼핑하기 좋은 나라임을 강조했고 여기에 더해 화장과 미용 등을 꺼내어 아름다움을 가진 나라임을 소구하기도 했다. 다시 아이디어를 더해 눈이 내리지 않는 중국 남쪽 지방 사람들에게는 강원도의 스키장을 자랑하고 기름지지 않은 건강한 한식을 이야기하기도 했다. 이 모든 이야기는 당시 중국에서 인기를 가지기 시작했던 한류 스타들이 모델이 되었다. 중국인들의 한국에 대한 선호도를 높이거나 이미지를 보다 더 긍정적으로 갖게 하는 데 한류가 없었다면 결코 쉽지 않았을 것이다. 한류에 훈장이라도 주어야 마땅할 일이다.

시간이 지나 중국 내 한류의 절정을 보여 주는 한 가지가 있다. 한국 안방에 등장하는 온갖 예능 프로그램들이 예외 없이 모두 중국 버전으로 만들어져 방영된다는 현상이다. 중국 방송국에서 조몰락대어 중국산으로 만들어 낸 모방품이 아니라 한국 방송국으로부터 정식으로 수입하고 한국 제작진들의 현지 출장의 도움을 받아 만들어 낸 것들이라 더욱 의미가 있다. 거의 모든 프로그램이 시청률에서 성공을 거두는 것을 보면서 중국인들이 이와 같은 정서를 가진 프로그램들을 편안하게 받아들일 만큼의 여유가 생긴 것에 대한 놀라움도 한편 가진다. 한국은 사실 지금과 같이 사회적으로 공감이 되는 정서를 담아 그려 내는 다양한 아이디어의 프로그램들이 있기까지 많은 시간이 필요했다. 일본이나 앞서가는 나라들의 프로그램들을 참고도 하고 더러는 표절도 해 가면서 여기까지 왔는데 중국은 모든 것을 한꺼번에 뛰어넘어 가고 있다는 것이 놀랍다. 지름길을 가는 데는 정말 선수들이다. 중국인들은 이루어 낸 것들에 대한 강한 흡수력과 소화력, 그리고 그것에 자신들의 창의를 더해 가면서 빨리 가는 것에는 정말 경험이 많은 사람들이다. 정말 한풍이 생길지 모른다. 한류에 대칭하여 중국인들이 쓰는 단어가 바로 "한풍(漢風)"이다. 韓流든 漢風이든 차가운 寒流가 흐르지 않고 오래도록 서로를 필요로 할 수 있다면 또 좋을 일이다.

　한국에 한때 "홍콩(香港) 바람"이 있었다. 영화며 노래들이 70, 80년대 세차게 유행했다. 영화 속 홍콩은 유럽의 영향을 받은 동양의 모습을 그리 불편하지 않게 담아낸 볼거리였으며 영화의 완성도는 국산 영화와는 차별이 뚜렷했다. 중국 전통 무술이며 도심 총격전이 등장하는 동양식 갱 영화라는 소재들도 독특했으며 노래까지 잘 부르는 다재다능한 영화배우들이 한국을 자주 방문하여 영화며 노래가 속속 흥행이 되던 시절이었다. 그리고 이후로 수준 낮았던 "국산 영화"는 발전을 거듭하며 정말 좋은 "한국 영화"들이 많이 만들어지기 시작했고 어느새 홍콩 열은 사라졌다. 한국에 유행했다 사라진 홍콩의 붐은 한류에 시사하는 바가 있다. 류(流)라는 표현은 언제라도 걷힐 수 있다는 뜻도 내포하고 있기도 한데 한류는 하나의 문화로써 자리매김을 잘하고 있기도 하고 다양하게 잘 이어 가고 있는 듯하여 든든해 보인다.

28

소통의 중심,
중국어

           중국 생활 초년병 시절인 90년대 중반 동창생과 함께 우시(無錫)에서 상하이까지 기차로 이동한 적이 있었다. 두세 시간 지나고 내릴 때가 되었는데 앞에 앉아 계속해서 호기심으로 우리를 바라보던 나이 지긋한 농촌 차림의 중년 한 분이 못 참겠다는 표정으로 질문을 건넨다. "무슨 민족(民族)인가요?" 외국인을 그리 많이 만나 보지 못해서 그랬든지 아니면 우리 두 사람 외모가 어느 지역의 소수민족 같았든지 두 가지 중 하나였을 것이다. 두 사람이 나눈 한국말이 중국 어느 지역 방언으로 들린 것이다. 중국의 표준어와 대부분 지역의 방언들은 중국어와 한국어의 차이처럼 그 발음의 차이가 크다. 오히려 한자를 같이 쓰는 한국인 입장에서 보면 중국어 표준어의 어떤 발음들은 그리 천양지차가 아닌 것도 꽤 있다. "대한민국"의 중국어 발음이 "다한민구어"이니 네 글자 중 두 글자는 발음이 같고 두 글자는 비슷하다. 그러니까 중국은 지방 방언에 따라 표준어와의 발음 차이가 한국어 한자 발음과 중국 표준어 발음과의 차이보다도 클 수 있다는 것이다. 외국어든 방언이든 언어는 복잡하다. 중국인들과 본격적으로 비즈니스를 해야 됐을 때 어떻게 언어 소통의 장애를 극복했을까?

중국과의 초창기 교류에 있어서 영어와 같은 외국어 자산을 가지고 있는 중국인들이 많지 않아 대개는 그들의 언어를 중심으로 업무가 진행되는 경우가 많았다. 영어나 한국어로 소통이 안 되는 상황이 많았던지라 누군가의 도움을 받아 중국어 통역을 거쳐 일이 진행된 경우가 대부분이었다. 그런 상황에서도 양국의 교류가 비약할 수 있었던 데는 한국어와 중국어를 교류시키는 여러 형태의 언어 도우미들의 역할이 컸다. 교류가 활발해지기 시작한 90년대 들어서면서 다양한 중국어 학습 배경을 가진 사람들이 한중 관계에서 많은 활약을 했다. 먼저 한국 대학에서 중국어 관련 학과를 졸업하고 일찍부터 중국 업무를 준비했던 사람들이나 대만에서 유학한 사람들, 한국 화교들 모두 양국을 연결하는 데 중요한 역할을 했으며 대기업 교육 프로그램에 의해 배출된 중국 지역전문가들도 한몫을 했다. 중국 방면에서는 북한의 김일성 종합대학이나 김책 공업대학과 같이 북한에 유학하여 조선어를 전공한 중국인들도 필요한 곳에서 역할을 많이 했다. 그래도 가장 많은 수로 여러 방면에서 활약한 언어 도우미는 중국에 뿌리를 내리고 살고 있는 조선족 동포들이었다.

그런데 서로 다른 배경에서 중국어를 익히고 업무를 진행했던 사람들 모두가 공통적으로 겪었던 어려움은 방언에만 익숙하고 표준어가 미숙한 중국 지방 사람들과의 어려운 소통이 주는 장애였다. 넓은 대륙에 사투리는 얼마나 많겠는가? 실제로 90년대 초만 하더라도 중국 출장 중에 느꼈던 언어 장애는 결코 작지 않았다. 그때만 해도 표준어 보급이 많이 진행된 상황이라 먹통까지는 아니었지만 조금 작은 규모의 도시에라도 가게 되면 표준어가 쉽게 통하질 않았고 나이가 지긋한 중국인이라면 의사소통은 더욱 어려웠다. 그러니 개국 당시 신중국의 시작을 선언하는 후난성(湖南省) 출신의 마오쩌둥(毛澤東) 주석의 발음을 지금 젊은 세대들은 잘 알아듣지 못할 것이다. 신중국이 설립되고 수십 년 노력을 기울인 것이 문맹 퇴치와 표준어 보급이었다. 이를 위한 문자 개혁은 중국인들의 문맹률을 많이 낮추는 역할도 했지만 한자를 공유하는 여러 나라가 중국의 인위적인 전통문화 변형에 대해 의문을 가지게도 한다.

오래전 중국에 갈 수 없었던 한때 한국인들이 많이 찾던 외국은 대만이나 홍콩, 일본 등지였는데 말 한마디 통하지 않는 나라에서 여행객과 현지 사람들이 나누는 필담(筆談)은 훌륭한 여행 가이드 역할을 했다. 표의문자인 한자의 장점이 돋보이는 순간이기도 하다. 그런데 중국인들의 한자(漢子) 사용에 큰 변화가 생기면서 필담을 통한 소통은 수월치 않을 때가 많아졌다. 문자 개혁을 통해 상용되는 여러 한자를 간소화한 때문이다. 반면, 간체자들의 쓰고 외우기 편안함은 중국이 문맹을 떨쳐 내는데도 한몫을 했다. 그러나 정통 문화 파괴라고 주장하며 대만이 열거하는 예를 들어 보면 표의문자인 한자가 갖는 그 고유한 기능에 비춰 볼 때 아쉬운 점도 있기는 하다. 마음 심(心)이 없어진 애(愛)는 진정한 사랑(愛)이 아닐 것이고 보리 맥(麥)이 없어진 면(面)은 먹을 곡물이 빠진 면(麵)이라는 등의 여러 예를 들어 한자가 간소화되면서 그 생명력을 잃어버린 것이 아닌가 하는 우려를 이야기하며 한자의 정통 계승자임을 은근히 강조하기도 한다. 물론 간체화된 2천여 글자가 모두 다 그렇게 핵심을 생략한 것은 아니지만 보기만 해도 그 한 글자가 함축한 의미만으로도 감동이 되기도 하는 한자의 맛과 생명력이 없어진 것과도 같아 아쉬운 감도 있고 간체자까지 별도로 익혀야 하는 번거로움도 생겼다.

한 유명한 중국 현대 작가의 자전적 경험이 흥미롭다. 마오 주석 어록과 루쉰(魯迅)의 작품 외에는 거의 모든 서적이 태워져야 마땅했던 문화대혁명 시절, 친구가 몰래 소장하고 있던 외국 문학작품의 필사본을 빌려 다시 급하게 필사해야 하는 장면에서는 읽는 사람이 더 애가 탄다. 복잡하고 쓰기 어려운 한자로 책 한 권을 베껴 낸다는 게 보통 작업이겠는가? 그런데 시대 배경을 보면 간체자 사용이 이미 시작되었을 때이니 필사에 많은 시간이 절약되었을 것이고 정말 그랬다면 간체자의 효용이 그대로 나타난 예라 하겠다. 한반도와의 공통 문화인 문자마저 변한 것처럼 신중국은 오래전 전통으로부터 속속들이 달라져 있는 나라다. 나라가 크고 민족도 많은 만큼 문자와 언어의 통일도 늘 큰 숙제이긴 했다.

중국의 오늘 또 다른 힘 하나가 바로 14억 인구의 언어 통일이 기본적으로 완성되었다는 점이다. 이런 배경에는 교육 기회가 늘어나는 환경의 변화 요인도 있고 산업화 과정에 따라 빈번해진 공간 이동도 영향을 주었을 것이며 정책적인 노력도 있었겠지만 1990년대 이후 확대된 미디어의 보급이 가장 크게 영향을 발휘했다 할 수 있다. 텔레비전 프로그램에서 방언 사용을 제한하고 자막 처리를 하여 발음을 도움으로써 표준어 보급을 확대하는 조치들은 매우 효과가 있었다. 과거에 중앙집권을 통한 지방 관리 등용에 있어 필요한 표준어를 "관화(官話)"라 하여 오랜 세월 과거시험 과목으로 하였지만 실효를 거두지 못했던 것을 현대의 미디어는 엄청난 위력을 발휘하며 해결하고 있다. 미디어를 통해 언어가 변화한 경우는 동북3성(吉林省, 遼寧省, 黑龍江省)에 많이 거주하는 조선족 동포들도 마찬가지다. 수교되고도 한동안은 조선족 동포들이 쓰는 중국어식 단어나 북한식 발음 등으로 인해 언어 소통에 가끔씩 장애가 있었는데 지금은 많이 달라졌다. 많은 동포들이 한국과 자주 왕래하거나 장기 거주하면서 오래된 억양이 자연스럽게 변화한 경우는 많다. 특히 중국에 거주하는 젊은 세대들은 위성이나 인터넷 등을 통해 접하게 되는 한국어에 자발적으로 동화되어 지금 구사하는 발음은 대충 들어서는 한국인과 구별하기 어려울 정도다. 그러니까 조금 더 시간이 흐르면 한국 TV의 개그 프로그램 소재로서는 완전히 부적절한 환경이 되는 것이다.

중국인들 간의 소통 문제가 기본적으로 해결이 될 즈음에는 이어지는 개방과 함께 본격적으로 외국인들과의 소통도 필요한 시대로 넘어간다. 과거에는 러시아어며 일본어 공부에 바빴고 최근에는 영어 학습으로 더러는 한국어 배우기에 바빠졌다. 세계로 가는 중국인들이 외국어 학습 때문에도 분주해진 것이다. 먼저 정치적으로 가장 많은 영향을 주었던 소련의 언어가 중국인들에게 제일 중시되는 외국어로 존재했던 시기는 신중국 성립 직후다. 성립 이틀 후인 10월 3일 새로운 중국의 첫 번째 수교국 소련의 언어는 1순위 외국어였다. 그러니까 그 당시 중국인들은 푸시킨의 "삶이 그대를 속일지라도 결코 슬퍼하거나 노여워하지 마라. 슬픈 날엔 참고 견뎌라. 즐거운 날이 오고야 말리니"와 같은 시를 러시아 원어로 배워 가며 어려운 시대를 살며 위안을 얻었을 것이다. 그의 동상이 서울 도심 어느 백화점 앞에 있다 한다. 한국인들도 한때 그의 시를 통해 고단한 삶을 위안받고 희망을 꿈꾼 시절이 있었다. 특별한 지위의 언어로 대접받았던 영광도 잠시 중소 관계의 정치적 영향과 뒤에 이어지는 혁명으로 인해 외국어 학습의 중심에 있던 러시아어에 대한 관심은 소홀해진다.

다음으로 1972년 일본과의 수교가 이루어지면서는 일본어가 한동안 각광을 받게 된다. 일본이 중국 시장에 많은 공을 기울이며 우호적인 정책을 펴 가는 사이 한동안 일본어가 중시되는 사회 분위기가 있었다. 잠시 근대로 가 보면 일본이 중국과 적대적 관계에서 전쟁만 했던 것은 물론 아니다. 일본의 메이지유신으로 인한 부국의 길을 목도한 중국의 선진 인사들이 일본을 배우기 위해 대거 유학했다. 많은 일본어 책자들이 번역되어 전해졌고 이때 일본을 통해 접하게 된 많은 서양 학문들의 일본식 한자 단어가 그대로 중국에 전해지게 되기도 한다. 경제, 경영, 회계, 역사, 자본, 정치, 은행, 혁명, 계급, 철학, 공산주의, 외국어 등등 모두가 일본인들이 명명하여 썼던 새로운 개념의 한자 단어들을 받아들여 지금도 쓰고 있는 것이다. 강물이 흐르듯 높은 곳에서 낮은 곳으로 전파되는 문화의 속성으로 봤을 때 중국 역시 한때는 일본에 문화를 전했지만 근대 이후로는 일본의 선진 문화를 받아들일 수밖에 없었다. 당연히 인류 문명 발달에 있어서 자연스러운 과정이니 전파한 주체가 굳이 자랑할 일도 아니고 받아들이는 자가 부끄러워할 일도 아니다. 일본 역시 메이지유신이라는 대대적인 일본식 개혁개방으로 선진 문물을 받아들이면서 자신들의 새로운 문화를 만들어 나가지 않았던가? 정종과 와인, 오차와 커피, 생선회와 스테이크를 동시에 즐기는 일본인이다.

중국인들이 세계인들과 가까워진 절대적 동기가 된 개혁개방 이후 중국에는 영어의 시대가 펼쳐진다. 중국의 근대사에 있어 진짜 막강한 힘을 가졌던 외국어가 재등장한 것이다. 중국인들이 교육 기관을 세워 영어를 본격적으로 학습한 것이 1840년 아편전쟁 후인 것을 보면 시대가 어땠는지 그 배경을 짐작할 만하다. 그리고 지금 외국인들과도 소통이 필요한 개방의 시대가 본격화되면서 중국은 점점 영어를 위주로 한 외국어 학습 열풍에 휩싸이게 된다. 현재 중국에 투자하여 규모를 키우고 있는 세계 대기업들의 대부분이 기본적으로는 영어로 소통하는 상황이라 외국인과의 커뮤니케이션 환경이 영어 비중의 사회로 급속히 변해 버린 것이다. 영어를 공통 언어로 하여 중국 내에서 직원을 채용하고 있는 기업들이 제공하는 우수한 일자리들이 계속적으로 증가하고 있기 때문이기도 하다. 영어를 비롯한 외국어는 중국의 젊은이들에게도 세상을 보다 상향적으로 살아가기 위한 중요한 수단이 되었으며, 좋은 직장을 구하기 위해서라도 외국어 학습에 매달릴 수밖에 없는 상황이 된 것이다. 이런 사회 분위기에서 중국 어린이들의 영어 조기교육 시작은 한국 어린이들보다 빨라도 더 빠르다. 도시 중산층 이상의 부모들이 하나밖에 없는 자식들에게 쏟는 아이들에 대한 정성이야 한국 부모들 못지않은 것이고 영어 조기 교육에서 잘 나타난다. 두 나라 부모들의 기를 받은 아이들이 조만간 영어를 공통 언어로 비즈니스를 겨룰 날이 머지않았다.

그런데 중국과 달리 한국은 어느새 영어도 중국어도 해야 하는 사회가 되어 버린 듯하다. 한국도 세월의 변화와 함께 외국어 학습으로 요동치던 시절이 있었다. 영어는 세상 변화와 별 관계없이 항상 진행형이었으며 때때로 일본어, 아랍어, 스페인어, 러시아어에 이어 중국어, 베트남어까지 새롭게 부흥하는 나라가 생길 때마다 한국인들에게는 숙명과도 같이 곁에서 배우라 소리치며 맴도는 외국어들은 늘 있었다. 마치 주기적으로 외국어 열풍을 유행처럼 만나면서 세상을 헤쳐 나가야 한다는 느낌도 드는데 중국어는 아주 오래갈 것 같다. 우리 조상님들께서 가장 많이 왕래하셨을 나라가 중국이었을 테니 그 옛날에도 중국어를 공부했을 선조들은 꽤 많았을 것이다. 하긴 중국 과거 시험에 급제하여 벼슬을 했던 선조들도 적지 않았다는 사료가 있으니 해외 진출이며 역관에 상인들까지 중국을 오가며 양쪽을 연결하던 조상들 중 누군가는 생계를 위해서 누군가는 학문으로 누군가는 노역으로 중국어 공부를 해야 했을 것이다.

한국에 중국어 배움의 열풍이 강하게 불기 시작한 지 이미 오래되었다. 이제는 대한민국 여기저기 중국어를 썩 잘하는 사람들이 많다. 중국에도 이제는 다른 나라 교포들과 같이 중국에서 출생하고 성장하면서 중국인들과 같이 공부한 원어민 수준의 언어 실력을 갖춘 젊은 한국 언어 인재들도 많이 생겨났다. 한국인으로서 구사하는 훌륭한 중국어 실력이 든든하긴 하지만 중국에 오래 살다 보니 부족한 한국에 대한 문화적 이해와 체험의 약점은 극복해야 할 일이다. 여기저기 중국어를 잘하는 한국인들이 늘어나는 현상은 미래의 한중 관계와 이에 따른 수요를 예측해 본다면 긍정적인 일이다. 그래서인지 과거 길게 또는 다소 짧게 한국 사회에서 유행 같았던 여타의 외국어와는 달리 중국어 학습은 실용적인 측면에서 돋보인다. 가까운 나라이니 중국에 갈 일도 많고 일상 속에서 중국인들을 대할 일도 많아졌으니 학습하는 계층도 연령도 다양해진 언어가 되었다. 이미 중국에 유학하고 있는 한국 학생들이 5만을 넘고 있다 한다. 한중 수교와 더불어 본격적으로 시작된 중국 유학이 처음에는 베이징, 상하이, 난징(南京), 톈진(天津) 등의 대도시를 중심으로 형성되었지만 현재는 내륙이나 연안과 사막 도시까지 한국 유학생들의 발길이 닿지 않는 곳이 없다.

그런데 앞으로는 중국어라는 한 어학에 주안을 둔 목적의 유학은 장단점을 헤아려 볼 필요가 있다. 중국이나 한국 모두 기본적으로 어린 시절부터 영어 학습의 열기에 빠져 있는 사회가 됐으니 이런 상황을 함께 겪은 양국의 학생들이 비즈니스 상대로서 만나게 되었을 때의 커뮤니케이션은 지금과는 달리 영어라는 공통 언어가 있어 상당히 수월할 것이라는 점이다. 그래서 아쉽지만 양국의 초창기 관계 발전에 큰 공헌을 한 중국어 언어 도우미들의 역할은 차츰 줄어들 것이다. 부족하면 부족한 대로 공통 외국어를 찾아 소통하는 것이 서로의 이해관계를 논하는 데 있어 오히려 공평하기도 하고 또 결론도 쉽게 찾을 수 있다. 한쪽은 모국어로 얘기하는데 한쪽에게는 그것이 외국어라면 소통은 균형을 잃기 쉽다. 시간이 흐르고 한국에 오는 중국인 관광객들 세대도 바뀌었을 때쯤에는 지금 영어 배우기에 열광이었던 두 나라 젊은이들이 만나 어떤 언어로 소통할지는 뻔한 일이다. 비즈니스는 공통의 언어로 하고 저녁 시간의 친분은 상대방의 언어를 섞어 다져 갈 수 있다면 이상적이긴 하다.

한국 여기저기 상점들이 몰려오는 중국인들 때문에 외국어 스트레스가 전보다 커진다. 말을 배워 보자니 쉬운 일은 아니지 싶고 외면하자니 장사가 답답하긴 하다. 그래도 상인들은 장사를 잘해야 하니 적당히 배워 두면 좋을 일이다. 중국어를 너무 잘하다 보면 흥정하는 데 오히려 상대방이 경계심을 가질지도 모르고 또 너무 잘 알아들으면 설득 당하기 쉬울 수도 있다. 몇 마디 요긴한 문장을 잘 익혀서 손짓에 몸짓까지 더한다면 그런 것도 또 여행객들에게는 재미이기도 하다. 그런데 세상이 좋아져서 중국인들은 핸드폰에 번역된 한국어를 보여 주며 잘도 다니고 쇼핑도 잘한다. 소통의 방법이 어디까지 진화할지도 궁금한 일이다.

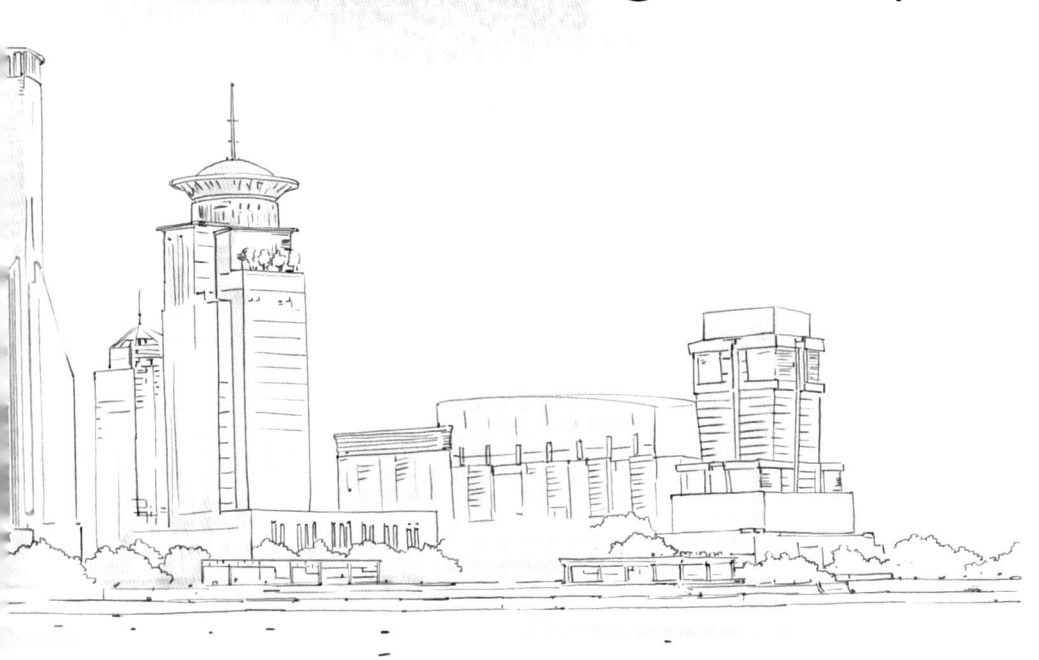

세 계 로
향 하 는
중 국

중국인들이 해외 부동산에
과감히 투자하는 이유는
중국 사회 전반의 현실적인
경험의 영향이 크다.
중국이 부강해질 수 있었던
출발점에는 절대적으로
전 세계에서 몰려온
외국인들의 자본이 서 있었다.

29

세상을 소유하다,
해외 투자

이 나라 저 나라에서 온갖 부동산을 사들이고 개발하는 중국 부자들의 해외 투자가 계속되는 사이 이제는 차츰차츰 조건을 갖추게 된 중산층들까지 가세해 가면서 그 열기가 좀처럼 식을 것 같지 않다. 여기다 여러 나라에서 중국인 맞춤형 투자 유치 정책을 내놓고 있는 등 시간이 갈수록 중국인들의 관심 국가는 늘어 가고 대상도 점점 다양해지고 투자 규모도 커지고 있다. 초창기에는 상대적으로 후순위였던 한국에도 관심도가 한껏 높아졌다. 환영해야 할 일이기도 하지만 작은 나라로서 부담스러움도 크다. 제주를 중심으로 서울과 부산, 인천 모두 중국인들의 시선이 집중되고 투자의 중심에 서 있는 곳들인데 외국 자본을 유치하는 현실적 이익도 중요하지만 오랜 시간 지난 후 어떤 모습이어야 할지 고민도 깊어 간다. 해외 부동산 투자에 몰입하고 있는 중국인들의 정서에 작용하는 특별한 사회적 배경이 있는 것일까?

부자가 되었더라도 중국인이기 때문에 나라 안에서든 밖에서든 여전히 제약받는 것들이 있다. 대표적인 것이 자녀 출산이다. 살림살이가 몰라보게 나아지면서 많은 사람들이 딸 아들 하나씩 아니면 그보다 더 많이 출산하여 양육하는 나름대로의 이상적인 가정을 꿈꾸지만 줄곧 정부가 적극적으로 주도하고 있는 자녀 출산 정책으로 인해 일부 부자들의 다산(多産)욕망은 제한을 받게 된다. 그래도 여지는 있어 금전만 충족되면 해결할 수 있는 일이기도 하다. 자녀야 몇을 낳던 가중되는 벌금과 사회적 불이익을 감당할 수 있으면 그뿐이다. 한 유명 영화감독도 여러 자녀의 출생에 대한 벌금 약 13억 원을 납부하면서 한동안 사회적 논란의 중심에 선 적이 있었다. 얼마 전, 상황에 따라 두 자녀까지 출산을 허용하는 방향으로의 정책 변화는 있었지만 어떤 식으로든 출산과 관련한 제약은 계속 존재할 것으로 보인다.

그런데 중국인이기 때문에 모두가 감내해야 하고 원칙적으로는 어떤 방법으로도 해결할 수 없는 몇 가지 것들이 있다. 대표적인 것이 집은 소유할 수 있지만 토지는 소유하지 못한다는 것이다. 중국이 주택 토지에 대해 자동 연장을 전제로 70년 임차 제도를 실시한 이후 아직 기간이 만료되진 않았으나 그때가 되면 뭔가 부담스러운 연장 조건이 있을 것 같기만 한지라 마음 한구석은 불안하다. 돈이 있다고 한들 구입하지 못하는 것은 토지뿐만이 아니라 자동차도 맘대로 구입할 수 없는 도시들이 계속 늘어나고 있다. 베이징이나 상하이와 같은 대도시들에서는 이미 오래전부터 늘어나는 자동차를 수용할 도로나 주차 시설 등이 따라가지 못해 추첨이나 경매 등 갖가지 방식을 동원해서 구매를 제한하고 있다. 특히 추첨의 방식은 아무리 부자라도 당첨될 때까지 무조건 기다려야 하니 돈이 능사가 아닌 경우는 늘 있기 마련이다.

국내 사정을 떠나 해외여행을 불편하게 하는 비자 문제도 중국인이기 때문에 겪는 매우 큰 불편함이다. 대한민국 국민들은 이미 거의 모든 나라와 비자 면제 협정이 체결되어 있어 떠나고 싶을 때 어디든 떠나면 된다. 반대로 중국은 거의 모든 나라에서 비자를 요구하고 있는 현실이 경제 강국이자 세계 최다 해외여행객 송출국 위상에 걸맞아 보이지 않는다. 중국과 비자 면제 협정을 체결한 지 불과 몇 개월 만에 이를 취소한 남미 국가의 경우도 있다. 이들 국가로 출국한 중국인들 가운데 상당수가 불법체류를 하거나 살짝 경유만 하여 다른 나라로 입국해 귀국하지 않는 이유다. 실제로 불법체류를 하며 식당이나 여행사 같은 곳에 일하는 중국인들은 세계 어느 나라에서나 쉽게 볼 수 있다. 전 일정 5성급 호텔에 왕복 비즈니스 좌석을 이용하는 여행 상품도 마다하지 않는 높은 구매력을 가진 부자 중국인 관광객들도 많지만 아직 절대다수의 빈곤한 중국인들이 있는 것이다. 그러다 보니 여행사를 통한 단체 여행이 아닌 경우 비자로 인한 심리적 스트레스가 이만저만이 아니다. 부자 중국인들도 많지만 아직은 불법체류자를 염려해야 할 만큼의 가난한 중국인들이 훨씬 많다는 현실이다. 그런데 중국인이기 때문에 하고 싶어도 할 수 없는 많은 것들을 일거에 해결해 주는 매력적인 일이 있다. 바로 해외 투자다.

중국인들의 해외여행 유행에 이어 찾아온 해외 투자 열풍으로 상당수의 글로벌 부동산 기업들이 속속 해외로 진출하고 있고 이들을 통해서나 또는 개별적으로도 부동산 구입 열기는 죽 이어지고 있다. 중국 내 부동산 과열 방지를 위한 여러 억제 정책의 영향도 있다지만 자녀 교육을 으뜸으로 하여 투자와 궁극적 이민 등도 주된 이유다. 실제로 중국 부자들이 부동산을 집중적으로 구입하는 국가는 중국 유학생들이 가장 많이 유학하는 미국, 캐나다, 영국, 호주 등 국가와 일치한다.

중국의 부동산 가격은 오르고 또 올라 한국 돈 5억 원이나 10억원이 있더라도 베이징이나 상하이 같은 곳에서는 소형 아니면 중형 아파트 하나 간신히 구입할 정도밖에 되질 않는다. 그러니까 중국의 대도시에서 웬만한 수준의 아파트를 소유한 사람들의 부의 수준은 이미 국제적이 되었다는 것을 의미하는 것이기도 하다. 이러한 여유를 가진 입장에서 만약 해외 투자를 결정하게 된다면 일단 토지를 자신의 명의로 영구 소유할 수 있고 시간이 좀 지나면 영주권이 생길 수 있고 또 그렇게 되면 외국을 맘대로 다닐 수 있도록 비자 문제까지 해결된다. 여기에다 마지막 보너스로 부동산 가격까지 올라준다면 횡재도 할 수 있는 상황이니 어찌 관심 갈 일이 아니겠는가! 이러한 유혹들에 대해 마지막 판단의 한 수를 던지게 하는 것이 바로 변혁을 거듭해 오고 늘 개혁을 외치는 중국 사회에서 중국인들이 가지고 있는 형언하기 어렵고 이유를 잘 설명할 수 없는 긴장감이다.

무언가 사회적 안정감이 결여된 듯한 느낌을 가지고 있음을 대다수 중국인들은 부인하지 않는다. 얼마 전까지만 해도 무소유와 크게 다르지 않았던 삶에서 이제 가진 것들이 점점 많아지고 지켜야 할 재산은 늘어 간다. 그러나 알지 못할 불안감에 절대다수의 부자들이 이민을 생각해 봤거나 계획이 있다고 고백하고 있는 사회이기도 한 것이다. 딛고 서 있는 땅 자체가 스스로의 소유가 아니니 그 위에 있는 내 것들이 모두 불안한 탓일까? 실제로 어제까지 멀쩡히 출근하던 사람이 오늘 아침 해외로 사라져 버리는 심각한 부패 고위 공무원들의 사회문제도 가지고 있지 않은가? 늘 개혁 속에 있는 까닭인지 충분한 안정감을 주지 못하는 사회 분위기는 돈 많은 중국인들의 해외 부동산 구입을 부추긴다. 중국인들의 해외 부동산 구입은 단순한 투자 외의 복잡한 사회적 배경도 가지고 있는 것이다.

중국인들은 무슨 용기로 낯선 해외의 부동산에 과감히 투자할 수 있는 것일까? 한국인들의 일상과는 다소 거리가 있어 보이고 결코 간단해 보이지 않는 해외부동산 투자가 한국의 제주, 부산, 인천에서는 어찌 그리 많을 수 있을까? 우리와는 다르게 중국 사회가 준 현실 경험의 영향이 큰 것이다. 중국이 부강해질 수 있었던 출발점에는 절대적으로 전 세계에서 몰려온 외국인들의 자본이 서 있었다. 중국인들은 자신들의 토지가 어떻게 외국 자본들에 의해 개발되고 갑작스럽게 부동산 가치가 오르면서 순식간에 부가 창출되어 가는지를 가까운 곳에서 지켜본 사람들이다. 외국 기업이나 외국인들과 그다지 많은 접촉 없이 살았던 한국인들과는 사뭇 다르게 중국 도시민들에게 있어 개혁개방은 외국 기업과 외국인들과의 접촉 과정이었다고 해도 과언이 아니다. 중국이 개방된 후에 외국인들 관광객들도 많이 보게 됐지만 중국 시장을 가지고자 했던 투자자들도 많이 만나게 된다. 외국 자본으로 인해 일자리가 만들어지고 시장이 조성됐으며 중국인들은 외국인들이 자신의 나라에서 어떻게 부를 축적해 가는지를 근거리에서 볼 기회가 많았다. 그러는 사이 외국 자본이 넘쳐 나는 살 만한 세상이 되었고 거의 무조건으로 환영하던 외국 자본을 이제는 가려서 안으로 들이며 오히려 해외로 투자하는 상황으로 역전이 된 것이다. 일례로 한때는 외국인이나 기업들이 중국 내에서 별 제한 없이 부동산을 매입할 수 있었으나 현재는 대도시를 중심으로 매입 조건을 매우 엄격하게 제한하는 방향으로 정책이 전환되었다. 실제적인 사용 목적이 아닌 경우에는 매입을 매우 어렵게 하여 현실적으로 외국인들이 투자 목적으로 중국 부동산을 소유할 수 없게 제한하고 있다. 반면에 중국 밖으로 나가 그동안 축적된 자본과 외국 자본으로부터의 학습된 경험을 가지고 세상을 사는 사람들이 된 것이다. 이런 여러 사연과 이유들이 복합으로 작용하여 해외로 향하는 중국인들은 계속 늘어난다.

이미 오래된 얘기지만 한때 중국 부동산 투자에 노력했던 한국 기업들도 있었고 실제로 일부 지역에서는 관련 사업이 진행되기도 했지만 결과적으로는 활성화되기 전에 중국의 많은 것들이 비싸져 버렸다. 한국과 상대적으로 가까운 산둥성(山東省) 동쪽 해안 지역에 한국의 은퇴자들을 위한 실버타운 개발에 많은 기업들이 관심을 가진지라 개발 붐이 일어날 것 같았는데 오래지 않아 조용해졌다. 중국 부동산 가격도 치솟았지만 물가와 인건비의 상승이나 환율의 변화도 컸다. 가정부를 고용하고 저물가 혜택을 누리며 편안한 노후를 즐길 수 있는 한국 은퇴자들이 한때 꿈꿨던 환경이 절대 아닌 곳으로 되어 버린 것이다. 산둥성 내 한국인 실버타운 건설은 실현이 쉽지 않은 상황이 되어 자취를 감췄고 반대로 중국의 해외 투자 소개 광고에서 한국을 보게 된다. 광고는 은퇴 후 그림 같은 집에서의 품격 높은 생활을 이야기한다. 그림 같은 집이다! 중국 도시에서 개인 차원으로 토지를 임차하여 주택을 짓는 것은 현실적으로 불가능한지라 모두 아파트 일색이고 그래서 개성을 가진 운치 있는 개인 주택은 볼 수 없다. 그런데 한국은 맘만 먹으면 어느 곳이든 내 소유의 땅이면 그림 같은 집을 지을 수도 있는 것이다. 한국에서도 특히 제주도는 중국인들의 모든 부족함과 아쉬움을 일거에 해결해 주고 많은 덤까지 주는 곳이다. 양호한 투자 조건과 매혹적인 자연조건은 물론이고 가깝기까지 하고 다른 나라처럼 피부색에서 올 수 있는 인종 차별도 없다. 오히려 한류가 있고 중국인들이 좋아하는 흑돼지까지 있지 않은가!

지금 중국 젊은 세대들이 가지는 한국 문화에 대한 선호적인 태도로 봤을 때 향후에는 이들이 한국 투자에 깊은 관심을 가질 주인공들이다. 한국인들은 자자손손 후대를 염려하여 현명하고 면밀하게 중국인들의 부동산 투자를 받아들여야 할 큰 숙제를 안게 되었다.

30

세계를 잇다,
고속철과 **변경**

                         "더 빨리 더 높이 더 멀리" 스포츠
가 추구하는 구호들이다. 만약에 여기에 "더 크게 더 깊이"와 같은
표현까지 더한다면 영락없이 바삐 가고자 하는 현재의 중국 과학을
표현하는 것이 된다. 그런데 중국의 과학은 그 역사나 현재 상황을
살펴봤을 때 어떤 것은 의외로 빨리 발전했지만 어떤 것은 상상 외
로 더디다는 것이 또 특징이다. 살펴봄에 있어 가장 특별한 사건 하
나는 가난에 허덕이던 1960년대에 핵을 개발했다는 것이다. 모든 국
력을 동원한 결과일 것이라 짐작은 가지만 당시 기술을 비롯 설비
나 인력, 예산 무엇 하나 제대로 갖추기 쉽지 않은 상황이었을 텐데
참으로 의외다. 중국인들의 설명대로라면 기대했던 소련의 비협조
로 인해 거의 독자적인 기술에 의존하여 개발하였다고 한다. 그 결
과 세계 5번째 핵보유국으로 인정받으면서 유엔 상임이사국 자리에
서게 되어 국제적으로 상당히 공고한 위치를 구축하게 된다. 인구만

많은 빈곤한 국가였음에도 최우선적으로 핵을 가져야만 했던 명제를 가진 시대적 상황이 읽히는 부분이기도 하다.

중국은 거듭되는 사회적 혼란 속에서도 국가 발전에 필요한 사람들에 대한 특별한 조치는 잃지 않았다. 무수한 지식인들이 자고 나면 사라졌던 문화대혁명 시기에도 국가가 필요로 하는 과학자들과 그 가족들은 특별히 보호하여 과학 중국을 준비하는 이성을 견지했다. 그러면서 한동안 고요 속에서 사는 것처럼 조용했던 중국은 개혁개방의 성과를 가지게 되면서 과학 분야에서도 갑자기 많은 것들을 세계에 보여 주기 시작한다. 하늘로 유인우주선을 펑펑 쏘아 올리고 세계에서 가장 깊은 바다로 잠수정을 보내는 기술도 선보인다. 중국 과학의 여러 성과 중에는 일상에서 확연하게 느낄 수 있는 것이 있다. 날씨를 거의 맘대로 조절하는 듯한 기술이다. 올림픽이든 건국기념일의 열병식이든 무슨 중요한 행사 때면, 인공으로써 비를 미리 내려 필요한 날, 결국에는 맑고 공기 좋은 날을 만들어 내는 조화는 경이롭기까지 하다. 그러나 날씨에 대한 과학 기술은 잠시간의 조화에만 적용이 가능한 수준인지 나날이 심각해지는 미세먼지로 인한 대기 문제 해결에는 거의 속수무책으로 보여진다. 그리고 또 한편 중국이 현재 가지게 된 국가 위상과는 좀 동떨어진 듯한 느낌을 주는 늦은 성과는 또 있다. 정말 오래전인 1880년대 일본이 만들었던 항공모함을 불과 몇 년 전에야 가지게 되었다는 것이 대표적으로 의외로운 일이다. 중화민국 시절인 1930년도에 항공모함의 건조 계획을 세웠으나 혼란한 정치 상황으로 인해 백지화되고 80여 년이 흐른 뒤에야 중국은 최초 항공모함 보유의 꿈을 이룬다. 동력을 갖추지 않은 미완성의 항공모함을 우크라이나로부터 구입하여 껍데기를 제외한 모든 것을 중국이 채워 넣었음을 강조하는 한편, 이제까지는 바다를 방어만 함에 있어 필요치 않았던 것이지만 그래도 2020년 전에는 순수한 중국산 항공모함을 건조할 계획이라는 설명도 곁들인다. 반면에 세계인들도 인정하고 중국인들이 한창 자랑하고 있는 쾌거는 있다. 바로 고속철이다. 중국은 고속철을 통해 21세기 세계를 이어 가고자 한다.

한국인의 20배가 넘는 엄청나게 많은 인구, 한반도의 44배나 되는 땅덩어리지만 그 거대한 대륙이 한 시야 앞에 온전히 출현할 일도 없었고 어마어마한 인구가 동시에 눈앞에 나타날 수도 없었다. 그래서인지 중국에 비해 작고 적은 나라에서 왔지만 일하고 생활하며 애들 키우는 데 특별히 소침해질 일은 없었다. 하지만 중국 그 많은 인구들이 이 넓은 대륙을 어떻게 이동하며 구석구석 나라 모습을 바꿔 가는지는 늘 궁금했다. 붐비는 인파의 장거리 열차가 얼핏 떠오른다. 그런데 그 이미지가 이제 완전히 바뀌어 가고 있다. 고속철이 점점 대세가 되어 가고 있는 것이다. 자체 개발하여 수출까지 하고 있고 앞으로 발전 가능성이 무궁무진하다고 자랑이 끊이질 않는 중국의 또 하나의 자존심이다. 고속철은 넓은 공간을 빠르게 이동하며 많은 것들을 바꾸고 세계를 향해서도 전진해 갈 수 있는 최적의 도구다. 최고 속도가 시속 350km 이상인 고속철은 중국 전역에 걸친 1만 수천 km의 철로를 평균 시속 200km에서 250km 정도로 질주한다. 베이징에서 상하이까지 1,300km 거리에 닿는 데 5시간도 채 걸리지 않는 초고속 열차가 개통된 지는 벌써 몇 년이 지났고 대도시들을 이어 가는 고속철 노선도 속속 늘어나고 있다. 베이징과 인접한 직할시인 텐진(天津)과의 거리를 불과 25분 만에 주파하게 만드는 놀라운 속도다. 비행기에 소요되는 시간과 비슷한 정도며 도시들 간의 이동이 가능하게 되어 승차 내내 인터넷으로 업무도 볼 수 있는 새로운 시대를 경험하게 된 것이다. 고속철을 적극적으로 발전시킴으로써 빠른 속도의 도시화에 따른 14억 인구 이동의 시간과 비용 두 가지 문제를 효율적으로 해결할 수 있는 실마리를 마련한 것이다. 몇 해 전 개통된 세계 최고도에 위치한 고속철도인 칭하이성(青海省)에서 티베트 간의 칭짱(青藏)철도가 화제가 됐었다. 군사적인 측면과 자원 개발 등 다목적으로 많은 비용을 들여 건설한 것으로 알려져 있다. 물류가 해결되면서 메콩 강을 비롯한 아시아 여러 강의 발원지인 티베트고원의 물이 고가의 생수 브랜드가 되어 각 도시에서 판매되기 시작했다. 경제적인 측면 외에도 세계 각지에서 찾아오는 관광객들도 날로 증가하고 있다. 고속철이 주는 현실적인 효과다.

중국의 대동맥이 되어 가고 있는 고속철을 얘기하면 그 발전의 원동력에 있어 중국이 가진 토지국유제라는 정책이 가진 힘이 제대로 발휘된 경우라고도 할 수 있다. 기술 개발은 많은 투자와 오랜 노력을 통해 가능했다고 하더라도 철로가 놓일 땅 확보 문제가 또 관건일 텐데 언제 어디서든 원칙적으로 토지 수용이 가능하니 최단 시간 내 가장 경제적이고 효율적인 방법을 선택할 수 있다. 일을 추진하는 입장에서 정말 거칠 것이 없는 중국은 여러 가지 변화에 있어서 그 속도가 빠름, 빠름, 빠름일 수 있는 강점을 가지고 있는 것이다. 고속철은 중국의 경제력을 이웃 나라로 확대시키고 더 나아가 다른 대륙으로 진출하는 데 있어 대단히 중요한 동력이다. 중국은 기본적으로 동남아로의 확장을 시작으로 유럽으로 연결되는 신 실크로드 노선을 계획하고 있다. 윈난성(雲南省)으로 시작되어 라오스, 미얀마, 베트남을 경유하여 최종 싱가포르로 이어지는 고속철 계획은 이미 확정이 되었다. 이 밖에 신장(新疆)을 출발하여 터키, 독일로 이어지는 노선 계획도 있고 러시아 방향 고속철은 헤이룽장성(黑龍江省)에서 출발하여 횡단철도로 이어져 유럽에 닿는다는 정말 야심 찬 계획을 가지고 있다. 남의 나라 얘기지만 듣기만 해도 설레는 꿈같은 일이다. 실제로 중국의 철로가 유럽으로 이어지고 있는 다음과 같은 실제 예를 보면 가슴이 뛴다. 얼마 전, 중국 저장성(浙江省)에서 성탄절용품과 완구를 잔뜩 싣고 출발한 화물열차가 8개국을 거치며 13,000여 km를 달려 스페인의 마드리드에 3주 만에 도착했다. 다시 유럽의 와인과 올리브유를 싣고 춘지에(春節)에 맞춰 돌아온 열차는 충분한 화젯거리가 됐다. 정말 어느 날인가 고속철로서 여러 국가가 연결된다면 경제적인 측면에서든 여행이든 그 엄청난 혜택을 받을 나라들과 사람들은 많다. 시간은 걸리겠지만 중국의 고속철과 관련한 모든 것에서 보여 주는 자신감을 보면 그렇게 요원한 일로 생각되지 않는다. 중국이 완전히 다른 국가로 또 한 번 변신할 수 있을 정도의 영향을 줄 것이고 한반도로서는 아마도 중국에 대해 가지는 가장 부러운 일일 것이다.

한국의 철로가 북한을 거쳐 중국의 고속철로 이어지면 얼마나 좋을까 하는 희망의 얘기는 이미 오래전부터 논의되어 왔다. 중국의 고속철이 언제고 어디로 죽죽 뻗어 나가는지 부러움만으로 계속 바라만 봐야 한다면 한국은 정말 섬에 갇힌 것과 다름없다. 일회성 이벤트라도 한국이 섬 같지 않길 간절하게 바란 적이 있었다. 2008년도 베이징 올림픽 당시 보고 싶었던 장면은 한국 선수단이 열차를 이용하여 평양을 거치면서 북한 선수들과 함께 압록강 변 도시인 단둥(丹東)과 선양(瀋陽)을 거쳐 베이징으로 입성하는 것이었다. 오래전 한반도의 허리가 끊어지기 전의 선양은 중국의 동북과 베이징을 잇는 교통의 요지였다. 연암 박지원이 한양을 출발하여 베이징에 이르기 전 가장 큰 도시였으며 마지막 황제 푸이(溥儀)가 있던 만주국의 수도로서 펑톈(奉天)이라 불렸다. 훗날 한반도와 중국이 고속철로 연결된다면 부산이나 여수에서 출발하여 베이징에 닿기 전 마지막 역이 될 수도 있는 곳이다. 한국이 육로를 갖지 못하고 하늘길과 뱃길로만 중국과 이어져야 하는 현실은 정말 안타까운 일이다.

중국은 압록강 변 도시 단둥에서 시작하여 남쪽 광시자치구 접경에 이르기까지 2만 2천 km에 걸쳐 내륙 변경을 유지하고 있다. 지구 상에서 가장 긴 지역에 걸쳐 가장 많은 국가와 국경을 접하고 있는 나라이면서 러시아, 인도, 파키스탄 등과 함께 세계 인구의 대부분이 밀집해 있는 지역이기도 하다. 중국이 현재 접경하고 있는 국가는 많다. 소련이 해체되면서 "탄탄탄"하는 독립 국가들이 늘어나 한반도를 포함해서 자그마치 총 14개(북한, 네팔, 부탄, 파키스탄, 러시아, 인도, 베트남, 태국, 라오스, 미얀마, 카자흐스탄, 키르기스스탄, 타지키스탄, 몽골) 나라와 국경을 접하고 있다. 여러 나라와 접경해 있으니 네 땅 내 땅 구분도 쉽지 않았다. 오랜 시간에 걸쳐 국경에 관한 협상을 벌이면서 대부분 국가들과는 결론을 가졌지만 인도처럼 아직 명확한 국경을 확정 짓지 못한 나라도 있다. 중국에서는 창바이산(長白山)이라고 칭하는 백두산은 원래 전부가 중국 영토였는데 북한의 지도자가 태어난 곳인 성산(聖山)임을 감안하여 1962년 백두산 남쪽을 북한 영토로 하는 국경 조약을 체결하였다는 것이 대부분 중국인들이 믿고 있는 내용이다. 접경 지역에서는 이따금씩 분쟁도 있었다. 60년대 초에는 인도와 대형 충돌이 있었고 1979년에 있었던 베트남과의 분쟁에서는 무려 인민해방군 20만 명이 동원됐는데 전투 결과에 대해서 양국 모두가 승전했다고 기록하고 있는 모호한 전쟁이다. 베트남은 지금도 중국과 영해 문제로 충돌하고 있는 대표적인 나라다. 반면, 경제적인 측면에서의 교류가 늘어나면서 동물도 왕래가 힘들었던 접경 지역의 지뢰밭이 지금은 천여 개의 상가가 들어선 마을이 되어 변경무역의 대표적인 장소가 되었다. 중국 경제가 성장하고 강대해지면서 인접 국가들과의 무력 충돌 대신 경제협력 차원에서의 변경무역이 점차 늘어나고 있다.

국경을 맞댄 가장 강력한 맞수로는 인도가 있다. 중국과 인도는 어떤 관계를 가지고 있을까? 세계에서 가장 많은 인구, 인류 문명의 발원 국가, 종교와 철학의 나라, 강대국으로부터 철저하게 핍박받은 대국의 치욕사 등 두 나라는 유사점이 많다. 그런데 서로 인접해 있는 이웃 나라지만 중국인과 인도인들의 왕래는 많지 않다. 양국이 합쳐 무려 약 26억 명의 인구가 있지만 한 해 서로 왕래하는 인원수가 두 나라를 합쳐 100만 명에도 못 미치니 서로가 특별히 우호적인 관계는 아닌 듯하다. 접경해 있으면서 교역이 활발한 나라 중 하나가 러시아다. 중국과 러시아 접경 지역인 우쑤리(烏蘇里) 강 인근 도시를 갔었는데 특별한 표식이나 경계병도 없어 접경 지역이 실감 나지 않는 광경이었다. 마을 상점들이 몰려 있는 곳은 시장 분위기가 형성되어 한겨울임에도 부산했었는데 대부분 러시아 기념품들을 진열하고 있었다. 양쪽을 잇는 강과 강 사이의 많은 고압 전신주들은 중국이 러시아로부터 상당량의 전력을 수입하고 있는 또 다른 변경무역의 현장이었다. 현재 중국과 러시아의 긴 접경 지역과 가까운 곳곳의 도시들에서는 변경무역이 활발하게 이루어지고 있다.

한반도 현실은 중국과 달리 육로를 통해 다른 나라로 이동하는 것도 불가능하고 이웃한 나라와의 변경무역 기회도 당연히 없다. 그러니 베트남이나 태국 사람들이 아침에 중국에 위치한 일터로 출근했다가 저녁에 다시 자국으로 퇴근하는 것과 같은 일이 특별해 보이는 것이다. 국경선 살짝 넘어 이웃 나라로 나들이도 하고 장사도 할 수 있는 여건은 부러운 일인데 중국은 여러 나라와 연접해 있으니 그만큼 기회도 많다. 이제는 접경 지역을 넘어 내륙 깊숙한 곳까지 고속철로 이어 왕래할 것이라 하니 중국과 이웃한 여러 나라 변경 지역 사람들의 미래가 바빠질 듯하다.

고속철에 이어 중국이 오래전부터 심혈을 기울이고 있는 것이 바로 여객기 제조다. 이제는 이곳에서 저곳으로 옮겨 다니며 살고 일하는 세상이 되었으니 많은 인구가 넓은 대륙에서 빠르게 이동할 수 있는 교통수단이 무엇보다 중요해진 것이다. 그래서 어느 나라보다도 비행기가 많이 필요한 나라가 중국인데 대부분의 여객기들을 수입해서 쓰고 있는 상황이다. 지금은 달러가 넘쳐 나기도 하고 아직까지는 수입해서 쓰는 일이 그다지 체면 상하는 일도 아니지만 시간이 지나다 보면 항공모함처럼 국산화하지 못하는 것이 마음에 걸릴 수도 있다. 무엇보다 세계 최다 인구를 가진 나라로서 나날이 늘어나고 있는 비행기 수요를 언제까지 엄청난 비용을 지불하고 수입에만 의존해서 쓸 수는 없는 일이다. 세계 최대 인구의 나라임에도 국가 최고 지도자가 남의 나라에서 제조한 비행기를 전용기로 타고 다니는 것도 이후에는 마음에 걸릴 일이다. 여러 가지 면에서 정말로 큰 비행기가 많이 필요한 나라가 중국이다. 중국 내 도시 간 취항 노선만 2,000여 개가 넘지만 주로 큰 도시들로만 연결이 된다. 그래서 가장 애매하고 불편한 때가 자동차로 5, 6시간에서 많게는 10시간을 달려야 닿는 도시임에도 비행기 노선이 없는 경우다. 그런데 머지않아 프랑스 기업과 협력하여 제조한 200명 탑승 규모의 여객기가 비행을 시작한다. 향후 여기저기 도시들에 신공항도 늘어나면서 중국의 비행기 산업까지도 확대될 모양이다.

비행기와 중국 그리고 한국을 같이 떠올리게 하는 사건 하나가 있는데 비행기 한 대가 수십 년 단절된 역사를 바꾸는 중요한 계기가 된 일이다. 수십 년 만에 중국으로부터 한국을 찾은 손님은 옛날처럼 육로도 아니고 바닷길도 아닌 비행기 불시착을 통해서였는데 한중 수교에 있어 이 비행기 한 대가 많은 역할을 했다는 것이 중국인들의 기억이다. 1983년에 있었던 중국민항기 납치 사건이다. 적기가 쳐들어오는 실제 상황으로 방송됨으로써 나라가 잠시 발칵 뒤집혔었는데 군 복무 중 실제로 전투 준비를 명령받았던 터라 생생하게 기억되는 날이기도 하다. 선양에서 상하이로 향하던 중국민항기를 무장한 중국인들이 납치하여 대만으로 향하다가 한국 영공을 침범하고 춘천에 불시착한 것이다. 한·중 간 협상 끝에 승객과 기체는 중국에 반환되었고 납치범들은 대만으로 추방된다. 처리 과정에서 탑승객들의 숙식을 고급 호텔에서 해결해 주는 등 중국과의 교류를 원했던 한국 정부의 태도는 아주 적극적이고 호의적이었다고 중국인들은 기억한다. 한국 정부의 협조와 처리 과정을 지켜본 양국 국민들의 집중된 관심은 후일 한·중 간 민간 차원의 교류가 진행되는 계기가 되었고 최종적으로 한중 수교가 성사되는 데도 기여했다는 것이 중국인들의 평가다. 협상을 거쳐 어렵사리 중공과 남조선이라는 호칭 대신 처음으로 "대한민국"과 "중화인민공화국"이라는 정식 국호가 쓰이기도 했다. 당시 중국 측 통역을 담당했던 한 외교관은 "북조선에서 배운 말이 당시 한국에서 쓰는 언어와 차이가 커서 통역상 어려움을 겪었다"는 에피소드를 소개하기도 한다. 당시 중국 비행기는 영국에서 수입한 것이었다.

중국의 경제성장에 대해 많은 학자들이 미국과 비교하길 좋아한다. 향후 얼마 후면 중국이 미국의 경제력을 앞서게 될 것이라든지 아니면 아예 금세기 동안에는 그런 일이 일어나지 않을 것이라든지 또 아니면 근본적으로 불가능한 일이라든지 다양한 예측들을 이야기한다. 그리고 당사자인 중국인들 중에도 정말 이를 궁금해하는 사람들은 많다. 언젠가 중국이 만들어 내는 대형 여객기를 미국이 대량으로 구입할 상황이 된다면 바로 그때쯤이면 중국과 미국의 균형이 어떤 상황인지 명확하게 알 수 있을지 모른다.

31

인재들의 행진,
유학생

중국이 한국과 다름을 많이 가진 나라이지만 한 가지 매우 유사한 점 하나는, 교육과 대학 입시로 이어지는 과정에서의 결코 정상적이라고 할 수 없는 과열된 사회 분위기와 부모들의 뜨거운 교육열 그리고 오로지 대학입시를 위한 자녀들의 고통스러운 학창 시절이 존재한다는 것이다. 중국인들의 교육열은 한국 부모들에 결코 뒤지지 않는 거의 세계 으뜸 수준이다. 부모들 자신들이 지내 왔던 사회주의 지향의 세월과는 다르게 철저한 경쟁 사회 속에서 입신양명할 수 있는 가장 근접하고 거의 유일한 방법이 명문 학교를 졸업하고 좋은 직장으로 이어지는 것임을 충분히 느끼기에 자녀 교육에 인생 전부를 거는 중국인들은 많다.

동네 아주 가까운 곳에 베이징의 명문 고등학교가 있는데 주말에만 집으로 돌아갔다 학교로 돌아와 기숙하는 방식의 학교다. 집으로 가는 금요일 오후나 다시 학교로 돌아오는 일요일 오후 시간만 되면

학교 부근은 마중하고 보내는 차량들로 도로가 북새통이 된다. 금요일 오후 자녀를 기다리는 부모들의 표정은 그래도 평화로워 보이지만 일요일 오후 떠나보내는 부모나 학교로 돌아가는 자녀들의 표정은 피곤하고 긴장돼 보여 애처로운 마음이 들기도 한다. 다가올 대학 입시에 대한 기대도 염려도 늘 가슴에 담고 사는 부모들의 표정에는 고단함이 그대로 배어 있다. 중국도 어떤 대학을 졸업하느냐에 따라 운명까지 결정될 정도로 학력이 중시되는 사회가 되어 버렸다. 개혁개방 후 생겨나는 양질의 일자리들은 모두 어김없이 좋은 대학을 졸업한 사람들에게 우선적으로 기회가 있었는지라 중국의 교육도 자연스럽게 대학 진학에 모든 것을 집중하는 상황이 되어 버렸다. 그러다 보니 중·고등학교 6년의 시간은 물론 초등학교 6년에 심지어는 유치원부터 좋은 대학에 입학하기에 좀 더 유리한 곳을 선택하기 위해 부모들은 삶을 희생하며 전쟁을 치른다.

중국에는 약 850여 개의 4년제 대학교를 포함하여 전문대학까지 모두 2,500개 정도의 대학에 해마다 약 700만 명 정도의 신입생이 입학한다. 따져 보면 한국 인구 절반 정도의 대학 재학생들이 있는 셈이다. 문제는 이 많은 학생들이 졸업해서 좋은 직장은커녕 일자리 자체를 구하기 힘든 사회 상황으로 되어 버렸다는 것이다. "727" 비행기 모델명이 아니다. 바로 얼마 전 취업을 앞둔 중국 대학 졸업생들의 수가 727만 명이었다. 만들어지는 일자리가 대학 졸업자들의 수를 따라가지 못해 취업난이 심히 가중됐던 한 해였다. 중국의 발전 규모와 함께 병행되지 않는다는 느낌을 받는 부분이 바로 대학생들의 취업 문제다. 사실 경제가 지속적으로 발전하고 있으니 일자리도 속속 만들어지고 세계 유수의 기업들이 모두 중국 시장에 집중되어 있고 각종 산업들도 확장일로라 양질의 일자리는 지속적으로 늘어난다. 그런데도 대학생 취업난을 심각한 사회문제로 기정한 집중적인 보도들이 끊이질 않는 것은 대학 졸업자들이 너무 많아진 이유다. 모두 중국의 교육 정책과 관계가 있다.

중국의 석사, 박사 학위 제도는 1981년도에 만들어져 1983년이 되어서야 중국 자체에서 박사가 처음 배출된다. 중국 정부는 다른 국가들보다 고학력자들의 양성이 늦은 상황도 고려하고 무엇보다 인구대국에서 인재강국으로 가겠다는 목표를 가지고 교육 정책을 펴게 된다. 1990년대 후반부터 고학력 인재 양성을 위해 대학원생과 대학원 입학 정원을 대폭 늘리게 되는데 이들이 졸업하는 2000년대 초에 약 150만 명의 대학 졸업생이 사회에 진출하게 된다. 그러나 당시 사회 상황은 인력 공급의 절대 과잉이라 결과적으로 월급이 오히려 내리는 현상까지 나타나게 되어 입학 정원수는 잠시 조정된다. 그러나 이후로 이어진 금융 위기 등으로 다시 가중된 취업난이 해소되지 않고 지속되는 상황에서 대학 입학자 수는 다시 늘어나게 되어 취업난이 더욱 가중되기 시작한 것이다.

취업난은 어느 나라에서나 공무원들의 인기를 더해 주는 현상으로 나타나는지 중국도 공무원들의 인기가 드높다. 대학 졸업자 수는 700여만 명인데 공무원이 되기 위한 국가고시와 지방공무원 고시에 참여하는 연인원이 450만 명을 넘고 있다. 놀라운 숫자인데 그럴 법도 한 것이 중국의 공무원직이 절대적으로 안정적인 직장을 증명하는 사실은 명확하게 있다. 중국의 공무원법에도 과오에 따라 퇴출 조건이 명기되어 있으나 실제로 이 법률 조항이 적용되어 쫓겨나는 공무원은 거의 없는 것이 현실이다. 법률이 시행된 최근 몇 년간 약 1,000만 명 정도인 공무원 중에서 퇴출했다는 통계 수치는 매우 낮다. 중국 공무원들의 비리가 만연에 이른다는 것을 모두 알고 있음을 감안한다면 0.1%에도 미치지 않는 퇴출 수치는 공무원직이 얼마나 안정적이고 매력적인 직장인지를 제대로 보여 주는 경우다. 그뿐인가? 공무원들이 가진 행정 권력을 통해 가질 수 있는 여러 기회는 안정이나 매력 정도를 훨씬 넘어서 대학 졸업자들을 열광하게 한다. 중국의 공무원직은 개혁개방과 함께 변화가 많았던 직업이기도 하다. 과거 모든 것이 국영이었던 시절 공무원은 직업으로써 갖는 변별성도 없었고 계속된 개혁으로 잠시 철밥통이 깨진 적도 있었다. 한마디로 못살던 시절에는 그저 그런 직업이었던 것이다. 개혁을 거듭하면서 사회 안정화를 위한 행정력 강화가 필요해지고 무엇보다도 든든한 경제력이 생기면서 공무원들의 대우는 나날이 좋아지고 신분도 충분히 보장이 되면서 과거 철밥통이 다시 등장한 느낌을 주고 있다.

한편으로는 입대를 통해 취업을 해결하고자 하는 대학 졸업자들도 늘어나는 상황이 되었다. 중국의 병역제도는 한국과 마찬가지로 의무복무제이긴 하지만 형식적으로는 모병제를 택하고 있다. 전시도 아닌 상황에서 웬만한 나라 인구보다 많은 군대를 유지하는 것은 비효율적인지라 최종적으로는 전 인민이 병역에 대한 의무는 가지되 현역근무는 지원 방식에 의한 것으로 바뀌었다. 현재 중국 군인들에 대한 대우는 기본적으로 도시 월급생활자 수준 정도는 유지하고 있는 상황이라 대개 고등학교를 졸업한 농촌 출신들이 많이 지원하고 있다. 대학졸업자들이 군대에 관심을 가지게 된 배경은 있다. 경제 성장 과정을 지나면서 국방력에 부쩍 관심을 가지게 된 중국 정부가 군대의 과학화와 선진화를 위해 대학 졸업생들 중 우수한 인력은 장교 임관의 기회를 주는 등의 각종 혜택을 주기 시작한 것이다. 지금처럼 입대라는 방식으로 취업을 해결할 만큼 대학생 수가 늘어났지만 그래도 한동안 대학생들이 귀한 시절이 있었다.

　문화대혁명의 혼란 속에서는 교육도 정상적으로 진행되지 못했다. 문화대혁명 초기 대부분 학교들은 휴교했고 학생들은 진학의 기회를 갖지 못했다. 대학입학고사도 중지된 혼란이 몇 년간 지속되다가 1970년부터는 "혁명위원회"로부터 추천을 받은 학생들이 대학에 입학하게 된다. 학력과 관계없이 주로 사상 평가를 위주로 하여 조건에 부합하는 공장 근로자, 농민, 인민해방군 병사들을 대학생으로 만들었다. 혼란 속에서도 대학의 존재는 유지를 했지만 시험과 무관하게 입학할 수 있었던 대학생들의 수준은 부족함이 많았다. 초등학교 수준의 학생들도 입학이 됐는데 이렇게 1976년까지는 중국인들 스스로 평가하는 중국 대학 역사상 가장 낮은 수준의 대학생들이 있었다. 문화대혁명이 끝나고 1977년부터 장장 10년 동안 중지되었던 대학 입학시험이 부활하면서 정상적으로 선발된 대학생들이 만들어지기 시작한다. 사회가 상식을 회복해 가면서 멈춰 섰던 중국의 대학 교육은 가까스로 정상을 찾아가기 시작한다. 바로 그해 한국에서는 대학가요제가 시작되었다. 빈곤의 시절을 막 지나온 한국의 젊은 이들에게 낭만과 생기를 불어넣었던 지성의 문화가 태동되었던 반면, 중국은 혁명을 마치고 비로소 대학 문이 새롭게 열렸으며 그들 자신의 음악 대신 대만과 홍콩의 사랑 노래들로 젊은 문화의 갈증을 풀었던 시절이기도 했다. 그때로부터 시작해서 한동안 대학 졸업자들은 희소성으로 인해 대부분 당(黨)이 안배하는 좋은 직장으로 갈 수 있었다.

1992년 덩샤오핑(鄧小平)의 독려로 개혁개방을 향해 다시 뛰기 시작한 그해 대학 졸업생들의 직업을 나라가 안배하는 정책은 폐지된다. 이는 대학 졸업자들이 자신들의 처세에 가장 관심을 가지게 되는 계기가 되었다. 그래도 당시에는 여기저기 취업 기회가 많았는지라 많은 졸업생들이 원하는 직업을 선택할 수 있었고 대개는 지금 사회의 주력이 된 운 좋은 세대들이기도 하다. 변화를 거치며 맞게 된 자유로운 경쟁 시대에서 청년들은 취업난에 시달리게 되었지만 반면에 국가는 여러 경로의 인재를 구할 수 있게 된 것이다.

중국 명문 대학을 졸업하는 인재들이 중국 사회 곳곳에서 한 축을 담당할 중요한 인적 자원들이라면 세계 여러 나라에서 유학하고 새로운 문물의 경험을 담고 돌아오는 유학생들도 중국 현대화와 경제 발전에 단단히 한몫을 하는 대단히 중요한 자원으로 자리매김하고 있다. 중국이 강해질 수 있는 또 하나 이유로 미래를 위해 축적되는 인적 자원들이 날로 풍부해진다는 것을 들 수 있다. 외국의 선진 학문을 배우기 위한 진정한 의미의 유학(留學)이든, 호적 제도의 폐해로 어쩔 수 없이 떠밀려 해외에서 진학하게 된 경우이든, 돈 많은 푸얼다이(富二代)의 낭비성 유학(遊學)이든 정말 엄청나게 많은 중국 유학생들이 세계로 향한다.

중국의 근대 유학생 역사는 위기에 빠진 나라를 구하기 위해 먼 타국으로 떠난 아이들로부터 시작된다. 국운이 기울던 청나라 말기 선진 문물의 학습을 위해 30명의 10대 어린 학생들을 선발하여 미국으로 국비 유학을 떠나보낸다. 총 4차례에 걸쳐 120명을 보냈는데 학생들 대부분이 고관대작이 아닌 형편이 어려운 집안의 자제들이 뽑혀 갔던 터라 아이들을 보내는 날 부모들의 통곡이 이어졌다 하니 나라를 위한 애잔한 조기 유학의 길이었다. 짧게는 몇 년에서 길게는 10여 년 이상을 객지에서 보내게 되는 이들이 중국 최초의 국비 유학생들이다. 당시의 단체 사진을 보면 청나라식 변발을 한 앳된 소년들의 모습이 실로 애처롭기도 하다. 이를 시작으로 1900년대 초까지 미국을 비롯하여 유럽과 일본 등 국가로 많은 국비 유학생들을 보냈고 이들은 졸업 후 돌아와 외교와 경제 및 국방 등 각 분야에서 선진적 문물을 활용하여 청나라의 근대화에 힘을 보태게 된다. 1905년 천여 년을 지속하였던 과거제도가 폐지되면서 해외 유학은 당시 중국의 젊은이들이 초고속으로 출세할 수 있는 첩경이 되기도 했다. 훗날 중국은 곡절 많은 근대사를 겪으면서도 계속해서 해외로 유학생들을 보낸다. 신중국 성립 이전인 1948년 공산당이 20명의 유학생을 소련에 파견하면서부터 유학 국가들은 소련을 위주로 한 동구권 사회주의국가로 국한되고 서방 세계와는 문을 닫는다. 1950년대에서 60년대까지 소련을 위주로 한 동구 사회주의국가에 1만여 명의 중국 국비유학생들이 파견되었다.

그런데 한동안 중국은 돌아오지 않는 유학생들로 노심초사한 시간들이 있었다. 우수한 인재들이 절실히 필요했던 빈한한 국가가 어렵게 국비로 유학을 보냈지만 가난한 조국으로 돌아오지 않았던 시절이 불과 20, 30년 전 일이다. 지금은 국비든 자비든 돌아오는 이들과 새로이 떠나는 유학생들이 차고 넘치는 세상이 되었다. 중국 학생들이 가장 많이 유학하는 국가는 미국, 영국, 호주, 캐나다 순으로 영어권이 압도적이고 프랑스, 독일, 일본 등 국가에 이어 한국에는 대략 열 번째로 많은 5만 명 이상의 중국 유학생들이 있다. 그만큼 중국에 진출해 있는 한국 기업들이 늘어나고 또 성장하면서 한국어를 구사할 수 있는 유학생 출신들이 취업할 수 있는 일자리가 많아졌다는 것을 증명하는 것이라 한편으로는 흐뭇한 일이기도 하다. 중국에서 오랜 시간 같이 일했던 샤오왕(小王)은 국비로 북한에서 유학을 했다. 국가에서 각 성별로 선발하여 대거 파견했던 국비 유학생의 끝 세대였으며 직업 분배의 마지막 수혜자였다. 산둥성(山東省) 출신으로 김일성 종합대학 기숙사에서 4년간 생활하며 한국어를 전공했는데 그에게서 듣는 90년대 초 북한 유학 경험담은 늘 흥미로웠다. 명절 때만 되면 중국 유학생들을 옥류관에 초청하여 냉면 대접을 하곤 했다는데 그 맛이 너무 좋았다 한다. 어느 해 베이징에도 옥류관

분점이 생겨 같이 갈 기회가 생겼고 샤오왕은 냉면 맛이 평양에서 먹은 그 맛과 매우 비슷하다 하니 가보진 못했지만 평양의 유명한 옥류관 냉면 맛은 베이징의 그것이라 믿기로 한다. 베이징에서 단둥(丹东)을 거쳐 신의주와 평양을 연결하는 국제열차로 중국과 북한을 오갔다는 그에게서 들은 가장 흥미로운 이야기가 하나 있다. 국가에서 지급한 당시 100달러의 생활비를 아껴 귀국하는 선배가 타던 소련제 승용차를 구입하여 풍요롭게 유학 생활을 잘 보내고 다시 중국으로 돌아올 때는 후배에게 차를 인계했다는 경험담이다. 90년대 초 이야기다. 한국 기업들이 중국 진출 초기에 채용했던 북한 유학 출신들의 중국 직원들도 이제는 어느덧 책임자급 나이가 되었고 이제는 한국 유학 출신들이 그 자리들을 이어 가는 상황으로 변했다.

소득의 향상과 함께 중국 교육이 가진 구조적인 문제 및 과도한 경쟁 등으로 인해 해외로 향하는 중국 유학생들의 수는 지속적으로 증가하고 있다. 인구 대국답게 세계에서 유학생 최다 송출국이 된 지는 이미 오래다. 2008년 베이징 올림픽이 끝나고 해외 대학 진학을 위한 자비 유학이 급격히 늘기 시작하여 해마다 20% 이상 꾸준히 증가하는 추세인데 한 해 50만 명 정도가 해외 유학을 떠나고 있다. 계속 증가하던 대학입학시험 참가자들의 수가 몇 년 전부터 해마다 약 20만 명씩 줄어들고 있는 현상은 바로 해외유학을 위해서 시험을 포기하는 숫자와 무관하지 않다. 중국 유학생들이 늘어나는 중요한 이유는 바로 호적제도와도 연결이 되어 있다. 고향을 떠나 타 도시의 명문대학에 입학하는 것이 제도적으로 거의 불가능하기 때문에 경제적 여유가 있는 부모들이 앞다투어 해외유학으로 자녀들의 활로를 찾고자 하는 것이 매우 큰 이유 중의 하나다. 한국에도 그런 배경의 중국 유학생들이 많다. 긍정적으로 보면 중국은 전 세계 많은 국가에서 자비로 유학하며 미래를 준비하고 있는 글로벌 인재들의 활용에도 큰 여유를 가지고 있다고 할 수 있다.

중국 학생들이 대거 세계로 진출하면서 중국 유학은 이미 여러 나라에서 주목하는 하나의 산업으로도 존재하기 시작했다. 항공료부터 시작해서 학비에다가 주택 임차료, 생활비, 여행비용까지 중국인 유학생들의 소비력은 여러 나라에서 환영받고 있다. 미국 경제가 많은 중국 유학생들로부터 도움을 받고 있다는 말이 있을 정도다. 한국의 대학들도 이런저런 이유로 세계 각국의 유학생 유치에 정성을 다하고 있는데 워낙 수가 많은 중국인 유학생들이 우선 대상이 되어 대학마다 유치에 정성을 다하게 된 것이 현실이다. 중국 유학생들이 날로 증가하는 현실에서 한국 입장에서는 여유를 가지고 먼 장래를 위해서라도 우호적인 관계를 잘 이어 갈 수 있도록 세심한 관심을 가지면 좋을 일이다.

대만은 방학이 되면 공짜로 며칠간의 일주 여행을 시켜 주기도 하고 웬만하면 장학금도 턱턱 줄 정도로 전 세계에서 모인 유학생들에게 대접을 잘해 줬다. 그렇게 많은 관심을 가지고 보살펴 준 까닭인지 지금도 주위에 있는 대만을 경험한 사람들 대부분이 여전히 친밀한 감정을 가슴에 담고 산다. 중국의 부상으로 외교적으로 쉬운 상황이 아니었던 대만 정부가 발 벗고 나서 세계에서 온 유학생들에게 의도적이지만 정성 어린 호의를 베푼 것도 작지 않게 작용했을 것이다. 이 밖에 한국과 여러 가지로 흡사한 점이 많았던 사회를 살아가는 대만의 중국인들이 인정미를 담고 베풀었던 친절도 큰 이유다. 그런데 중국은 걸어온 길이 한국과 아주 많이 다르기 때문에 중국 유학생들에 대해서는 조금 더 세심하고 깊은 이해가 필요할지 모른다. 중국 유학생들이 한국에서 좋은 기억과 친밀감을 가지고 돌아갈 수 있다면 먼 훗날을 위해서도 좋은 일이고 길게 본다면 후손들을 위해서도 덕을 쌓는 일이다. 다행히 베이징 직장에서 만났던 한국에서 유학한 직원들 대부분이 한국인들에게 우호적인 감정을 가지고 많은 역할을 하곤 했다.

한국 유학을 경험한 직원을 채용할 때 우선 기대하는 것은 한국어 언어 소통 능력보다는 한국 현지에서의 생활과 경험 속에서 가졌을 한국인들에 대한 이해를 다른 중국 직원들과 간접적으로나마 공유해 주는 것이다. 중국 내에서 한국 기업들이 종종 어려움을 겪게 되는 큰 문제는 중국 직원들과의 문화 차이에서 비롯되는 마찰이다. 조직 내에서 한국과 한국인을 잘 이해하는 유학생 출신 중국 직원들의 윤활유와 같은 긍정적인 역할은 늘 활력이 된다. 한국을 좋아하는 직원들과의 대화는 늘 유쾌했는데 회식 자리에서의 음주 문화를 보면 영락없이 한국 젊은이들을 닮아 있다. 그들이 아쉬워하는 것은 한국에 유학하는 중국 학생들은 나날이 늘어 가는데 한국 기업들이 수용할 수 있는 자리는 제한적이라 취업이 날로 힘들어진다는 것이다. 향후에도 한국을 찾는 중국 유학생들은 지속적으로 늘어날 것이고 이들은 한국과 관련한 문화를 서로 공유하며 한국의 젊은이들과 경쟁도 하고 도움도 줄 수 있는 하나의 문화 세력으로 자리매김할 것이다.

32

이웃 섬 이야기,
대만, 홍콩, 마카오

대만에 머무를 당시 초급장교 친구들이 근무하던 총통부 근처의 공병대와 헌병 부대에 자주 놀러 간 적이 있다. 한반도와는 사뭇 다른 모습으로 갈라져 있는 나라의 군대에 대한 호기심도 작용을 했을 것이고 당시 제대한 지 오래지 않아 잊혀지지 않을 것 같은 생생한 군 복무의 회상도 있었던 이유인지 그들의 병영 생활이 참으로 궁금했다. 당시에는 한국과 매우 유사한 의무복무제도이면서도 가장 다르게 느껴졌던 점은 병사들의 월급이 상당히 많았다는 것이다. 한국의 군대처럼 거의 모든 생필품이 실물로 배급되었던 것과는 달리 구입비용이 월급에 포함되어 지급되는 시스템인지라 비누부터 속옷까지 서로 다른 사물들이 알록달록한 것이 한결 자유스러워 보였고 그래서인지 병영치고는 별 긴장감이 없어 보였다. 실제로 전선(前線)이 바다 멀리 떨어져 있어서이기도 했고 그때는 이미 중국과의 관계가 많이 개선된 상황이라 38선을 사이에 둔 우리와는 사뭇 다르게 그리 경직된 분위기가 느껴지지 않았다. 대만과 중국은 80년대까지만 하더라도 해협을 가운데 두고 군사적으로 예민한 대립각을 가지고 있었지만 우리네처럼 코앞에서 서로 철조망 치고 대치하는 상황은 아니었던 것이다. 지금은 양쪽 모두 자유롭게 왕래하고 감군을 거듭해 가며 한결 평화 모드라 부럽기 그지없다.

타이베이(臺北)에서 생활하는 기간 내내 주위에서 늘 살펴 주던 덕망 있는 그곳 선생님들과 친구들에게 고마움을 안고 지냈다. 그런데 그들이 내몰려 떠났던 고향인 중국 본토에서 일을 하게 되어 한구석 미안한 마음이 들기도 했었는데 양안(兩岸) 관계가 좋아지면서 마음의 짐을 대부분 덜었다. 1978년 미국은 중국과 수교를 맺는 동시에 대만과는 단교를 선언하였고 1992년 한국도 똑같은 과정을 가진다. 한때 자유중국이라 불리며 한국을 가장 가까운 수교국으로 가졌던 대만은 중국의 세계무대 등장으로 외교적으로 고립되다시피 하는 어려움을 겪기도 하지만 지금은 중국과 둘도 없는 비즈니스 파트너가 되어 있다. 한반도에 사는 사람들로서 대륙과 대만 양안 사람들의 교류 과정은 충분히 관찰할 만한 가치가 있는 일이다. 정치적 요소가 민감하여 분단국가라고도 분열국가라고도 하기 어려운 묘한 분위기 속의 양쪽 중국인들이다. 정치적으로는 아직 주적(主敵)에 가깝지만 경제적으로는 서로에게 절대 아군이 되어 버린 중국과 대만의 관계는 통일을 이야기해야 하는 민족으로서 꼭 이해해야 할 대상이다. 한반도에서 출생하여 대만에서 공부하고 대륙에서 일했던 사람으로서 대륙과 대만의 이야기는 늘 커다란 관심거리다.

대만 친구들과 함께 중국 본토산 "칭다오(靑島)"맥주를 같이 마시면서 대륙의 중국인 이야기를 자주 하곤 했다. 대만과는 비슷한 것도 많고 비교할 것도 많은 데다가 한국, 대만 모두 개병제하에서 한국에서 온 예비군과 현역 청년 장교들 간에는 할 말이 얼마나 많았는지 온갖 아는 단어는 모조리 동원해서 혼신으로 소통했던 정말이지 제대로 된 중국어 학습의 현장이기도 했다. 대화는 근대사에 대한 의견을 시작으로 중국 대륙과 대만 그리고 한국에 사는 사람들의 미래 생활에 대한 토론이 이어졌고 특히 피차 잘 알지 못하는 대륙에 대해서는 온갖 상상이 더해졌다. 대개 마지막에는 확인할 바 없는 대륙의 모습과 그곳에 살고 있는 중국인들의 실상에 관한 궁금증들을 토론하다 밤이 깊어졌고 "언젠가는 너도나도 가서 확인할 수 있는 날이 오겠지" 하며 자리를 마감하곤 했다. 오래전 80년대 말 이야기다. 그런데 그로부터 10여 년 흐른 90년대 말이 되어 그때의 대만 친구들을 베이징에서 다시 만나게 된다. 대륙과 대만이 경제적으로는 살가운 형제 사이가 되어 활발한 교류를 시작한 지는 이미 오래다.

중국의 개혁개방 정책 실행 이후 오래지 않아 대만과의 경제협력이 본격적으로 시작된 후 대만 기업들의 중국 대륙에 대한 투자는 지속적이고 대대적으로 진행되어 이미 10만 개가 훨씬 넘는 크고 작은 기업들이 중국에 진출해 있다. 당초 경협이 활발하게 진행될 수 있을 만큼 양안 관계가 개선될 수 있었던 결정적 계기는 바로 중국과 대만이 합의점을 찾아 전면 시행한 대만인들의 대륙 방문이었다는 평가다. 80년대 말 대만 사람들의 중국 대륙 친척 방문이 시작된 후 타이베이 시내 곳곳에 우후죽순처럼 들어선 중국 친척 방문 선물 전용 가게들에 쌓인 물건들을 보면서 친척을 자유롭게 찾아갈 수 있게 된 그들의 상황을 부러워한 적이 있었다. 시계며 가전제품, 노래 테이프, 옷가지에 먹거리까지 당시 중국 세관에서는 대만인들이 친척 방문 시 가지고 들어오는 초대형 보따리에 대해서는 검색하지 않는다는 불문율이 있었다 한다. 그 보따리를 수십 년 만에 다시 만나게 된 고향의 친지들 앞에서 푸는 장면은 상상만 해도 흥미진진한 것이었다.

바다를 사이에 두고 체제를 달리하고 있지만 동일한 언어로 소통하고 문화의 원류를 함께하는 대륙과 대만의 다방면의 활발한 협력은 지혜롭게 보인다. 중국의 입장에서 보면 개혁개방을 진행하는 데 있어 먼저 발전한 대만의 많은 것들을 참고하고 활용할 수 있었는데 직접적인 투자는 물론 언어가 통하는 대만의 각 분야 인재들도 중국 경제 발전에 모두 큰 도움이 되었다. 중국이 개방 후 처음부터 해외 자본을 손쉽게 유치한 것은 아니다. 마오쩌둥(毛澤東)이 해외 자본에 대해서는 거의 쇄국과도 같은 관념을 가졌었는지 중국은 50년대 소련으로부터 차관을 들여온 것 외에는 거의 해외로부터 원조나 투자를 받은 적이 없는 것으로 알려져 있다. 반면, 덩샤오핑(鄧小平)은 중국 개방의 의미가 미국과 유럽, 일본과 같이 잘사는 나라들로부터 자본과 기술, 관리 경험을 받아들이는 것에 있음을 수차례 강조한다. 빈곤한 중국을 관망만 하며 투자에 망설이던 많은 해외 기업들과 달리 과감히 중국에 도움을 주었던 것이 바로 화교 자본이다. 결과적으로 오래전 여러 사연을 가지고 중국을 떠났던 사람들과 그 후손들이 중국을 돕기 시작했던 것이다.

홍콩, 대만, 마카오와 싱가포르를 위주로 기타 동남아 국가와 미국 등 여러 국가의 화교 자본 투자가 이루어졌고 결과가 대부분 성공적으로 평가되면서 해외 기업들의 투자가 시작되었다. 조상의 나라에 투자된 자본들은 중국 개혁개방 초창기 전체 외국 자본의 절반 이상을 차지하였으니 그 중요성이 어느 정도인지 짐작된다. 또한 화교 자본과 함께 들어온 해당 국가의 생산 기술과 기업 경영 노하우가 중국 시장에 뿌려지면서 발전을 가속화 시킨다. 이 밖에 미국이나 유럽과 동남아 등 화교들이 자리를 잡고 있는 나라들과 중국 사이의 정치적 · 외교적 왕래에 있어서도 화교들은 중간 역할을 많이 했다. 다양한 영역에 있어서 중국 발전의 초석이 되었던 것이다. 그래서 중국 개혁개방의 시작에 있어 화교들의 자본과 도움은 절대적으로 높이 평가되고 있다.

대만은 자본과 기술, 인재 등 모든 방면에서 투자에 적극적이었고 그 대가로 지척에 어마어마하게 크고 소통에도 별 지장이 없는 시장을 가지게 된다. 대만의 중국인들에게 있어 대륙의 시장은 부단하게 새로운 기회를 찾을 수 있는 비즈니스 무대로 꾸며졌고 그 무대를 제공한 대륙은 대만의 인재와 자본과 기술을 그대로 흡수하게 되면서 서로에게 이익이 되는 윈윈(win-win)의 시스템으로 잘 맞아떨어진 것이다. 지금은 비즈니스 관련 외에도 여행객도 유학생도 양쪽을 자유롭게 서로 왔다 갔다 하는 관계로까지 전개되었다. 가장 큰 발전은 몇 년 전 시작된 직항로를 개설한 통항(通航)이다. 전처럼 홍콩을 거쳐 비행기가 다니는 불편함이 해소된 정도를 넘어 대단히 진전된 양안 관계를 상징적으로 보여 주는 것이기도 하다. 중국의 수십 개 주요 도시들과 대만을 오가는 항공편이 일주일에 1,000편에 이를 정도로 교류가 많아졌다. 이렇다 보니 경제에 있어서는 중국 시장에 명운을 거의 내맡긴 대만 사람들이 점점 늘어나고 있다. 이제 대륙의 시장과 관계를 가지지 않고 사업하는 사람들이 거의 없을 정도로 대륙의 시장에 기대어 사는 상황이 되었다.

　중국에 진출한 대만 기업 중 가장 성공한 사례는 오랫동안 라면 시장 점유율 1, 2위를 나란히 하고 있는 두 기업이다. 대만 라면 기업들의 중국 진출은 빨랐다. 1988년 대만 라면 기업의 오너가 중국 대륙에서 장시간 열차 여행을 하면서 준비해 간 라면을 주위 승객들과 나누는 동안 쏟아지는 진심 어린 찬사에 성공 가능성을 직감하고 곧바로 중국 시장 투자를 결정하게 된다. 공장은 가동된 지 오래지 않아 공급이 부족할 정도의 활발한 시장을 만들어 내며 성공하였고 지금까지 부동의 순위를 유지하고 있다. 80년대 말 대만에 머무르던 때 아껴 먹던 한국 라면이 떨어지게 되면 할 수 없이 먹어야 했던 "끓이지 않고 뜨거운 물에 불려 먹는, 기름진 것을 좋아하는 대만 사람들의 식성에 맞게 별도의 기름 양념 스프가 들어 있는" 그 대만식 라면이 중국에서 대박이 난 것이다. 대만 라면 기업 오너가 중국 시장 조사를 할 때 유행시킨 결과인지, 열차 여행을 하다 보면 정말로 많은 중국인들이 빠뜨리지 않고 용기에 든 라면을 먹는 모습을 보게 된다. 중국에서 한 해 소비되는 라면 수가 전 세계 절반 수준인 500억 개 정도인 데다 앞으로의 확장 가능성도 무궁한 정말 큰 시장을 석권하며 대단한 성공을 거두고 있음은 부럽지 않을 수 없다. 라면 외에도 음료나 과자 등의 업종에서 대만 기업들이 단연 두각을 나타내고 있는데 정말 중국인들의 입맛은 중국인들이 잘 알아서 그런지 결코 우연은 아닌 듯하다. 대만 기업들의 중국 내 사업 성공률이 높은 이유는 문화가 유사하고 언어가 통한다는 장점도 있겠지만 중화 자본의 흡수에 적극적이고 우호적인 중국 정부의 정책이 도움이 됐고 대만의 중국인들에 대해 별 반감 없는 대륙 소비자들의 관대함도 큰 이유가 됐다. 정치적 민감성은 여전히 가지고 있지만 경제나 문화 등 여러 방면에서 나날이 가깝게 관계를 발전시켜 가는 과정을 지켜보면 정말 중국인들을 다시 한번 생각하게 한다. 사실 중국 대륙과 대만 영토는 정말 지척에 있다.

대만 기업들이 집중 진출해 있는 중국 푸젠성(福建省) 샤먼(廈門) 코앞 지역인 1.8km 바다에 대만 영토인 진먼다오(金門島)가 있다. 푸젠성 지역은 대만과 거리가 가장 가깝기도 하지만 쓰는 방언도 음식 문화도 비슷한 지역으로서 대만 기업들이 집중적으로 투자를 하고 있는 곳이다. 중국에 있어 대만은 정말 가까운 곳에서 시작되지만 대만 본토는 그 섬으로부터 270여 km나 떨어져 있으니 지도를 들여다보면 참으로 묘한 느낌이 드는 그림이 아닐 수 없다. 오래전 대만에서 친구들과 마셨던 대륙의 맥주며 한국에 갈 때마다 선물 역할을 했던 참기름과 잣 등의 농산품들이 대륙과 대만의 어부들이 바다 한가운데서 만나 선상에서 교역한 일종의 밀수품들이었고 그 교역의 주 무대가 바로 푸젠성의 앞바다였음은 나중에 알았다. 샤먼 항에서 뱃길로 십여 분 거리에 있는 진먼다오에는 대만 병력의 대부분이 주둔하고 있다. 1958년 양안 간 엄청난 포격전이 있었던 곳으로서 섬 전체가 학교에 병원까지 갖춘 지하 요새로 만들어진 곳으로도 유명한데 이곳과 대륙의 샤먼 간에는 오래전부터 여객선이 오가고 있다. 이곳의 한 노인은 50여 년 전 포격 때 사용되었던 포탄피로 평생 식칼을 만들며 생활하고 있는데 앞으로도 수백 년간 식칼을 만들 만큼의 포탄피를 확보하고 있다는 얘기며 이모저모 흥미로운 일로 유명세를 타고 있다. 지금은 중국 대륙에서 온 사람들이 기념품으로 네모나고 투박한 중국식 식칼을 사 가고 있다 하니 정말 아이러니하게 느껴지며 앞으로 양안 사람들의 관계가 어디까지 어떻게 진전이 될지 궁금하지 않을 수 없다.

양안 교류에서 해협을 건너는 혼인 변화를 보면 대륙과 대만 사이의 사람들에게 새로운 질서가 생겨났음을 알 수 있다. 1949년 국민당 대만 후퇴 시 함께했던 많은 군인들이 대만이라는 낯선 땅에서 이런저런 이유로 배필을 못 구하고 홀로 늙어 가던 시기였는데 마침 1987년 개방된 대륙 친지 방문은 이들이 초로의 나이에 대륙의 여성들을 배필로 맞을 수 있게 된 기회가 되었다. 그 이후 어려운 경로를 거쳐 대만으로 건너가 살기 시작한 대륙 여성들의 이야기는 한때 대만 사회에서 큰 화젯거리가 되었다. 당시 대륙을 훨씬 능가한 대만의 경제력으로 대륙 어느 지방의 빈궁한 젊은 여성들을 낯선 땅으로 불러오게 한 경우가 대부분이었다. 나이 차이도 많이 나고 법률적인 문제도 시원하게 해결되지 않아 논란이 많았던 것이다. 그 후로는 대만 기업들이 중국 시장에 대거 진출하면서 훨씬 더 많은 대만의 남성들과 대륙의 여성들이 혼인관계를 가지게 되는데 1992년이 되어서야 대륙의 배우자들이 합법적으로 대만에 입국할 수 있게 된다. 그런데 최근 몇 년 동안 양안 간의 혼인 상황이 바뀌는 양상이다. 대만의 여성들이 중국 대륙의 남성들과 결혼하는 비율이 부쩍 늘어나고 있다. 이제 대만의 유명한 여성 연예인들이 경제력 있는 중국 남성들과 결혼하는 일은 특별한 뉴스거리가 아니다. 재력과 권력을 배경으로 한 대륙의 젊은 부자들이 대만의 특별한 신붓감을 찾는 혼인 도전기는 심심치 않게 뉴스에 올려지는 이야기다. 실제로 대만의 여성들이 중국의 남성들과 결혼하는 비율이 대만의 남성들이 중국의 여성들과 결혼하는 비율 증가의 20배를 넘고 있다. 양안 사람들의 혼인이 계속 증가하여 오랜 시간 후 모두가 친정이고 시집이 되다 보면 어떻게 될까? 중국인들이 국제 사회 속에서 여러모로 더 강해질 수 있는 또 하나 조건이 될 수도 있다.

중국에 거주하는 20년 남짓의 세월 동안 발생했던 여러 역사적 사건들 중에서 중국인 입장이 되어 가장 의미 있고 자랑하고 싶어 할 것을 고른다면 단연 베이징 올림픽일 것이다. 반면, 이웃 나라 외국인 입장으로서는 홍콩과 마카오의 반환을 우선적으로 이야기한다.

경제적으로는 몰라보게 성장했지만 정리해야 할 굴욕의 역사가 남아 있는 상황에서 홍콩에 이어 바로 이어진 마카오의 반환은 중국이 세계 속에서 진정으로 자신들의 새로운 역사를 써 갈 수 있게 하는 의미이기 때문이다.

1949년 광저우(廣州)가 공산화된 후 중국 인민해방군들은 홍콩과 가까운 지역에 집결하였으며 홍콩 주둔 영국군 병력들은 불길한 예감을 가지고 "어쩌면 벌어질지도 모를 전쟁"을 준비하고 있었다. 그러나 얼마 후 홍콩의 한 신문에는 "마오 주석이 홍콩의 지위가 안전할 것이라 보장하였으며 영국 역시 중공을 정식 승인할 것"이라는 내용의 기사가 실린다. 협상을 통한 해결이었고 이러한 서로의 보장은 반환 시까지 유지하게 된다. 당시 중국 대륙이 당면해 있는 여러 해결해야 할 정치적 문제도 많았지만 외교와 경제적인 측면에서 실리적 이익을 우선시한 중국의 선택은 결국 장기적으로는 홍콩을 통해 많은 이득을 얻게 되는 결과를 가진다. 오랜 시간이 지나고 중국과 영국은 협상을 진행하여 1984년 양국이 조인한 공동 성명을 발표한다. "1997년 영국은 홍콩의 주권을 중국에 반환하며 홍콩은 중국의 특별행정구로서 향후 50년간 기존 체제를 유지한다"는 것이 주요 내용이다.

반환 일자가 다가오면서 중국의 주요 매체들은 매일같이 그 역사적인 의미를 부각시키며 대대적으로 보도를 하기 시작한다. 그리고 아주 오래전 매우 불평등한 조건으로 조약되어 그래서 좀처럼 실현될 것 같아 보이지 않았던 약속이 지켜진다. 오래전 중국에 있어서 홍콩 할양은 큰 아픔이었지만 오랜 세월 뒤 지켜 낸 약속은 자신감을 회복할 수 있는 귀한 계기가 되었고 현실적으로는 홍콩으로부터 큰 도움을 받게 된다. 그 긴 시간 동안 홍콩은 백 수십 년 전의 가난한 어촌이 아닌 사회 각 분야의 각종 자원들을 꼭꼭 쟁여 넣은 어마어마한 보물 창고가 되어 돌아온 것이다. 홍콩 땅의 할양과 반환의 역사 과정을 따라가 보면 정말 묘한 느낌이 든다. 침략을 당하고 강요에 의해 국토를 빌려주고 다시 100년 후 돌려받게 되는 과정이 여러 세대에 걸쳐 이어지며 일어났던 결코 흔치 않을 역사이기 때문이다.

홍콩이 반환되기 전 미래 변화에 대한 불안감으로 미국이나 캐나다로 이민을 떠나는 홍콩 사람들이 많았지만 우려했던 만큼의 큰 사회적 혼란이나 변화는 없었다. 그런데 시간이 자꾸 지나면서 홍콩인들이 중국인들에 대해 가지는 감정은 그다지 호의적이지만은 않다. 홍콩 현지인들이 느끼는 중국인 관광객들과의 불협화음은 자꾸 커져 급기야 중국인들의 홍콩 여행을 반대하는 대대적인 시위로 이어지기도 했는데 내면에 중국인이 아닌 홍콩인으로 살겠다는 의지가 담겨 있음은 쉽게 짐작이 된다. 사실 오래전부터 적지 않은 중국인들이 자신들에 대해서 가지는 홍콩인들의 우월감을 부담으로 느끼고 비판도 하곤 했다. 이런 배경에서 홍콩인들의 중국인들에 대한 노골적인 거부는 향후 중국과 점점 더 긴밀하게 이어져야 하는 시간들이 순탄치만은 않을 것임을 시사하기도 한다. 홍콩의 역할이 조금씩 대륙으로 이전해 가는 듯한 분위기도 있고 약속받은 50년의 세월도 점점 흘러가면서 홍콩인들이 예민해지는 것은 어찌 보면 쉽게 이해가 되는 일이다. 50년 특별행정구의 의미는 이전에 영국이 만들어 놓은 사회시스템이 그대로 적용된다는 것을 의미한다. 일례로 홍콩에 갔을 때 병원 진료가 필요한 경우가 생겨 국립병원을 찾은 적이 있었는데 놀랍게도 모든 치료비가 무료였다. 여권 하나 달랑 들고 간 외국인 여행객에게까지 완전 무료 의료 시스템을 가지고 있었다. 50년이 지난 후 중국이 직접 통치를 하게 되면 아편전쟁 이후 영국인들이 만들어 놓았던 여러 가지 사회 시스템들이 그냥 유지될지, 중국식으로 바뀌게 될지, 또는 새로운 홍콩식이 만들어질지는 아직 아무도 모르는 일이다. 그러나 어떤 식으로든 익숙한 많은 것들의 변화는 예상되는지라 홍콩 사람들의 예민함은 점점 더 이유가 있어 보인다. 그래도 홍콩인들의 중국에 대한 공헌은 충분했다.

중국 개혁개방 후 홍콩은 가장 먼저 자본과 기술, 인재 등 다방면에서의 대규모 투자를 진행하여 공장을 건설하고 고용을 창출해 내면서 중국 경제성장의 첫 도우미 역할을 했다. 지금 상하이에는 홍콩을 대신할 정도의 규모를 갖춘 무역존도 생기고 금융과 물류에서도 많은 중국의 항구도시들이 홍콩의 역할을 대신해 가고 있지만 아직까지 홍콩은 세계시장과 중국을 잇는 중개자로서 관련 무역량의 상당 부분을 담당하고 있다. 그러나 홍콩의 중국에 대한 경제적 역할은 점진적으로 축소될 것이라는 의견이 많다. 향후 홍콩이 중국과 이웃 나라에 있어 어떤 새로운 역할을 가지게 될지 궁금한 일이다.

90년대만 하더라도 가끔씩 업무로 가야 했던 홍콩은 불편한 중국을 잠시 벗어나 선진국으로 가는 느낌을 주는 곳이었다. 그때의 느낌을 돌아보면 지금 중국이 얼마나 변했는지를 실감하게도 된다. 거리만 보면 홍콩이나 베이징이나 별다를 바가 없어졌다. 달라진 것이 있다면 지금은 홍콩 사람들이 과거와는 다르게 중국 표준어를 사용하여 본토 중국인들과 소통하는 데 적극적이 되었고 실제로 표준어로 소통하는데 큰 문제가 없게 됐다. 광둥어(廣東語)와 영어를 상용하는 홍콩에도 반환 직전으로 시작하여 중국어 학습 붐이 세게 일었다. 한때 중국인들의 패션을 리드하고 문화를 제공하고 화인(華人)들의 부를 상징했던 홍콩이 약속받은 50년의 시간이 마감되면, 그곳 600만 홍콩인들은 부득불 새로운 모습의 중국인이자 홍콩인으로 살아가야 할 새로운 역사를 시작하게 된다. 50년의 시간 중 이미 많은 시간이 흘렀다.

포르투갈로부터 반환받은 마카오는 한국 최초의 천주교 신부가 유학한 곳이기도 한데 구석구석을 돌아보면 종교 관련 문화재가 많이 남아 있어 경건하게도 느껴진다. 마카오는 작긴 하지만 곳곳에 20여 개가 넘는 세계문화유산을 가지고 있는 곳이기도 하다. 그런데도 문화 도시라기보다는 경마나 카지노가 주는 이미지 때문에 도박의 도시라는 강한 인식을 준다. 경제적인 측면에서 본다면 중국에 있어서는 알토란 같은 곳이고 도박을 즐기는 중국인으로서도 지척에 위치한 매우 즐거운 곳이기도 하다. 찾아오는 중국인들이 많아지면서 마카오가 카지노라는 아주 특이한 산업에서 미국을 제치고 독보적인 세계 1위가 된 지는 이미 오래전 일이다. 중국 공산당의 통치 철학과는 전혀 다른 방향의 산업에서 엄청난 부를 창출하고 있는 것이다. 마카오 주민들은 카지노 수입으로부터 거둬들인 세금 덕분으로 해마다 한 달 살림에 충분히 보탬이 될 정도의 현금 보너스를 받는다. 많은 사람들이 카지노를 찾아 쉽게 날려 보낸다지만 정부가 시민들에게 그냥 돈을 나눠 준다는 일은 다른 나라 사람들 입장에서는 신선한 일이기도 하다. 마카오도 50년의 특별행정구로서 기간이 끝나면 어떤 변화가 있을지 관심들이 많다. 엄청난 해외 투자가 배경인 카지노가 없어지지는 않겠지만 지금처럼 중국인들에게도 조건 없이 개방할지, 아니면 전향적으로 외국인들에게만 개방하게 될지 관심사다. 중국인들을 겨냥한 여러 나라의 카지노 마케팅 전쟁은 오래전부터 시작이 됐다. 도덕적 국가를 지향해 왔던 싱가포르도 몇 해 전 새롭게 카지노를 허용했고 대만도 중국인 관광객을 겨냥해 준비 중이라 한다. 한국도 중국인 관광객들을 겨냥한 카지노 확대 여부를 두고 시작한 설왕설래가 오래되었다. 어떻게 결론이 나든 강원도에 유일하게 내국인이 이용할 수 있는 정말 독특한 형식의 카지노 운영을 하는 나라답게 중국인들을 겨냥한 정책 또한 특별할 것 같다. 막상 중국 정부가 카지노와 관련하여 향후 어떤 정책을 펴나갈지가 궁금하다. 특별행정구 신분이 끝나게 되면 중국인이자 마카오 시민들이 여전히 해마다 용돈을 받고 또 카지노로 향할 수 있을지 도박을 금지하는 중국 정부가 어떤 조치를 내릴지 모를 일이다. 마카오의 50년 시간도 흘러간다.

33

중국엔 멀고 먼 나라,
일본

"한 · 중 · 일 삼국지"라는 표현을
많이 접하며 산다. 다방면으로 관계도 밀접하지만 서로가 서로에게
너무나 중요했었고 앞으로도 죽 중요할 나라라는 의미를 객관적으
로 담고 있으며, 서로 대립도 협력도 경쟁도 했다가 미워하기도 하
고 화해도 한다는 의미를 담고 있는 단어다. 한국과 중국, 일본 3개
국을 동시에 떠올린다면 어떤 이미지들이 먼저 연상될까? 삼국이 모
두 소란스러운 이슈 속에 있다면 십중팔구는 역사 교과서나 종군 위
안부, 독도(獨島) 또는 댜오위타이(釣魚臺)로 대표되는 영토 분쟁, 그리고
정기적으로 시끄러운 일본 정치인들의 야스쿠니신사 참배와 같은
부정적인 역사 이미지가 먼저 떠오른다. 만약 월드컵과 같은 스포츠
이벤트에 들떠 있는 분위기라면 아직까지는 처음이자 마지막으로
세 나라가 같이 본선에 진출했던 2002년 한 · 일월드컵의 기억도 끄
집어낼 수 있을 것이다. 물론 맘대로 되지 않는 축구 이야기를 하면

중국인들은 마음이 아프다.

그러나 무엇보다 삼국 모두 오랜 역사 동안 서로 문화를 나누고 살았던 나라들인 만큼 우선 떠오르는 이미지는 현재도 공유하고 있는 몇 가지 문화일 수 있다. 우선적으로 3개국 비즈니스맨들의 명함에 있는 이름이나 직급이 모두 漢字일 수 있다는 것이나 세 나라 모두 바둑을 즐기며 식탁에 늘 등장하는 두부는 공히 기본적인 먹거리이고 길이와 굵기와 소재가 좀 다르긴 해도 비슷하게 생긴 젓가락을 사용한다. 또 그 젓가락을 사용해서 편리하게 먹을 수 있는 자장면, 우동면, 메밀면, 칼국수, 잔치국수와 라면 등 온갖 종류의 면식(麵食)들도 연상이 된다. 그렇게 공통적인 많은 문화를 가지고 있는 삼국은 19세기부터 상호 간의 압제 약탈, 투쟁과 전쟁으로까지 이어지며 오랜 반목의 시간을 보내게 된다. 삼국 간에는 문화 교류의 오랜 시간도 있었지만 거친 전쟁의 시기도 거치면서 많은 시간이 흘렀다. 그리고 지금, 서로 돕고 협력하며 사이 좋은 이웃처럼 지낼 수 있을 만큼 치유의 시간이 흐르지 않아서인지 삼국은 여전히 소란스럽고 복잡한 관계 속에 있다. 특히 중국과 일본 사이 오래전 시작된 껄끄러움은 개선 없이 오래도 가며 양국 교역에까지 큰 영향을 미친다. 삼국 중 갑자기 힘이 세진 중국 시장에서 중국과 일본과의 관계를 바라보는 관전도 한국으로서는 중국 시장을 한층 더 이해하는 데 보탬이 된다.

신중국이 출범하고 일본은 일찌감치 1972년도 중국과 수교를 맺는다. 수교 전부터 일본의 중국학 관련 학자들이 많은 자금과 시간을 투자하여 중국을 연구하고 예측하면서 미래 중국 시장을 기다리고 원해 왔다. 일본은 중국과의 수교 이후 물질적인 지원을 우선으로 하여 적극적으로 친선도 도모하는 등 다각도로 관계 개선을 위해 노력한다. 일본이 건설하여 기증했다는 대형 병원이나 문화센터 같은 건축들이 대표적인 흔적으로 중국 대도시 곳곳에 보인다. 이 밖에도 일본은 중국인들의 일본행㈇에 대해 꽤 관대했던 것으로 보인다. 수교 후 일본 임금의 수준은 한 달 벌이가 중국에서의 일 년 치 월급보다도 많던 시절이라 많은 중국인들이 언어 연수와 같은 형식으로 앞다투어 일본으로 향했고 일본도 우호적인 차원에서 많이 받아들였다.

80년대 말 방학을 이용하여 대만에서 직접 도쿄로 건너가 두 달 남짓 일본을 경험할 당시, 많은 중국 유학생들과 이야기를 나눌 기회가 있었다. 얘기를 들어 보면 대부분 부모가 공산당원들로서 중국 사회에서는 어느 정도 위치에 있어 해외 출국이 용이했다는 설명이었다. 학업보다는 아르바이트가 본업인 사람이 훨씬 많은 분위기였는데 실제로 기한을 넘겨 불법체류하며 돈을 벌고 있는 중국인들을 쉽게 만날 수 있었다. 중국인들 입장에서는, 일본 땅 도쿄에서 대만에서 온 수교도 되기 전의 남조선 사람을 만났으니 신기하기도 했을 것이다. 어느 날 알고 지내던 상하이 출신의 한 친구가 대만으로 망명하고 싶은데 도와 달라고 귓속말로 조심스럽게 물어 왔다. 고민하다가 대만 친구에게 전화를 걸어 상의하니, 과거에는 자유중국으로 귀순하라고 호소하는 상황이었지만 지금은 그때의 냉전 시대와 확연히 달라져 대만에서 환영받을 일이 아니라고 설명했다. 한국의 시대 상황하고도 비슷한지라 바로 이해가 됐고 상하이 친구에게 설명을 했지만 그래도 아쉬워하는 눈치였다. 무엇 때문에 망명을 하고 싶었는지 물어보지는 않았지만 20여 년이 지난 지금 아마도 그 중국 친구는 상하이로 돌아가서 확 달라진 세상을 살고 있을 것이다.

중국과 일찍 수교도 맺고 우호적인 관심도 보이며 노심초사 중국 시장이 열리기를 기대했던 일본이지만 아직까지도 경제적으로 중국 시장에서 그들의 기대만큼 성과를 거두고 있는 것으로 보이지는 않는다. 일본의 자랑인 자동차는 유럽 국가들에 비해 한참 뒤늦은 진출로 시장을 선점하지 못했다. 자동차 못지않게 대규모 시장을 가지게 된 핸드폰도 중국과 기술적인 시스템이 달라 초창기 시장에 제대로 발붙이지 못했던 상황이 지금까지로 이어진다. 일본 기업들로서는 중국 시장의 대어 두 마리를 제대로 잡지 못한 결과가 된 것이다. 후일 많은 시간과 노력을 들여 상당한 시장을 확보하긴 했지만 툭하면 민감해지는 정치 외교적 문제로 골머리를 썩는다. 중국인들의 예민한 감정들은 불매운동으로 이어지기도 하고 심지어는 자동차를 불태워 버리는 장면까지도 보이는 것이 현실이다. 만고의 노력 끝에 자동차를 비롯하여 여러 분야에서 일정한 시장을 가지게는 되었지만 언제 무슨 분란이 일어날지 모르는 정말 민감한 시장에서 분투 중이다. 중국에서 일본 기업들이 시장 논리보다는 정서적인 이유로 고전을 면치 못하는 이유는 명확히, 중국인들 입장에서는 결코 잊히지 않는 일본이 가했던 침략의 원죄 때문이다.

중국과 일본 사이가 시끄러워질 때마다 중국 진출 일본 기업들의 제품 판매는 직접적으로 영향을 받는 것이 사실로 보인다. 그런 시기에, 중국 시장에서 일본 제품들과 경쟁 관계에 있는 한국 기업들의 판매량 증대에 있어 중·일 관계의 껄끄러움이 적어도 부정적 요소는 아닌 것이다. 실제로 중국인들은 종종 한국인들에게 직접적으로 일본과 관련한 자기들의 감정을 이야기하곤 한다. "일본이 싫어 한국 제품을 사니 한국 사람들은 좋겠다." 여러 번 들은 말이다. 발 빠르게 중국과 수교한 후 40여 년간 이 거대한 시장에 공들인 정성과 투자한 돈의 규모가 한국하고는 비할 바가 아닌데 좀처럼 사그라지지 않는 중국인들의 반일 감정은 그렇지 않아도 미국이나 유럽, 한국 제품과의 경쟁으로 어려운 일본 기업들에 있어 보통 영향을 주는 것이 아니다. 사실 중국인들도 일본 제품에 대한 선호도가 아주 높았던 시기가 있었다. 90년대 초반만 하더라도 애니메이션과 음악, 음식, 패션, 드라마 등 일본 문화들이 중국인들에게 친근하게 다가섰던 때였다. 그런데 중국의 부강이 시작되면서 완전히 상반된 현상이 나타나 90년대 중반 이후에는 우호가 아닌 대립과 반목의 시간이 지속되고 있는데 이러한 현상이 쉽게 가라앉을 것 같지가 않다. 일본은 그대로인데 중국에 변화가 생긴 것인지, 중국은 가만히 있는데 일본이 민감하게 만드는 것인지, 아니면 두 나라 모두 변한 것인지 뭐라 단언하기는 어렵지만 중국이 부강해진 것은 분명하다.

지금 중국은 과거와는 다르게 일본 드라마 방영은 상상할 수도 없는 반일 분위기가 오랫동안 지속되고 있다. 오히려 언제부턴가 항일투쟁이 테마인 드라마가 많이도 방영되는데 다분히 과장된 내용을 담고 있기도 하다. 중국인들의 넘치는 애국심은 일단 기본 설정이고 황당하고 지나치게 비현실적인 장면들은 해외 뉴스거리가 되기도 했다. 고문과 살상이 쉼 없이 등장하니 일본인들은 자연스럽게 증오의 대상이 된다. 이런 내용의 드라마들을 밤낮으로 보게 되는 중국인들이 과연 어떻게 일본을 이해하고 그들에게 너그러울 수 있겠는가? 일본과 지속되는 불편한 현실이 오히려 자연스러울 수밖에 없는 사회적 분위기다. 몇 년 전 베이징 루거우차오(蘆溝橋)에서 수학여행을 온 교복 차림의 상당히 많은 일본 남학생들을 만났는데 가이드로부터 어떤 내용의 설명을 듣고 있는지 정말 궁금한 적이 있었다. 1937년 만주국의 실질적인 주인이었던 일본군이 베이징 근교의 루거우차오를 건너면서 중국과의 전면전이 시작되는데 1945년 일본이 연합국에 무조건 항복할 때까지 전쟁은 중국 땅에서 지속된다. 당시 일본의 인구는 중국의 5분의 1 수준인 1억 명 정도였지만 중국의 몇 배에 달하는 군사력을 가지고 있었다. 결국 수많은 민간인들을 포함한 중국인 사망자 수만 몇천만 명에 이르는 처참한 전쟁이 끝나면서 중국은 최종 승전국이 된다. 하지만 엄밀히 말한다면 중국이 자국력으로 일본을 패전시킨 전쟁은 아니었다. 그래서인지 중국인들의 앙금은 더 짙어 보인다. 아직도 중국인들에게 노여움들은 절절히 남아 있고 중국이 강대해질수록 그 감정의 노출 수위가 높아지는 듯하다. 오래전 한국 주부들이 일본의 땡땡 표 밥솥을 그렇게 좋아해서 사 들고 다녔는데 십수 년이 지난 지금은 중국 주부들이 한국 밥솥들을 열심히 사 들고 다니는 세상이 되었다. 중국 시장을 사이에 두고 한국과 일본은 여러 가지 면에서 깊게 생각할 것이 이전보다 훨씬 많아졌다. 한·중·일 삼국은 잠시간 서로 앞서거니 뒤서거니 경쟁도 가졌다가 협력도 하는 역사가 반복되는 역동적인 변화의 점철(點綴)을 공유하고 있다. 우리의 삶과 늘 깊은 관계를 가지고 있는 대륙으로 이어진 중국과 바다 건너 일본은 앞으로도 계속해서 선(線)으로 이어지는 파란(波瀾) 많은 순간순간 점(點)의 역사를 만들어 갈 것이다. 늘 한반도와 함께……

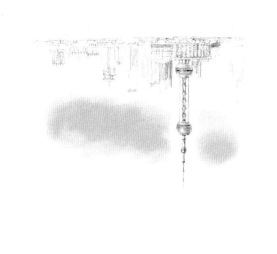